本书获四川师范大学科研经费资助

QFII 投资
中国资本市场
信息效率研究

孙显超　蒋志平　　著

The Research on Information Eeffciency of
QFII Investment in China's
Capital Market

社会科学文献出版社
SOCIAL SCIENCES ACADEMIC PRESS (CHINA)

摘　要

伴随着市场经济的纵深发展，金融对外开放是市场经济跨越国界的基本表现，在国际收支账户中，分为资本项目的开放和金融项目的开放，在资本项目开放领域表现为外商直接投资（FDI）行为和对外直接投资（OFDI）行为。资本项目开放使得制造业及服务业等实体产业的生产技术和生产效率得到极大的提高，出现了实体产业的大发展。而金融项目的开放时间则比较晚，发生在中国加入世界贸易组织之后。金融项目的开放包括服务的开放和资金的开放。而在金融资金项目开放领域，中国实施了合格的外国机构投资者（QFII）和合格的国内机构投资者（QDII）制度。那么金融领域中资金的开放能否像资本项目开放一样对中国资本市场的发展产生外在的促进作用？这一问题是本书研究的主要内容。考虑到金融项目开放行为中存在QFII 和 QDII 的双向开放行为，为了更微观地研究该问题，本书以单边 QFII 投资为对象来研究其对中国股票市场定价效率产生的影响。

资本市场在服务实体产业、促进国企改革以及实现社会资源优化配置等方面起到了重大的作用，建立一个有效率的资本市场是中国政府和中国人民迫切需要完成的任务。在中国经济面临产业升级和转型的大背景下，更需要资本市场来实现资源的优化配置，化解系统性金融风险。而在资本市场建设过程中，资产定价是核心内容，资产价格是引导社会资源优化配置的风向标，高效准确地进行资产定价是资本市场发展的根本，是实现投资功能和融资功能的前提条件。资本市场效率建设面临的约束是：市场的无摩擦、投资者理性、信息透明、投融资主体的诚信金融及健全的法律制度。其中以投资者理性为代表的市场主体的优化是重要的组成部分。而投资学文献也在这个领域中多有研究，从马科维茨的资产组合到集大成者的资本资产定价，再到尤金·法玛的有效市场理论，都不同程度地考量了需求端的理性投资者行为。在对理性投资者的研究中，机构投资者是重点。本书基于金融开放视角，从外国机构投资者角度进行研究，从需求端思考资本市场的效率，研究要点如下。

第一，QFII 基于信息交易的价值投资者的检验。高效地进行资产定价，在需求端所要求的是市场存在大量的投资组合，所有投资组合都是最优的投资组合，只有在这样的条件下，市场才能形成竞争性均衡。而具有专业素养的机构投资者，能够进行最优投资组合和套利交易，促使市场达到竞争性的均衡。外国机构投资者在成熟的资本市场中成长，是具有专业金融素养的理想机构投资者。但是考虑到中国资本市场的缺陷，外国机构投资者进入中国资本市场后是否会发挥其作用呢？通过研究发现，外国机构投资者在中国不是单纯的市场参与者，从投资收益结果的反事实来看，QFII 在中国是学习型的价值投资者，是适应资本市场套利行为的聪明型投资者。这就要求中国政府积极进行制度建设，弥补漏洞，促进资本市场公平、公开、公正运行。

第二，外国机构投资者对股票市场定价效率的影响机理、路径。外国机构投资者进入中国资本市场，对中国股票市场产生影响，其机理和路径主要有两个。其一，外国机构投资者进入中国，为中国资本市场带来了资金，为市场提供了充裕的流动性。此外，其在提供流动性的同时，通过市场交易向市场传递了大量信息，特别是私有信息。其二，外国机构投资者通过市场机制（竞争机制、示范效应、人员自由流动、构建平行和垂直的产业链关系）来推动市场参与主体优化。本书主要构建股票市场定价效率指标，即股票价格同步性以及股票价格迟滞指标，测度股票市场定价效率。运用 2005 ~ 2017 年中国资本市场数据，实证研究发现，外国机构投资者的引入，确实能降低股票价格的同步性和价格迟滞水平，而对样本进一步分组并进行系列稳健性检验，也验证了研究结论。但是分组回归发现，在熊市行情中、在以中小企业为代表的中小创业板块中，QFII 对股票市场定价效率的提升优于在牛市行情中、在以国有企业为代表的主板市场中，在运用混合截面回归的同时，对 QFII 与上市的公司治理指标、财务盈利能力指标进行回归检验，结果显示：QFII 投资在市盈率越高的股票样本上，股票市场的定价效率也越高，而 QFII 投资上市公司股权集中度越高的股票，股票定价效率越低。

在 QFII 投资与政府制度建设为代表的融资融券指标交叉相乘回归中，实证发现，如果 QFII 持仓融资融券的股票的比例越高，融资融券股票的定价效率越高。在 QFII 与国内机构投资者交叉项目的回归中，实证结果显示：其结果不稳定，也就是说目前在 QFII 和国内机构投资者共同作用下，还不确定是否能够提高定价效率。但是从国内机构投资者和外国机构投资者间的 VAR 模型检验中，我们发现外国机构投资者的持仓确实影响到了国内机构投资者的持仓；反之，国内机构投资者的持仓并没有显著地影响到外国机构投资者的持仓。

第三，QFII 投资行为与中国股票市场定价效率的非线性关系。本书对 QFII 投资行为进行进一步分析发现，外国机构投资者与股票市场定价效率的关系，不是单调递增的，而是投资比例达到一定程度后，其定价效率反而会下降，二者之间的关系是非单调的。经研究发现，其内在机理有以下三点。（1）外国机构投资者的焦虑行为。外国机构投资者目前采用全球资产配置的方式实现利润最大化。初期，在中国的资产配置占其全部资产比例较低，所以其对中国的资产配置关注度不高，具有较低的焦虑，中国资产配置只是其全球资产的基本仓位配置。但是随着在中国投资比例的不断提高，QFII 开始关注和焦虑，市场如果有一些异动，他们会积极主动地调整仓位，导致市场出现大幅波动和非理性行为。（2）源于对中国资本市场政府强制管制及制度建设的担忧，中国资本市场的政府干预是其很重要的特征。政府干预市场，很多时候会扰乱市场的正常秩序，加之中国资本市场本身的缺陷，当一些非预期的政策出台后，以及市场黑天鹅事件爆发时，QFII 的投资额度超过一定比例，会对之前的预期进行重大的修复，导致市场价值被重估。因此市场价格会发生较大波动，市场定价效率下降。（3）基于信息经济学逆向选择的"搭便车"行为。资本市场开放初期，中国政府实行相对较为严格的资本管制措施，选择的 QFII 都是有较为悠久的经营历史、业绩发展良好、诚信度较高的外国投资机构。但是随着开放广度和深度进一步的推进，一些资质较差的外来投资机构也开始陆续进入。这样市场外来投资者良莠不齐，不良的外来投资者进入以后，可能会带来一些不好的投资习惯，加之国内机构投资者对其进行学习和模仿，导致市场定价效率下降。另外，更多外来投资者进入中国市场以后，国内投资者的关注度提高，积极进行信息挖掘和价值判断的外来投资者就会被其他投资者"搭便车"。最终博弈的结果是，进行市场信息生产和价值挖掘的投资者减少，市场定价效率开始下降。本书通过 2013~2017 年的 QFII 持仓数据实证验证了外国机构投资者对股票市场定价效率的非线性影响。

第四，QFII 对中国股票市场机制的影响方面，除了信息机制和溢出效应以外，还通过声誉机制影响定价效率，这种声誉机制主要体现在被 QFII 标的的股票表现出的两种效应：动量机制和反转机制。实证研究发现，外国机构投资者在中国更多时候是动量机制在起作用。

本书得出的结论是：引入外国机构投资者，能够提高本国资本市场的定价效率。定价效率的提高是通过技术输入、资金流入实现的。外国机构投资者对中国股票市场定价效率的影响具有非线性的特征。外国机构投资者通过声誉机制会在市场上产生动量效应和反转效应。故本书建议积极推进中国资本市场开放，使其在开放中历练、成长，但是资本市场的开放要控制在一定的临界值内，从而控制金融开放所引发的金融风险。

关键词：QFII 定价效率 混合截面数据 信息机制 技术溢出

Abstract

Along with the continuous deepening of the market economy, financial opening to the outside world is the basic performance of the market economy across borders. In the international balance of payments account, it is divided into the opening of capital projects and the opening of financial projects. The capital account opening field represents FDI behavior and OFDI behavior. With the opening of capital projects and the physical industries such as China's manufacturing and service industries have been greatly improved in the areas of production technology and production efficiency, and there have been major developments in the physical industry. However, the opening of financial projects was relatively late, after joining the World Trade Organization. the opening of financial projects included the opening up of services and funds. In the field of opening of financial capital projects, Qualified Foreign Institutional Investors (QFII) and Qualified Domestic Institutional Investors (QDII) system were implemented in China. Then can the opening up of funds in the financial sector be like the opening up of capital projects, which will have an external role in promoting the development of book's capital market? This issue is the starting point of this book's research. Considering the existence of QFII and QDII bidirectional open behavior in the opening of financial projects, this book uses the unilateral QFII investment as the object to study its impact on the efficiency of the Chinese stock market.

The capital market has played a major role in serving the real estate industry, promoting the reform of state-owned enterprises in China, and realizing the optimal allocation of social resources. The establishment of an efficient capital market is an urgent task for the Chinese government and the Chinese people. Under the background of industrial upgrading and transformation, the economy needs capital markets to optimize the allocation of resources and resolve systemic financial risks. In the process of capital market construction, asset pricing is its core content. Asset price is the vane that guides the optimal allocation of social resources, efficient and accurate asset pricing is the basis for the development of the capital market and the prerequisite for investment function and financing function. The constraints faced by the efficiency building of the capital market are: frictionlessness of the market, investor rationality, transparency of information, integrity finance of investment and financing entities, and sound legal regulations. Among them, the optimization of market players represented by investors' rationality is an important part of them. The investment literature also has many studies in this field. From Markowitz's asset portfolio to the capital asset pricing of big investors and Eugene F. Fama's effective market theory, the rational investment on the demand side has been considered to varying degrees. In the study of rational investors, institutional investors are important. The research in this book is based on the perspective of financial liberalization and studies from the perspective of foreign institutional investors, there is a need to consider the efficiency of capital markets from the perspective of demand. The significance of this book is as follows.

First, QFII is based on the hypothesis verification of value investors in information trading. Efficient asset pricing requires a large number of investment portfolios from the demand side. All investment portfolios are the optimal investment portfolio. Only under such conditions will the market be able to form a competitive equilibrium. Professional institutional investors can carry out the optimal investment portfolio and arbitrage transactions, and promote the market to achieve a competitive balance. Foreign institutional investors grow in mature capital markets and are ideal institutional investors with professional financial literacy. However, given the shortcomings of the Chinese capital market system, will foreign institutional investors play their role in the mature capital market after entering the Chinese capital market? Through research, we have found that foreign institutional investors in China cannot be measured by simple value investment or speculation. From the counterfactual results of investment income, QFII is a learning type of information trader in China, and it is suitable for Chinese capital market arbitrage. Smart investors, the basic mechanism of such research results is the arbitrage behavior of foreign institutional investors, the emergence of arbitrage behavior, passively requiring the Chinese government to actively construct the system, in order to make up for loopholes and achieve a fair and open capital market, fair and efficient construction.

Second, The mechanism and path of foreign institutional investors' influence on the pricing efficiency of the stock market. Foreign institutional investors enter the Chinese capital market and have an impact on the Chinese stock market. There are two main mechanisms and paths. First, foreign institutional investors entering China have brought capital for the development of China's capital market, providing sufficient funds for the market. fluidity. While providing liquidity, a large amount of information, especially private information, is transmitted to the market through market transactions. Second, foreign institutional investors promote market participants' optimization through market mechanisms (competition mechanisms, demonstration effects, personnel free mobility, and parallel and vertical relationships in the industry chain). The article builds stock market pricing efficiency indicators: stock price synchronization and stock prices. Hysteresis indicators measure the efficiency of the stock market pricing. Using empirical data from China's capital markets from 2005 to 2017, empirical studies have found that the introduction of foreign institutional investors (QFII) can indeed reduce stock price synchronicity and reduce price retrenchment levels. Further groupings conducted a series of robustness tests and also verified the findings. However, the group regression also found that in the bear market, small and medium-sized companies represented by SMEs, QFII pricing efficiency in the stock market is better than in the bull market, the main board market represented by state-owned enterprises. While using the hybrid cross-sectional regression, a regression test was conducted by studying QFII and corporate governance indicators and financial profitability indicators of listed companies. The results show that the QFII invest in the higher price-earnings ratio stock samples, the higher the pricing efficiency of the stock market, and QFII invest in the stocks that listed companies have higher equity concentration, and the stock pricing efficiency is lower. In the crossover regression of QFII investment and government system construction, the empirical evidence shows that if QFII holds the stock of margin trading, the higher the ratio of QFII position, the higher the pricing efficiency of margin trading stock. In the cross-project between QFII and domestic institutional investors, the empirical results show that the results are unstable, that is to say, it is currently under the combined effect of QFII and domestic institutional investors, it is still uncertain whether it can improve pricing efficiency.

Third, The non-linear relationship between the QFII investment behavior and the pricing efficiency of China's stock market. The article further analyzed the investment behavior of QFII and found that the relationship between foreign institutional investors' pricing efficiency in the stock market is not monotonously increasing, but that after the investment ratio reaches a certain level, its pricing efficiency will decrease, and the relationship between the two is not monotonous. . The study found that There are three aspects about the internal mechanism. (1) Anxiety behavior of foreign institutional investors. In order to maximize profits, foreign institutional investors are currently global asset allocations. In the initial period, the proportion of asset allocation in China accounts for a relatively low proportion of their total assets, so their interest in China's asset allocation is low, with low anxiety. China's asset allocation is only a basic position allocation of its global assets. However, as the proportion of investment in China continues to increase, QFII begin to pay attention and anxiety. If there are some changes in the market, they will actively adjust their positions, leading to large fluctuations in the market and irrational market behavior. (2) Concerns arising from the government's mandatory control and system construction in China's capital market. The government intervention in China's capital market is an important feature. The government's intervention in the market often disrupts the normal market order and adds to the shortcomings of the Chinese capital market itself. When some unanticipated policies were issued and when the black swan event broke out, the QFII investment quota exceeded a certain percentage, which will cause major corrections to previous expectations and lead to a revaluation of the market value. Therefore, the market price will fluctuate greatly and the market pricing efficiency will decline. (3) "Free rider" behavior based on the adverse selection of information economics. At the initial stage of opening up the capital market, the

Chinese government adopted relatively strict capital control measures. The selected QFII are foreign investment institutions with relatively long operating history, good performance, and high degree of integrity, but with further expansion and depth of opening, Some foreign investment institutions with poor qualifications have started to go ashore, so that the market is mixed. Bad foreign investors may bring in some bad investment habits , and Domestic institutional investor will learn and imitate domestic institutional investors. The efficiency of market pricing will decline. In addition, after more foreign investors enter, domestic investors will pay more attention to active information mining and value judgment. The result of the final game will be the production of market information. The value-mining investor has decreased and the market pricing efficiency has begun to decline. The article empirically verifies the non-linearity of the pricing efficiency of foreign institutional investors to the stock market through QFII position data from 2013 to 2017.

Fourth, In addition to the information mechanism and spillover effects, the QFII's mechanism influencing the Chinese stock market affects the pricing efficiency through a reputation mechanism. This reputation mechanism is mainly reflected in the two effects exhibited by the QFII's stocks: momentum mechanism and The reversal mechanism. In an empirical study, found that foreign institutional investors in China are more or less motivated by momentum mechanisms.

The conclusion of this book is that the introduction of foreign institutional investors can improve the pricing efficiency of domestic capital market. The improvement of pricing efficiency is realized through technology input and capital inflow. The influence of foreign institutional investors on the pricing efficiency of China's stock market has nonlinear characteristics. Foreign institutional investors will produce momentum effect and reversal effect in the market through reputation mechanism. Therefore, this book proposes to actively promote the opening of China's capital market and let the capital market experience and grow in the opening. However, the opening of the capital market should be controlled.

Keywords: QFII; Pricing Efficiency; Pooled Cross Section Data; Information Mechanism; Technology Spillover

目　录

1　绪论 ··· 001
　1.1　问题提出 ··· 001
　1.2　主要研究内容及技术路线 ························· 004
　1.3　研究方法 ··· 008
　1.4　研究的创新点 ··· 009
　1.5　预期研究成果 ··· 011
　1.6　研究的不足和解决的途径 ························· 012

2　文献综述 ·· 013
　2.1　经典资产定价理论文献 ····························· 013
　2.2　定价效率：从理论到方法 ························· 021
　2.3　QFII 相关研究文献 ·································· 032
　2.4　本章小结 ··· 041

3　QFII 制度建设、投资现状及经验分析 ··········· 043
　3.1　QFII 在中国股票市场的制度介绍 ············· 043
　3.2　QFII 投资中国股票市场的现状分析 ·········· 048
　3.3　新兴国家（地区）金融市场引入 QFII 的经验 ··· 063
　3.4　本章小结 ··· 068

4　QFII 对股票市场定价效率影响机制研究 ·················· 069

4.1　信息机制、投资者异质性与股票市场定价效率 ·········· 069

4.2　基于动量机制和反转机制下的股票价格同步性的影响机制 ····· 082

4.3　QFII 与股票市场定价效率的非线性机制研究 ·········· 089

4.4　影响路径研究 ····························· 091

4.5　本章小结 ······························· 100

5　QFII 投资中国 A 股市场

——信息交易的价值投资者？ ················· 101

5.1　引言 ································· 101

5.2　研究设计 ······························ 102

5.3　实证模型、变量及数据 ···················· 106

5.4　实证结果与分析 ······················· 110

5.5　本章小结 ······························ 118

6　QFII 投资对股票市场定价效率影响的实证检验 ········ 119

6.1　引言 ································· 119

6.2　逻辑研究假说 ························· 120

6.3　模型、数据及描述性统计 ·················· 125

6.4　回归结果分析 ························· 133

6.5　稳健性检验 ·························· 143

6.6　内生性检验 ·························· 150

6.7　本章小结 ··························· 151

7　QFII 影响中国股票市场定价效率的路径检验 ········ 153

7.1　引言 ································ 153

7.2　数据、模型及描述性统计 ·················· 155

7.3　QFII 投资、上市公司主体优化与股票市场定价效率 ······· 156

7.4　QFII 投资、国内机构投资者持仓与股票市场定价效率 ······ 164

7.5　QFII、双融机制与股票市场定价效率 ············· 171

7.6　QFII 持仓、声誉机制与股票价格同步性 ……………… 175

7.7　本章小结 ……………………………………………… 182

8　结论、政策建议及研究展望 ……………………………… 183

8.1　研究结论 ……………………………………………… 183

8.2　政策建议 ……………………………………………… 186

8.3　未来研究展望 ………………………………………… 188

参考文献 …………………………………………………… 190

致　谢 ……………………………………………………… 212

1 绪论

1.1 问题提出

中国资本市场自 20 世纪 90 年代初期正式建立以来，已经有三十多年的历史，在这三十多年的发展过程中，资本市场从无到有，再从可有可无发展到今天的举足轻重。而中国资本市场的功能定位体现在：帮助广大家庭、居民实现财富的投资，为企业提供融资，以及发挥市场的资产定价功能。这三者之间相辅相成、相互促进、相互影响。从资产定价角度考量，资产定价是资本市场的核心功能，因为在市场经济中，价格机制是其最重要的机制，市场通过资产价格进行资源优化配置，如果不能为资本市场的资产进行准确定价，这个市场一定会呈现非效率的特征，资产定价水平的高低也直接影响着市场投资功能、融资功能的发挥。党的十八大、十九大报告也明确提出，要发挥市场在资源配置中的决定性作用，市场的决定性作用关键在于为各种资源、资产进行准确定价，资本市场上的标的物——上市公司的定价也是如此。

在中国资本市场发展的过程中，融资功能不断增强，居民的投资水平具有非平衡性的周期特征，市场经常呈现暴涨暴跌的局面。在牛市行情中，市场交易量爆棚，而在熊市行情中，资本市场形同虚设。市场呈现熊长牛短的特征，没有像实体经济一样呈现黏性上涨的态势，股票价格在高低位之间剧烈波动，资本市场这张"晴雨表"与实体经济之间出现严重的背离，其定价功能没有得到较好发挥。而如何建设效率型资本市场，中国政府进行了不懈努力，如加强市场信誉建设、上市公司的综合治理、交易制度及发行制度的建设等。其中以对外开放的方式来推进中国资本市场效率建设是比较重要的一项制度。在 2018 年 4 月博鳌亚洲论坛上，习近平总书记在主旨演讲中指出，将推出几项有标志意义的举措，继续扩大金融市场的开放程度，放宽银行、证券、保险行业外资股比限制，放宽外资金融机构设立限制，扩大外资金融机构在华业务范围，进一步放开资本的流动限制。通过对党的政策进行研究，不难发现，中国试图通过金融市场的不断开放来促进金融领域的各项改革。

中国自 2001 年加入世界贸易组织以来，逐步在资本项目与金融项目方面实现了有序的开放，在资本项目上，实现了可自由兑换，出现了外商直接投资（FDI）及中国企业对外直接投资（OFDI）。在资本项目开放的过程中，大量的外国企业纷至沓来，大量的中国企业也在不断地对外投资，中国本土经济日趋国际化，中国本土的企业也在国际化的进程中，不断实现产业及产品升级，有效提高了经营效率。而在金融项目的开放领域内，国家从 2003 年开始实施合格的境外机构投资者（简称 QFII①）和合格的境内机构投资者（简称 QDII）制度，中国政府试图通过资本市场的开放来推动资本市场的效率建设，通过开放来促进国内金融的改革，在全世界范围内实现资源的优化配置，从而实现人民币国际化。当然这种开放是双向的，即以"引进来"与"走出去"相结合的方式来实现期望目标。为了更精细化研究资本市场开放问题，本书吸取 FDI 在中国经济增长中的成功经验，准备围绕外国机构投资者对中国资本市场定价效率进行深入研究。作为来源于成熟国家资本市场的金融机构，其进入中国资本市场，能否起到促进中国资本市场发展特别是促进资产定价领域发展的作用，这将是本书研究的焦点。本书基于开放条件下的外国机构投资者的引入，研究中国股票市场的定价效率，对二者之间的理论逻辑进行探讨，运用实证方法进行系统性的检验，并基于研究结果提出了相应的政策建议。

本书的研究不同于以往关注金融开放对促进经济增长和提升金融风险管理等方面的作用，而是研究在金融开放条件下，资本流动对一国证券市场定价效率的影响，特别关注的是股票价格对信息的反应能力和反应速度。一些最新的文献研究股票市场的定价效率与监管当局的行为的关系，因为提高股票市场的效率是监管部门的主要目标之一。关于建立有效率的资本市场，近

---

① 遵循金融界表述习惯，本书论述的"外国机构投资者"均指 QFII。

几年来监管机构一直在努力，学术界也有了大量的探索和发现。监管机构和学术界关注的焦点主要包括卖空约束、内部交易法律、投资者保护制度和金融自由化。大量的理论和实证研究发现，效率型的股票价格能够有效地引导投资资源的优化配置，因为大量的信息通过股票价格反映出来，从而指导企业和居民的决策，因此我们确定股票市场和实体经济有联系（Bond et al.，2012），建立效率型股票市场意义重大。

大部分研究文献认为，外国机构投资者拥有大量信息后，会通过交易的方式向市场传递上市公司的信息，市场价格对这些信息进行个性化及迅速的反应，从而提高市场的信息效率。外国机构投资者与市场定价效率之间存在正向的线性关系。由于中国资本市场开放时间较晚，关于外国投资机构持股对中国股票市场定价效率的影响研究较少，国外部分学者通过研究新兴国家资本市场，认为外国机构投资者能够提高股票市场的定价效率（Bae et al.，2012）。然而这样的研究发现还不能被监管当局当作一般性的规律来接受，因为外国投资机构持有不同国家的股票，其最终的影响效率可能具有一定的异质性（Griffin et al.，2010）。一个被已有研究忽略的事实是，外国机构投资者与股票市场的定价效率之间可能存在非线性关系。如果外国机构投资者被告知，他们的投资行为会在当地股市引起负效率的影响，那么源于市场参与者之间的信息不对称就会增加逆向选择成本。随着外国机构投资者持股比例不断增加，信息不对称程度就越严重。逆向选择成本的增加会降低股票流动性，这反过来又削弱了股票定价效率（Chordia et al.，2008）。因此，由于对竞争和逆向选择的两种对立行为的权衡，外资持股和股票市场的定价效率之间的非线性关系可能会出现（Edmans，2009），效率增加到一定水平后，效率水平会随着外国机构投资者持股比例的进一步增加而下降。从政策角度看，对这种非线性关系的探索，对于中国这样具有独特的社会、经济、政治格局的国家尤为重要。具体来说，单调关系意味着最大效率可以通过全面开放外国所有权来实现。然而，这样的完全自由化有较高的政治经济风险，因为这可能需要废除已有的相关规定。

通过对理论及现实的研究，本书将对外资持股和股票市场的定价效率之间的关系进行系统的研究，从而为中国金融市场的开放发展提供理论支持和政策建议。

1.2 主要研究内容及技术路线

本书以外国机构投资者与中国股票市场定价效率的关系为研究焦点，分为 8 章，具体内容安排如下。具体技术路线见图 1。

第 1 章是绪论，介绍本书的研究背景及研究意义，基于经济开放视角，讨论外国机构投资者的引入对中国股票市场定价效率的影响及其逻辑机制，以这个论点来安排章节，阐述本书的创新点，并对本书的写作不足及未来本领域的研究方向进行说明。

第 2 章为文献综述部分。

第 1 节为经典资产定价理论评述，本节以 3 个经典的投资理论为研究的逻辑起点。首先，介绍了资产组合和资产定价模型，市场的有效性体现了定价问题，资产组合和资产定价思想是现代金融学经典的均衡定价模型，是现代金融学其他领域的研究基础，本节简单地介绍了资产选择及分散化的思想，详细地阐述了均衡的资产资本定价模型。本节还介绍了套利定价理论存在的条件。市场上大量的套利者的存在，会促使市场上很多扭曲的价格得以纠正，市场有效均衡才会出现，QFII 作为有经验的投资者，会在市场上进行无风险套利，促使市场趋于均衡。其次，介绍了套利定价均衡理论，套利活动的存在会促使市场趋于均衡，外国机构投资者因为是理性的投资人，其具有较高的金融可得性，所以其可以在市场上基于价格与基本面的背离进行系列套利，从而实现市场均衡。最后，介绍了有效市场理论，本部分基于尤金·法玛的 3 种有效市场状态展开，系统地介绍了有效市场的理论基础和含义，并对有效市场理论的系列争论进行了讨论。

第 2 节介绍了股票市场定价效率的理论和方法。首先，梳理了几种经典的定价效率理论模型，对定价效率指标进行了系统的整理和阐述，并就定价效率的研究角度进行了总结和评述。其次，介绍了有关定价效率的文献，有效市场理论是这个领域的核心指导思想，基于 3 种市场有效性来界定市场效率发展程度，并梳理了经典的定价效率指标，以股票价格同步性和价格迟滞这两个代表性的指标作为后文主要研究因变量。最后，分别从机构投资者、分析师、政府制度建设及市场信息透明度 4 个角度整理了关于市场定价效率的文献。

第 3 节从 QFII 的角度，整理了 QFII 与股票市场定价效率之间关系的系列文献，通过研究 QFII 与股票市场定价效率的最新文献，来判断本领域的研究情况。关于 QFII 的研究，国外文献有过全球样本数据的研究，而国内特别是基于中国样本数据的研究鲜有，更多的国内文献涉及外国机构投资者时，主要研究外国机构投资者的价值投资、投资风格选择等，很少有文献从定价效率角度进行深入详细的阐述。

第 3 章为 QFII 制度建设、QFII 投资中国股票市场的现状及经验分析。

第 1 节对中国资本市场开放、引入 QFII 的制度框架进行了阐述，并详细介绍了 QFII 的监管体系、制度建设的优化。

第 2 节为中国资本市场效率建设的研究现状，分别从股票市场的波动性、金融的可得性以及资本市场制度不断优化的视角进行分析，并介绍了外国机构投资者在中国的现状，分别从总量和结构的视角进行了研究。

第 3 节整理了新兴国家（地区）金融开放的历程和路径，为中国资本市场开放提供了经验教训。

第 4 章为 QFII 对股票市场定价效率影响机制研究。

第 1 节基于投资者异质性与信息机制角度建立外国机构投资者与股票市场定价效率的关系的逻辑框架，运用 Grossman—Stiglitz 模型讨论了信息交易对股票市场定价效率的影响。

第 2 节运用 Hou 等的声誉机制模型进行分析，认为外国机构投资者对股票市场定价效率的影响：短期存在动量效应，长期存在反转效应。在声誉机制影响下，动量效应和反转效应会放大外国机构投资者对股票市场定价效率的影响。

第 3 节为定价效率的非线性机制研究，研究了非线性机制的内在机理。

第 4 节为 QFII 对股票市场定价效率影响路径的研究，分两个角度进行研究：首先基于市场主体的角度讨论了 QFII 如何实现市场主体的有限理性；其次基于市场机制视角，认为 QFII 通过示范模仿、企业间的竞争、劳动力的流动及 QFII 与国内金融机构的合作等渠道来影响中国股票市场的定价效率。

第 5 章是对 QFII 的特征进行验证。

基于第 4 章的研究，笔者认为信息交易者能够促进股票市场定价效率的提升，因此外国机构投资者是基于市场信息进行交易，这是其提高股票市场定价效率的前提条件。本章运用反事实实证法，通过财务指标及 QFII 的投资收益指标检验证明了 QFII 在中国是信息交易者。

第 6 章为 QFII 对股票市场定价效率影响的实证研究。

本章为本书的核心实证章节，通过第 4 章理论模型的研究和已有研究文献推导出研究假说，即 QFII 投资能够提高中国股票市场定价效率；然后又基于逆向选择等思想，推导出 QFII 投资与股票市场定价效率指标之间存在非线性关系。为了检验研究逻辑的可靠性，本章基于混合截面数据和平衡面板数据分别检验了研究假说。研究结果证实，QFII 对中国股票市场定价效率的作用及 QFII 投资与中国股票市场定价效率之间的非线性关系。本章还分别根据市场的不同经济周期、企业规模大小、企业性质等检验了 QFII 投资与股票市场定价效率之间的关系。本章不同于以往单纯运用某一指标对定价效率的研究，而是通过将定价效率指标分解为信息含量与信息反应速度，从这两个角度出发讨论了 QFII 投资对中国股票市场定价效率的影响。

第 7 章为 QFII 对股票市场定价效率的影响路径检验研究。

本章讨论的主要内容是：（1）基于外国机构投资者是否能激励和约束上市公司的角度，研究了 QFII 对上市公司的影响；（2）以 Hou 的声誉机制下的动量模型为研究基础，检验了 QFII 通过对国内其他主要投资者的影响来实现对股票市场定价效率的提高；（3）考察了政府制度建设的推进与股票市场定价效率的关系，在金融开放的进程中，政府不断推出相应的制度，这些制度不同程度地促进了股票市场定价效率的提高，本章选择政府在制度建设过程中的融资融券制度作为代表，来研究 QFII 是如何通过影响制度建设的路径来实现股票市场定价效率的提高。

第 8 章为政策建议及研究展望。

本章总结全文的研究结果，并提出了政策建议。

后续研究展望分四点进行了思考。第一，运用 R^2 方法测度股票市场定价效率是否可靠。第二，在机构投资者与股票市场定价效率的模型中，为什么是 QFII，而不是国内机构投资者公募基金基于市场基本面信息进行持仓，初步猜想这可能是因为国内公募基金在中国具有不唯一的投资目标函数。第三，文化的异质性特征与股票市场价格同步性的特征，为后续研究提供了一个新的视角。

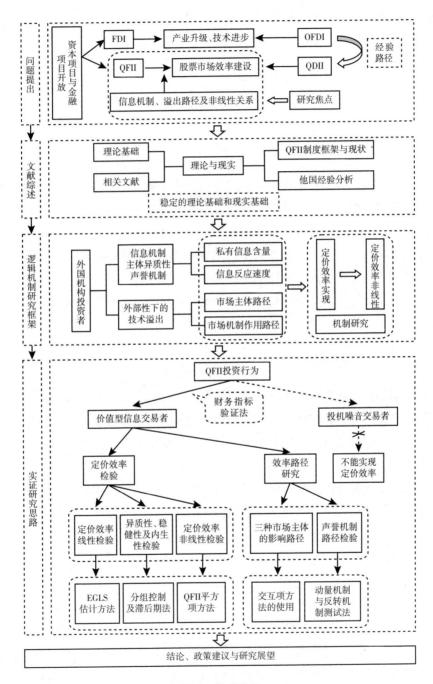

图1 技术路线

第四，基于 QFII 和 QDII 双向开放视角，股票市场定价效率是未来更为广阔的研究领域，可从溢出效应和反溢出效应角度来研究资本市场的效率建设。

1.3 研究方法

1.3.1 理论推导演绎法

本书在研究外国机构投资者与股票市场定价效率逻辑关系方面，根据著名学者的研究模型，运用数学动态逻辑关系，推导了信息交易者与股票市场定价效率的逻辑关系，以信息不对称理论为基础逻辑演绎了外国机构投资者和国内机构投资者的动态博弈机制，并据此推演了逆向选择的结果。本书在研究外国机构投资者的影响路径时，建立了基于市场参与主体及溢出路径的研究框架，研究了外国机构投资者是如何通过优化市场参与主体及影响市场机制的路径来提高股票市场定价效率的。

1.3.2 文献研究法

本书通过文献检索与阅读，收集、整理、分析、评判和引用与本书所涉及理论观点相关的研究成果，了解目前理论研究的整体情况和前沿问题。在学习和借鉴前人的研究成果基础上，对既有研究中尚未充分展开的部分，采用理论推演的方法，形成本书的具体研究思路和研究框架。

在文献研究方面，从两个角度进行梳理，一是关于外国机构投资者的相关文献，外国机构投资者属于机构投资者的范畴，我们将国内外关于机构投资的文献进行搜集整理，然后逐渐缩小范围，集中到外国机构投资者的研究上来，特别是研究新兴经济体的外国机构投资者的行为及其经验。二是关于定价效率的研究，从有效市场理论开始，从不同的角度思考定价效率并进行广泛阅读，最后缩小到外国机构投资者与定价效率的逻辑起点研究上来。

本书使用文献进行逻辑推理，以求论断的严谨，即凡是有定性结论的评述必须要有文献支持。在研究 QFII 与股票市场定价效率的理论基础方面，关注基础理论的适用性特征，思考理论成立的条件。在 QFII 与股票市场定价效率实证文献的使用上，对原有文献进行吸收并加以改进，以此来保证方法的正确性。

在数据及文献使用方面，本书主要是利用中国知网数据库及 google 学术资源，对国内外重要的相关文献进行搜集，在文献使用上，引用 SSCI 及 CSSCI 影响因子较高的学术期刊，以及被引用次数排名靠前的文章，以杜绝文献质量差导致的研究不规范的问题。

1.3.3 统计及计量实证法

在数据采集方面，在利用专门的商业数据库（Wind 等）的基础上，尽可能利用监管机构、证券交易所公布的数据，以保证数据的权威性和准确性。此外，考虑到读者对 QFII 投资中国股票市场的实际行为可能有一定的陌生感，我们借助证券业协会的平台，在四川省区域范围内进行了实地考察和访问，以加强对数据的理解。对 QFII 与中国股票市场定价效率的相关数据进行有计划的、有系统的搜集，结合金融学理论和统计学的逻辑，运用描述统计软件，对所搜集的数据进行挖掘和整理，为统计的推断式实验做好准备。在搜集数据时，本书所使用的数据主要来源于中国证券登记结算有限责任公司、上海证券交易所和深圳证券交易所，经 Wind 整理后形成，时间跨度为 2006 年第一季度到 2017 年第一季度，频率为季度数据，选择季度数据是因为监管当局及数据统计机构每个季度公布一次 QFII 的投资情况。

计量实证是经济学研究的一种主流推断式研究方法，本书运用的计量经济学方法涉及面板数据方法和时间序列方法。前期在汇率波动视角下考察 QFII 与股票市场价格之间的关系时，运用的是时间序列 VAR 的方法，并测度了变量之间的脉冲响应；在研究 QFII 与股票市场定价效率之间的关系时，使用平衡面板数据和非平衡面板数据，运用混合最小二乘法进行系列实证检验。考虑到模型估计结果的可靠性，本书进行了不同角度的实证分析，并检验了内生性的问题，运用工具变量法有效地克服了变量间的内生性。

1.4 研究的创新点

本书的创新点主要存在于以下几个领域。

第一，以往从投资者角度研究股票市场定价效率时，主要基于机构投资者的范畴，而研究的样本大多以发达国家资本市场为对象，本书在开放条件下，以中国资本市场为样本数据，专门研究外国机构投资者对中国股票市场定价效率的影响，这种基于中国资本市场的研究对既有文献做了重要的拓展和补充。

第二，讨论外国机构投资者的风格特征的文献有很多，过往文献更多是讨论机构投资及投机属性、价值选择与价值创造属性。本书基于中国资本市场数据，通过实证研究发现，QFII 在中国资本市场上是信息交易者，并根据信息交易者的特点，研究了信息交易与股票市场定价效率之间的逻辑关系。在理论逻辑及现状分析对比中，本书将 QFII 定义为学习型流动性交易者，学习型流动性交易者的存在提高了股票市场定价效率。

第三，研究建立了信息机制模型、主体异质性模型，系统研究了信息交易对股票市场定价效率的作用，根据逆向选择机制考虑了外国机构投资者与股票市场定价效率影响的非线性关系。本书在理论研究部分建立了市场参与主体及溢出路径的机制来研究外国机构投资者投资中国股票市场的溢出效应。

第四，关于股票市场定价效率的测度，国外经典文献主要通过价格同步性指标进行测度，本书不同于以往文献，既考虑了股票价格信息含量的股票价格同步性指标，又借鉴有效市场理论及 R^2 的定义，构造了信息反应速度 Delay 指标，基于信息含量与信息反应速度两个角度全面讨论了 QFII 与股票市场定价效率的关系。

第五，受国内普通投资者金融可得性较低、国内机构投资者目标函数多元化的约束，QFII 通过其声誉机制对国内机构投资者产生了重要的影响。实证结果显示，QFII 与股票市场定价效率之间存在明显的非线性特征。这种非线性规律主要是在信息不对称的情况下，其他投资者"搭便车"的行为导致外国机构投资者投资比例较大，市场出现逆向选择，股票市场定价效率下降。

第六，在研究外国机构投资者对股票市场定价效率影响机制方面，研究发现，除了信息机制在起作用外，声誉机制在中国证券市场影响显著，具体表现为两种形式：动量效应和反转效应。以往研究更多是基于明星分析师等角度讨论动量效应及反转效应，本书基于外国机构投资者讨论这一规律，在金融开放视角下研究国内股票市场定价效率，因此要积极引导 QFII 建立正确的投资取向，防止出现反向的"羊群行为"，导致股票市场出现崩盘风险。

1.5 预期研究成果

1.5.1 理论价值

本书基于推进中国金融对外开放的背景，运用平衡面板数据及非平衡面板数据，考察了 QFII 投资中国股票市场与中国股票市场有效性的关系。实证研究发现，中国实行 QFII 制度以来，国外证券投资机构投资股票的规模与中国股票市场定价效率正相关，引入国外证券投资机构有利于提高中国股票市场的定价效率。但是实证研究还发现，QFII 投资与中国股票市场定价效率之间的关系不是单调的，而是在外国投资规模达到一定程度后，其效率水平值会随之下降。基于中国股票市场自身的特点，本书进行了分类回归研究，回归结果均显示了 QFII 对股票市场定价效率的正向影响以及 QFII 对股票市场影响的非单调特征。本书的研究对于中国通过金融开放来推进中国资本市场效率建设具有理论价值，在发展效率资本市场过程中，积极地进行市场开放、培育国内外机构投资者，是中国资本市场发展的路径选择。

1.5.2 实际应用价值

研究的结论对于中国资本市场的效率建设有一定的指导作用。在中国金融全面开放的背景下，积极参与国外市场，引入国外证券投资机构是未来金融开放的基本趋势。但是为了有效地避免和化解金融风险，QFII 的投资规模应该被控制在一定的临界值内，实施宏观审慎监管。此外，在金融市场开放的过程中，随着 QFII 的引入，国内机构投资者不断成长，在市场机制的作用下，加快了中国资本市场的市场化进程。在外国机构投资者的带动下，国内机构投资者不断成长，上市公司的公司治理水平及盈利能力不断得到提高，上市公司规范运行，从供给端和需求端双向发力，实现中国资本市场的效率提升。

1.6　研究的不足和解决的途径

1.6.1　理论模型使用方面

研究外国机构投资者与股票市场定价效率关系的模型较少，国内外文献在该领域的研究基本都使用逻辑语言的推导，而在数理逻辑方面的运用非常少，考虑到论证的严谨性，为保证本书有稳固的逻辑线条，在该领域没找到相关模型的情况下，通过阅读 FDI 对中国实体企业的产业升级的影响，发现其模型的推导过程和研究 QFII 对中国股票市场定价效率的影响路径有极强的相似性。因此，本书将采用相似领域的研究方法来建立严谨的数理模型。

1.6.2　数据的可得性方面

在本书数据部分中，较有难度的部分是 QFII 持仓股票数据，因为 QFII 的持仓数据只能通过上市公司信息披露来获得，特别是只能通过上市公司季报和年报来获得，而主流的商业数据库对此数据没办法进行系统的统计，为解决这一难题，本书通过翻阅上市公司季报，整理 QFII 持股的上市公司持仓市值，工作量很大。

此外，QFII 在不同年份持股的上市公司样本经常会发生大幅度的变更，导致数据不具备平稳性质的面板数据特征，而使用非平衡面板数据，也存在 QFII 每期的持仓上市公司的样本变化较大的问题。为解决此问题，考虑到模型的平稳性检验，本书运用 QFII 持仓的行业数据进行实证研究。考虑到用行业数据进行实证的方法具有一定的粗糙性，笔者又整理了 QFII 在每期都具有持仓的上市公司数据，分别运用行业数据和单家上市公司数据进行回归来验证研究假说。

2 文献综述

2.1 经典资产定价理论文献

2.1.1 资产组合理论

马科维茨是资产组合理论的创始人，于 1952 年提出资产组合理论，开创性地提出用数学的方法描述资产的性质。马科维茨将证券选择的问题，运用期望和方差的方法进行度量，并提出人们在市场上持有的是一个投资组合，运用证券选择多样化的方法来构造投资组合，实现风险的分散。投资者都试图持有一个最优的投资组合，最优的投资组合具备在既定收益率下实现方差最小化或是在既定方差下实现收益率最大化的特征。

马科维茨在构造资产组合的过程中，通过构造风险资产与无风险资产以及风险资产内部之间的配置来实现最优的投资组合。他认为，通过多样化的证券投资选择，可以有效地分散风险，不把鸡蛋放到同一个篮子里就是风险资产组合的形象佐证。随着资产组合内部所持证券数量的增加，资产组合的风险会不断降低，资产组合的风险与所持证券数量之间存在负相关的关系，但是源于风险资产内部之间的相关性，证券数量增加到一定程度，组合的风险不会继续降低。这是因为资产组合所面临的风险分为系统性风险和非系统性风险，系统性风险是无法规避的，通过投资多样化只能降低非系统性的风险。

资产组合理论讨论了资产组合的构造过程，确定投资者效用曲线，用期望和方差描述风险资产的性质，确定投资可行性边界，计算资本配置约束。根据这些准备构造最优的风险资产和无风险资产的配置比例，然后再对风险资产内部配资比例进行配置，这样构造的投资组合即是最优的投资组合。

外国机构投资者作为机构投资者中的一种，其投资模式就是通过专业的知识、丰富的投资经验构造投资组合。其投资行为源于构造投资组合，所以符合资产组合理论中投资分散化可降低公司特有风险的逻辑。此外，外国机构投资者的专业知识水平较高，在国外有过投资组合的成熟经验，这些为其在中国股票市场上构造最优的资产组合和最优的风险资产组合提供了理论上的可能。所以引入外国机构投资者，为中国资本市场在买方市场领域提供了技术和经验支持。投资组合理念是基于买方市场角度，来为资本市场的定价效率提供解释，而在买方市场中，投资者的能力、专业及经验是其所要求的。外国机构投资者具备构造最优投资组合的优势和特点，所以引入外国机构投资者是中国资本市场定价效率建设的路径选择之一。

2.1.2 资本资产定价模型（CAPM）

在马科维茨的资产组合理论问世之后，Sharpe（1963）在资产组合理论的基础上提出了资本资产定价模型，使得资产定价研究走向大繁荣。

资本资产定价模型的核心思想是如果市场上的证券交易者对风险资产具有同质性的期望值，并且每个投资者都根据资产组合理论持有最优的均值——标准差的有效投资组合，则在市场没有摩擦的条件下，所有投资者持有的投资组合就是市场最有效的投资组合。在模型的具体表达上，一项资产期望收益率与该项资产风险测度因子 β 相关，可以看出，市场的定价效率是通过市场投资者（买方）行为的有效组合来实现的。

资本资产定价模型通过市场指数的方法来对单个资产进行定价，其理论的核心结论如下：投资者投资的对象为金融产品工具，投资者持有最优投资组合，即投资者持有市场组合。市场组合是所有证券构成的组合，在这样的一个组合中，投资到每种股票的比例等于该种股票在市场上的比例。所有市场参与者的平均风险厌恶水平决定整个市场的风险溢价。每种股票的风险溢价是其和市场组合的协方差的函数。

2.1.3 套利定价理论

资本资产定价模型的假设条件极为苛刻，该理论不能被实证检验，加之一些市场异象，导致资本资产定价模型与经验现实相悖。Ross（1976）提出套利定价理论（APT）。该理论的假设条件，比资本资产定价模型更加接近现实，从一定意义上看，资本资产定价模型是套利定价理论的特例，两者之间不存在矛盾，两者在风险测度方面存在密切的联系，APT 考虑了影响资产收益率的多个因素。

当投资者不持有投资头寸时，就可以获取无风险的收益，这时市场就存在套利机会。套利的理论基础是一价定律，一价定律认为，如果两项资产在所有的经济属性均相同的情形下，它们就应该具有相同的市场价格。套利者就是利用一价定律，来研究资产价格，当他们一旦发现市场违背了一价定律，他们就会利用这个规律进行套利，以低价买进该资产，并同时以高价卖出该资产。他们的行动就会使两种经济属性相同的资产价格通过套利交易趋于一致，套利机会消失，资产价格趋同，这正是市场趋于均衡的表现，从而使市场达到有效状态。

无风险套利投资组合的重要特点是，不管风险厌恶程度和财富水平如何，投资者都愿意持有一个无限的投资头寸。这样，大量投资头寸的存在，导致市场资产价格上涨或下跌，直到套利机会丧失，市场价格停留在一个不存在套利机会的资产价格上，市场实现均衡。

资本资产定价模型实际上是套利定价理论的一个特例，资本资产定价模型认为所有投资者都持有一个占优的投资组合，如果这个投资组合没有被准确地定价，投资者在构造投资组合时，更偏好于被低估的证券而不是被高估的证券投资组合。当市场出现被低估或被高估的股票时，投资者在构造投资组合时调入被低估的股票，调出被高估的股票，这样就会给价格施加向均衡点处恢复的压力。尽管单个投资者的力量较小，但是市场上期望同质的大量投资者的存在所组成的合力是巨大的。

市场上套利的投资者具备理性专业的特征，所以能够发现市场的套利机会，并具备利用套利技术进行套利的能力。这样的投资者就是机构投资者，一般个人投资者不具备这样的特征。

套利定价理论认为，证券资产的收益率基于某些因素，因此对套利定价的研究是基于因素模型。单因素模型认为资产收益率只是受一种因素影响，如果将单因素模型进一步细化分解，则有机会发现不同股票的不同风险来源，因此可以得出多因素模型，多因素模型能更好地描述股票收益。

单因素模型和多因素模型对证券收益因素进行了描述，关于模型的表达方式并不存在什么理论，根据因素模型及资本资产定价模型，市场上如果存在两个同质属性的资产或资产组合，期望收益应该一致，当收益率不一致时，投资者就会买入市场收益率低的资产，卖出市场收益率高的资产，在这种力量下，资产的市场收益率最终会趋向于理论收益率，市场将形成无套利的均衡条件。

从因素模型到套利定价理论可以看出，市场对投资者的能力有很高的要求，投资者应该能够对市场信息进行识别和利用，能够用专业的知识识别套利机会，所以投资者理论上既是理性投资者，又是专业投资者。QFII 相对于国内机构投资者及个人投资者而言，在理论和经验上具备这样的性质，这正是本书选择 QFII 进行研究的重要原因。

2.1.4 有效市场理论

自马科维茨开创性地提出资产组合理论之后，现代金融学进入飞速发展的黄金时期，马科维茨、林特纳、莫森等在资产组合、资产定价领域做出了卓越贡献。资本资产定价模型也被视为现代金融学的理论基础。资产组合理论的基本思想是通过证券选择多样化来有效地分散市场非系统性风险，通过构建投资组合实现最优的风险资产与无风险资产的配置，实现各项大类资产内部之间的最优配置。随着资本资产定价模型的发展，套利定价理论、单因素模型、多因素模型等一个又一个金融学领域的新理论不断诞生。

在金融学发展的过程中，资产价格的内容和预测问题是一个神秘的研究领域，直到 20 世纪 70 年代，尤金·法玛的有效市场理论的问世，开创了有效市场领域的研究新范畴。1965 年，美国芝加哥大学商学院的尤金·法玛发表了题为《股票市场价格行为》的博士学位毕业论文，于 1970 年对该理论进行了深化，并提出有效市场假说（Efficient Markets Hypothesis，EMH）。有效市场假说有一个颇受质疑的假设，即参与市场的投资者有足够的理性，并且能够迅速对所有市场信息做出合理反应。该假说认为，在法律健全、功能良好、透明度高、竞争充分的股票市场，一切有价值的信息已经及时、准确、充分地反映在股价走势当中，其中包括企业当前和未来的价值，除非存在市场操纵，否则投资者不可能通过分析以往价格获得高于市场平均水平的超额利润。

有效市场假说一经提出，便成为证券市场实证研究的热门课题，支持和反对的声音都很多，是目前最具争议的投资理论之一。尽管如此，在现代金融市场主流理论的基本框架中，该假说仍然占据重要地位。

1. 有效市场假说核心思想

尤金·法玛对有效市场的定义是市场存在大量理性且追求利益最大化的投资者，他们之间进行积极竞争，每一个投资者都能无成本地获取市场重要信息，大家都在对股票未来的趋势展开预测。在这样的一种市场结构下，众多投资者之间的行为会导致一种竞争性均衡：股票价格会反映正在发生和已经发生及市场预期将会发生的事件。1970 年尤金·法玛提出有效市场假说，认为一个资本市场如果能够对所有可能发生的信息进行充分的反映，那么这个证券市场就是有效的证券市场。根据尤金·法玛的假设，投资者在进行证券交易时，会利用其掌握的一切信息，所有的信息都通过投资者的证券交易反映在股票的价格中了，这样的假设也就意味着对股票的技术分析将会是无效的。

关于有效市场的定义可以分为内部有效市场和外部有效市场。内部有效市场又可以称为交易有效市场，主要是测度投资者在进行证券交易时所花费的交易税费，包括支付给证券交易商的佣金及支付给国家的税费（印花税、所得税等）。外部有效市场又称为价格有效市场，衡量标准主要是价格能否根据市场信息进行积极调整，证券市场信息是不是均匀分布的，每一个投资者获得的信息是否一致。

2. 有效市场理论的假设条件

根据尤金·法玛对有效市场的研究，一个市场达到有效市场的状态，要具备的假设条件是：所有的投资者都在利用已经获得的信息进行有效的证券交易，试图获得更高的证券投资收益；证券市场能够对市场上各种信息进行迅速、准确的反应，证券的价格包含一切能够发生和即将发生的信息；市场的竞争会导致证券价格达到均衡状态，价格服从相互独立的分布统计特征。

有效市场假说反映了投资者互相竞争下的均衡状态。在证券市场上，每个参与者都是理性的经济人，证券市场上的上市公司通过理性人对其基本面进行评判，从而受到严格监管，理性人以未来公司的盈利能力来评判上市公司的股票价格。理性人的假设，就意味着投资者能够准确地将资产价格定在基本价值（未来公司现金流的贴现值）附近。当投资者获得关于上市公司的任何信息时，投资者都会依据其掌握的信息进行证券交易，促使股票市场上的信息不断被释放出来，这样一来，各种有效信息就会通过投资者的交易行为释放到股票价格中。在市场交易无成本的情况下，价格将会充分反映所有信息，这样投资者将不能从基本信息交易中获得利益。

在市场存在大量非理性投资者的情况下，有效市场假说仍会成立。在股票市场中，有些时候会存在大量非理性投资行为，这是因为这些投资者的交易行为是基于信息的不完全性和不对称性的，那么在这种情况下，股票价格还能够对市场的信息进行正确和充分的反映吗？在尤金·法玛看来，虽然存在非理性投资者，但是他们的交易是随机的，而且是独立的、不相关的，非理性交易行为可能会相互对冲，这样只要市场足够大，交易量充分，市场最终的总体交易行为就是理性的，这样有效市场理论假说仍旧成立。

市场存在着大量的套利者和套期保值者，他们对非理性交易来说具有一定的对冲作用，市场的最终交易行为是理性的。假如某项资产由于非理性投资行为，导致其市场价格高于基本价值，理性的投资者一旦发现这个特征，就会在市场上利用做空工具，或者直接卖出该股票，而同时在市场上，找到一项与此资产相关系数接近 1 的资产，买入并持有多头头寸。市场上只要存在完全或近似替代的资产，套期保值交易就可能被执行，套期保值者就可以获取一笔无风险的利润。套期保值者的交易行为会导致这项估值过高的资产的价格逐渐回落，最终回归于基本价值。

3. 有效市场的三种形态

弱式有效市场。该假说认为，在弱式有效市场的情况下，市场价格能够充分反映过去历史信息，包括市场交易信息。根据这一假说，投资者进行技术分析已经不能获得收益，因为技术分析的基础是过去市场交易的统计数据。但是投资者可以通过对现在和未来基本面信息的挖掘进行投资，从而获得收益。在弱式有效市场形态中，股票价格与其历史交易数据是独立不相关的，股票价格的时间序列数据呈现随机游走的特征。

半强式有效市场。此种市场形态认为，证券市场价格不但能反映已经发生的历史信息，而且能够充分地反映正在发生的信息，这些信息包括市场成交量、成交价格、市盈率、公司治理、公司管理等。可利用的公开信息还包括公司金融制度、财税制度及风险水平等。根据半强式有效市场的定义，投资者不但无法从历史信息中获取超额收益，而且不能按目前公开的信息制定操作计划获取超额收益。在此种市场下，投资者研究上市公司的研究报告及上市公司交易数据是没有用的，只要有消息发布，所有投资者都会根据这一消息将价格推至与信息相对应的水平上。可以发现，半强式有效市场不但否定了技术分析的有效性，而且否定了基础分析的有效性。

强式有效市场。在强式有效市场中，股票价格不仅反映了所有已经公开的信息，而且能够反映一些私有信息，私有信息主要是指管理层、融资机构等内部知情人正在酝酿出台的一些计划所产生的市场新信息，这些信息只有少数人有条件拥有。在此情况下，拥有这些内幕消息的人可以通过私有信息进行套利交易，但是在强式有效市场中，股票价格能够对内幕消息进行反映，当有内幕消息出现的时候，交易行为人会根据内幕消息，将股票价格推到相对应的位置。这种市场形态的出现，实际上源于市场交易者的理性水平及信息渠道的约束。当知情人基于内幕消息进行交易时，市场理性人总是能根据其交易的蛛丝马迹发现信息并及时有效地跟随，所以股票价格总体上对信息产生积极的反应，市场达到强式有效的形态。

通过对三组有效市场形态的研究，我们得到以下启示意义。第一，加强市场有效性建设，其关键的问题应该是解决证券价格的信息发布、信息传输、信息解读及信息处理等问题。其中最为重要的就是上市公司信息披露制度，这是实现资本市场有效性的基础，也是资本市场定价效率不断提高的逻辑起点。第二，根据不同市场的有效性特点，投资者应该制定不同的投资策略，如果市场达不到弱式有效市场状态，投资者可以通过研究已经发生的基本信息，研究证券市场历史交易信息，探寻市场交易机会。如果市场是弱式有效状态，技术分析将会失效。如果市场是半强式有效状态，投资者已经无法利用历史信息和现在公开的基础信息获取收益，只有研究未来的基础信息才能够获取收益，所以研究资产价格预期收益率是半强式有效市场中的操作逻辑。而在强式有效市场中，任何的证券分析都将是徒劳的，这个时候进行有效的资产组合、构建最优投资组合及在买卖时机上下功夫才是有效的投资策略。

4. 有效市场理论的挑战

理论领域的挑战。对有效市场理论领域的挑战首先是人们质疑完全理性人假说。人们认为在现实情况下，投资者进行证券投资时，不是像假说那样完全理性，很多时候会受到外界的干扰及一些无关信息的影响，应该说现实的情况是，投资者不是完全理性的，而是有限理性的。而关于非理性投资者对市场不形成影响的假设，人们质疑在现实中很多投资者的非理性行为可能是一种系统性的特征，市场中大量的非理性投资者可能在比重上占优，市场经常会出现羊群效应等金融特征。而在此时由于大量非理性投资者的行为，市场将会很难出现有效市场所描述的状态。在有效市场中，资产组合的有效性理论认为以共同基金为代表的机构投资者相对于个人有限理性是一种较大的修正，机构投资者比个人投资者更具有接近于理性投资者的特征。但是挑战者认为机构投资者也会产生和个人投资者一样的偏误。专业机构投资者会选择与其评估一致的资产组合、配置与其他机构投资者一样的资产，会计年末会选择业绩好的资产。在组合竞赛中，他们一般会采用积极投资策略来体现资产性质。在关于套期保值能够促使市场有效的质疑中，人们认为在市场中有时很难找到与套期保值相一致的资产，还有很多市场可能缺乏做空机制等，使套期保值的策略不能顺利实现。

对有效市场假说经验的挑战。在实证经验挑战领域，Shiller（2000）是最早对有效市场假说进行质疑的研究者之一，他的研究结果显示，当股票波动率较大时，股票波动率就是股利贴现模型所解释的波动率。而在股票价格对信息的反应方面，存在股票价格对信息反应过度的现象。大量研究发现，原来下跌幅度较大的股票具有极高的收益率，而原来溢价较高的股票具有较低的收益率，这是人们心理行为的一种反映，跌价的股票一直在近几年向市场释放利空信息，投资者将以前和现在的状况推广到以后，因此大幅度低估了股票价格。人们还发现，在相对较短的时间里，股票价格和收益率与以前有相同的趋势，这意味着可以根据以往的收益率和股票价格预测未来。

在对半强式有效市场的质疑中，人们发现了小公司效应，其特征就是小市值股票比大市值股票收益率高、波动率大。小盘股的收益率比大盘股高4.7%，而且小盘股效应大多集中在 1 月，这些都是市场已知信息，这严重违反了半强式有效市场的假说。而在对市净率的研究中发现，高市净率股票的收益率比低市净率股票的收益率要低得多，且高市净率股票风险高，因此人们根据市净率与收益率的反向关系对半强式假说提出了挑战。而对于真空消息，股市并无反应，Cutler 等（1991）研究战后美国股市当日波动最大的 50 家公司的股价变化，发现许多并没有明显消息变化。而对有效市场理论冲击最大的是行为金融学的兴起，行为金融学被誉为让古典经济学心惊肉跳的研究领域。行为金融学认为：个体是有限理性的，市场存在群体行为；市场存在异常现象，投资者可以利用市场的异常现象进行套利交易。

资本市场是一套复杂的系统，像有效市场理论所描述的那样和谐、有序，资本市场固然做不到，但是有效市场理论为推动资本市场有效性建设、资产组合的发展等提供了理论支持，对现代金融学功不可没。

2.2 定价效率：从理论到方法

2.2.1 定价效率理论研究文献

资本市场是一个基于信息交易的市场，信息在市场中扮演着重要的角色。1948 年，信息论奠基人 Shannon 最早对信息进行定义，认为信息是用来规避不确定性的随机事件。英国著名经济学家 Hayek 的研究，将信息引入经济学领域，认为信息是特定时间、地点的消息和知识。诺贝尔经济学奖获得者 Arrow 则认为，信息是一种条件概率，在某个随机事件发生的条件下，有效改变后验概率的可观察的结果，信息可以有效减少不确定性，因此，在他看来，信息也是一种商品。

信息可以是存量信息，也可以是增量信息，信息分为主观信息和客观信息。与信息对应的一个词是噪音，噪音是一种不真实的信息，是虚假信息。噪音分为白噪音、市场微观结构噪音和投资者噪音。由于资本市场存在信息不对称和不完全的情况，因此我们拟在信息不对称条件下研究资本市场的系列行为。

关于证券资产定价除了 CAPM 和有效市场理论外，后续具有重要影响的文献主要体现为以下几个方面。

1. 存货模型

在信息不对称的背景下，Arrow（1971）发展了不确定性条件下的一般均衡理论，随后 Demsetz（1968）将其发展成为存货理论。Demsetz 考虑在一个具有做市商的市场中，证券资产之所以存在买卖的差价，是源于供求关系的不平衡，是为了保证市场交易有效进行所需要支付的成本。由于这种低买高卖的行为很像厂商的存货行为，因此定义该理论为存货理论。在存货理论中，Garman 和 Kohlhagen（1983）进一步做了研究，主要的结论是：做市商的目标是，在避免失败的前提条件下，尽可能追求最大化的利润；做市商为了避免失败，保持股票买卖的差价，从而减少所承担的风险。存货理论是做市商制度下的理论，在今天的限价交易和指令交易下，显然已经不能对它进行完美解释，因此股票定价理论进入了信息模型阶段。

2. 序贯交易模型

在信息不对称条件下，由于交易是连续的，Easley 等（1987）构建了序贯交易模型。投资者可以通过其交易行为向市场传递信息，因此证券的价格、市场的交易量和资产的买卖方向等都可以作为信息传递的媒介。具有不同信息禀赋的投资者，通过交易向市场传递信息，不知情者则可以根据市场的这些结果性的指令来分析信息，使市场形成信息的良性互动。根据 Easley 的研究，大规模的交易代表着知情交易概率较大，大规模购买的行为预示着利好的消息，大规模卖出行为代表着利空的消息。

Glosten 和 Milgrom（1985）将 Easley 的模型进一步推广，认为交易商具有学习能力，在系列交易中，交易商通过研究市场的订单，不断学习，不断更新信息，以使其掌握的信息越来越丰富、越来越准确，从而更准确地给市场定价。做市商通过观察订单情况，不断丰富掌握的信息。

3. 批量序列交易模型

Glosten、Milgrom 和 Easley 的信息交易模型都是基于做市商的视角来研究信息效率，不能适应大量交易者同时交易的情况，面对这一理论缺陷，Kyle（1985）建立了批量交易模型，用此模型来分析市场中存在大量普通投资者的信息交易时的状况。该理论是以理性预期为理论分析框架，认为市场参与主体根据他们观察到的市场交易数据，理性分析交易对方的信息水平和交易策略，同时也会影响到自己的交易策略，从而在动态博弈中影响市场均衡。在 Kyle 的交易模型中，假设市场中存在信息交易者和无信息交易者，信息交易者会根据自己所掌握的信息进行证券交易，而无信息交易者通过观察信息交易者的交易策略来推测信息的质量和信息的强度，做市商最终根据市场批量的交易进行汇总，以此形成市场出清。在批量交易的基础上，加上做市商的汇总行为，市场更容易更大限度地形成均衡。

4. 看法异质性模型

在市场存在信息不对称条件下，根据投资者不同的信息禀赋，Harrison 等（1978）建立了看法异质性模型，该理论更符合现实，能够对一些市场异象进行解释。

由于市场交易者自身禀赋的差异，即使他们具有同样的信息获取能力，市场也是有效市场，但是他们各自处理信息、使用信息和承担风险的能力不同，所以他们对同样的资产的看法也不一样。有学者在解释投资者差异性特征时，把交易者异质性的意见作为先验信息处理，来研究其行为对市场的影响。看法异质性模型对交易者的禀赋设定更为科学，有广泛的适用性。但是这一理论模型比较复杂，研究工具不具有统一性，因此后来该研究没能形成系统的理论框架。

5. 理性预期条件下的均衡模型

在市场不完全竞争条件下，存在不完美市场，理性预期均衡模型能够准确解释信息不对称条件下对证券市场价格的影响。Grossman 和 Stiglitz（1980）在论文中，在考虑时间因素的条件下，建立一个存在风险资产和无风险资产的两期理性预期模型，在给定条件下，研究交易者的风险偏好、后验信息、信息精确度及信息交易者占比等因素对资产价格的影响。该模型认为信息交易者通过信息交易来决定市场价格，无信息交易者通过观察市场价格来推测市场信息，进而在理性预期的条件下形成交易，因此市场在理性预期下形成各自的最优需求，并最终形成出清。Grossman 和 Stiglitz 的研究建立了在信息不对称条件下研究资产市场均衡的框架。

2.2.2 从资产定价到 R^2 定价效率研究文献

1. 信息反应速度测度方法——Delay

Hou 和 Moskowitz（2005）认为可以利用股票的价格对市场信息的反应速度来测度定价效率，其方法是构建市场指数收益率滞后指标。如果单一股票收益率能够对当期市场指数收益率产生充分反应，则认为股票对信息反应速度快，资产定价效率高；如果单一股票收益率不能对当期市场指数收益率产生充分反应，而是在后续的时间里充分吸收反应，从而形成反应的滞后特征，这种特征可以通过滞后阶的单因素模型扩展形式来体现：

$$r_{i,t} = \alpha_i + \beta_i R_{m,t} + \sum_{k=1}^{n} \delta_{i,k} r_{m,t-k} + \varepsilon_{i,t} \qquad (2-1)$$

其中 $r_{i,t}$ 为股票 i 在 t 期的收益率，$r_{m,t-k}$ 为本国市场指数收益率，用市场指数收益率指标代表市场基本信息情况，这一方法借鉴了单因素模型思想（Sharpe，1963）。模型（2-1）中 k 取值为 1、2、3、4，显示 k 期的滞后，$\varepsilon_{i,t}$ 为随机扰动项。该模型的优势就是用带有滞后期的市场指数收益率来解释股票 i 收益率的波动，或者说是用股票 i 对市场信息的反应速度来测度股票 i 的定价效率。

Hou 和 Moskowitz（2005）认为用价格对信息的反应速度来体现股票的定价效率，比较便于操作和验证。假如股票价格能够对市场信息迅速做出反应，则在模型（2-1）中，市场指数收益率的滞后期系数接近 0，也就说是股票价格主要取决于当期市场的信息，当期信息占股票定价的权重比较大，市场对当期信息产生了迅速反应，股票的定价效率较高。相反，模型（2-1）中股票 i 的收益率不仅取决于当期市场指数收益率，还受制于市场历史滞后期的收益率影响，所以在此模型里，市场指数收益率滞后期的系数就不显著为 0，偏离 0 的绝对值越大，就意味着股票对市场信息的反应速度越慢，股票的定价效率越低。对模型（2-1）进行回归后，我们用不同的价格迟滞方法来测度股票的定价效率。根据需要，构建如下两个约束模型：

$$r_{i,t} = \alpha_i + \beta_{i,t} r_{m,t} + \varepsilon_{i,t} \qquad (2-2)$$

$$r_{i,t} = \alpha_i + \beta_{i,t}r_{m,t} + \sum_{k=0}^{n}\beta_{i,t-k}r_{m,t-k} + \varepsilon_{i,t} \qquad (2-3)$$

利用历史数据，对模型（2-3）进行总体回归得到可决系数 R^2，然后分别令市场指数收益率滞后项目的数值为 0，即得到模型（2-2），对模型（2-2）进行回归得到 R_r^2。借鉴 Hou 和 Moskowitz（2005）测度价格迟滞的方法，我们构造模型（2-4），这就是价格迟滞的变量表达式。直观上看 Delay 值越小，说明市场指数收益率对历史的市场信息的依赖程度越低，股票价格用来吸收市场信息所需的时间越短，从而定价效率越高：

$$Delay = 1 - \frac{R_r^2}{R^2} \qquad (2-4)$$

Bae 等（2012）考虑到在金融市场的开放条件下，外部信息也会对市场指数收益率产生系列影响，所以对 Hou 和 Moskowitz 的模型（2-1）进行了改造，加入了全球市场的信息。这样的处理，考虑到一国某证券价格既要对本国信息进行反映，也要对全球信息进行反映，特别是在考虑到外国机构投资者的情况下，更能够体现外国机构投资者通过股票交易向市场释放国内信息和全球信息。对模型（2-1）改造后的模型为：

$$r_{i,t} = \alpha_i + \sum_{k=0}^{k=4}\sigma_{i,t}R_{w,t-k} + \sum_{k=0}^{k=4}\gamma_{i,t}R_{l,t-k} + \varepsilon_{i,t} \qquad (2-5)$$

在模型（2-5）中，$R_{w,t}$ 和 $R_{l,t}$ 分别表示世界股票价格指数和本国股票价格指数，用来代表世界基本面信息和本国基本面信息。根据研究的需要对模型（2-5）进行改变，当不存在滞后项影响时，模型变为：

$$r_{i,t} = \alpha_i + \sigma_{i,t}R_{w,t} + \gamma_{i,t}R_{l,t} + \varepsilon_{i,t} \qquad (2-6)$$

利用历史数据分别对模型（2-5）、模型（2-6）进行回归，得到与之对应的可决系数 R^2 和 R_r^2，同样可构造 Delay1：

$$Delay1 = 1 - \frac{R_r^2}{R^2} \qquad (2-7)$$

较大的 Delay1 体现了市场指数收益率更多由滞后期国内外市场指数收益率决定，当期市场指数收益率的变化更多是对历史信息的反映，市场定价效率因此会比较低。相反，更小的 $Delay1$ 展示的市场指数收益率更多是源于当期本国和外国市场股票指数收益率的变化，这样股票价格更多是对当期市场信息的反映，股票市场定价效率较高。

借鉴 McQueen 等（1996）的方法，可形成另外一种测度定价效率 $Delay2$ 的方法：

$$Delay2 = \frac{1}{1 + e^{-x}} \tag{2-8}$$

当 $x = \sum_{k=1}^{4} \sigma_{i,k} / (\sum_{k=0}^{4} \sigma_{i,k} + \sum_{k=0}^{4} \gamma_{i,k})$ 时，$Delay2$ 捕捉的是全球市场信息，体现了对全球市场信息反映的水平；当 $x = \sum_{k=1}^{4} \gamma_{i,k} / (\sum_{k=0}^{4} \sigma_{i,k} + \sum_{k=0}^{4} \gamma_{i,k})$ 捕捉的是国内市场信息，体现了对国内信息的反映水平。$Delay2$ 的应用法则和 $Delay1$ 的应用法则一样，取值越小，定价效率越高。

2. 价格同步性（Synchronicity）方法测度

股票价格同步性，最早是由 Morck 等（2000）对 Roll（1988）所研究的 R^2 进行改编，从而提出此概念的。其主要含义是，股票市场在一定时间点上，大多会出现股票同涨同跌现象，市场波动具有较大的同质性特征。R^2 是通过个体公司的股票收益率对市场指数收益率进行回归得到的。R^2 越高，说明市场指数对个股解释能力越强，个体变动与整体变动之间关联度越高。因此在这样的市场中，每个股票具备同样的价格波动特征，那么在资产组合及证券投资分析中，就无法将大量的公司特质性信息纳入进来，否则会破坏股票的估值标准，体现市场较低的强式有效特征。

Roll 最早采取个股回报率对市场指数回报率进行回归的方法研究股票价格同步性，用这样的方法来测度公司特有信息水平。在他的研究中，他将 R^2 作为测度公司特有信息的指标，R^2 越高代表个股的特有信息就越少。Roll 的回归方程如（2-9）所示：

$$r_{i,t} = \alpha_i + \beta_1 F_{1,t} + \ldots + \beta_k F_{k,t} + \varepsilon_{i,t} \tag{2-9}$$

$r_{i,t}$ 是股票 i 在 t 期的收益率，$F_{k,t}$ 是影响股票 i 的在 t 期第 k 个系统性经济变量收益率指标，$\varepsilon_{i,t}$ 为扰动选项，是资产 i 中无法解释的部分。根据 Roll 的研究，R^2 的计算公式为：

$$R^2 = 1 - \frac{RSS/(n - k - 1)}{TSS/(n - 1)} \qquad (2 - 10)$$

　　Roll 的研究为后来的研究者提供了一个较好的研究视角，Morck 等（2000）在 Roll 的基础上，将股票收益率对市场指数收益率进行实证回归，将回归后的 R^2 作为股票价格同步性的指标。两种方法的相同点是，都用股票收益率对影响因素进行回归，得到 R^2，以此作为股票同步性指标，R^2 越大，代表股票同步性越大，个股收益率反映的私有信息就越少，股票定价效率就越低。两种方法不同的是，Roll 选择影响股票收益率的因素是一系列系统经济因素，而 Morck 等（2000）是以市场指数作为影响因素。

　　Morck 等（2000）通过借鉴 Roll（1988）的研究思想构建指数模型，回归结果得到 R^2，运用 Winsorize 方法得到股票价格同步性指标：

$$Synchronicity = \ln(\frac{R^2}{1 - R^2}) \qquad (2 - 11)$$

　　$Synchronicity$ 代表了价格同步性指标，是基于 R^2 转换而得，其意义是价格同步性越大，个股的信息被市场指数解释的部分就越大，个股特质性信息也就越少，体现了市场同涨同跌的特征。

3. 定价效率方法的评述和选择

　　在研究股票市场定价效率时，研究者普遍运用 R^2 来测度信息含量。资本资产定价模型运用个股收益率对市场指数收益率进行回归，一直被认为是标准的资产定价模型。然而根据资本资产定价模型的解释，更高的 R^2 代表的是更少的公司特质性信息，股票收益率更多是由市场来解释的。Roll（1988）通过对资本资产定价模型的拓展，发现资本资产定价模型更多是对市场收益率的解释，而忽略了公司特质性信息。在 Roll 的 R^2 研究理念问世不久，Morck 等（2000）发表了论文，在该论文中，首次根据 Roll 的 R^2 提出股票价格同步性的概念，Morck 等认为发达国家和发展中国家股票价格具有明显的价格同步性的差异，发达国家较发展中国家具有较低的股票价格同步性。而导致这一差异的逻辑源于这些国家不同的产权保护制度。产权保护制度较好的发达国家，股票价格同步性明显低于产权保护制度较差的发展中国家。在随后 Morck 等再次发表论文，论证投资者保护力度也会影响股票价格同步性，在投资者保护力度较差的国家，管理层大股东更容易通过内幕消息将现金流据为己有，而不知情的外部投资者由于缺乏公司内部有效信息，在资本市场只能根据整体宏观指标进行交易，这样股票价格同步性较为严重，市场同涨同跌是常态。随着 Morck 等关于股票价格同步性文献的问世，Jin 和 Myers（2006）认为产权保护制度固然重要，会影响到股票价格同步性，但是公司的信息透明度会影响外部投资者对公司的信息观察和判断，在一个信息透明度较低的公司，内部知情人可以利用私有信息进行交易，而对于外部投资者，由于信息的不透明，基于公司特质性信息交易约束限制，其只能根据共同信息进行交易，从而产生了严重的股票价格同步性。

利用 Roll 的 R^2 转化为股票价格同步性，以此来衡量公司特质性信息交易，虽然得到了大多数学者的认可，但是也有一些学者认为，较低的 R^2，一方面可能是公司特质性信息较多所致，另一方面也可能是市场噪音所致，市场上与公司基本面无关的噪音交易也会导致较低的 R^2，从而形成较低的股票价格同步性。

Kian-Ping 等（2016）认为，在一个标准的理性预期模型中，回归所得到的 R^2，是以独立的信息融入股票价格中的。此外，股票价格的波动也可能是由投资者的情绪驱动的，较低的 R^2 与较强的短期价格动量效应和长期的价格反转效应有关，实证分析怀疑低的 R^2 是衡量市场效率的标准，并质疑 R^2 与股票市场定价效率的关系缺乏理论支撑。中国学者游家兴（2007，2017）通过引入证券市场制度建设的因素，发现随着中国证券市场制度建设不断完善，股票市场同步性出现下降的趋势，但是无法解释 2001 年股票价格同步性上升的现象。有学者通过理论推导和实证检验发现，在中国股票市场中，投资者情绪对股票市场流动性影响是正向的，投资者情绪越高，股票市场流动性越强，从而可以推断投资者情绪会影响股票市场特质性的波动。

Bae 等（2004）用跨国面板数据，从国家开放、金融自由化等视角讨论了股票价格同步性，发现金融开放程度与股票价格同步性负相关，随着金融自由化的不断推进，新兴国家不同程度地实施金融开放，以此来推进本国资本市场的效率建设。

尽管对于以 R^2 方法来讨论股票市场定价效率有一定的争论，但是主流文献还是对此方法进行了肯定。考虑到中国股票市场确实存在同涨同跌的显性特征，从资本市场的资源优化配置的角度来看，运用 R^2 方法来代表定价效率有很大的参考价值。通过价格同步性的含义理解，价格同步性的方法实际上是对市场强式有效的一种刻画，这种状态是市场有效性高度发展的结果。对于中国资本市场的有效性程度，陈灯塔和洪永淼（2003）研究认为，中国股票市场尚未达到弱式有效市场，所以在解读中国股票市场定价效率时，考虑到实证研究的稳健性，用 Delay 方法进行稳健性检验和测度。价格同步性方法与 Delay 方法测度定价效率的区别是，价格同步性反映的是个股基于个性化信息进行价格波动的特征，反映了股票同涨同跌的特征，较低的价格同步性代表了较高的股票定价效率。Delay 方法侧重于股票当期市场收益率对过去市场指数收益率的反应程度，对指数的历史数据反应过多预示着消息在股票市场中的滞后性以及单一股票不能对历史信息进行迅速反应。

因此本书基于 R^2，运用价格同步性方法和 Delay 方法来检验 QFII 投资与中国股票市场定价之间的理论逻辑。价格同步性方法，可测度个股收益率对公司特质性信息的反映水平，股票收益率与市场指数收益率之间的关系越是线性的，就越是反映了个股中同涨同跌的状态。市场中公司特质性信息少，而 Delay 指标对信息的反应速度做了较好描述，两种方法相互补充。

2.2.3　股票市场定价效率影响的文献

1. 机构投资者与股票市场定价效率

投资者是股票市场上的参与主体，大量文献从机构投资者角度思考股票市场定价效率，主要从机构投资者的类型（信息交易者和噪音交易者）、机构投资行为以及情绪等角度研究投资者与股票市场定价效率的关系。

从机构投资者类型角度研究股票市场定价效率的学者认为，机构投资者相比个人投资者更能够提高股票市场定价效率。杨墨竹（2008）从信息金融行为与信息经济的视角，考察了信息成本和投资者的理性，通过建立模型发现中国机构投资者投资趋向长期化和价值化。石美娟和童卫华（2009）通过收集股改时期的数据研究上市公司的价值与机构投资者持股的关系，认为机构投资者持股显著地提高了股票的价值，并通过各种方式促进了上市公司价值的提升。游家兴（2017）分别从水平效应和增量效应角度进行实证研究，发现机构投资者参与股票市场提高了整个市场的理性程度，有利于信息的传递，推动了股票特质性信息的释放，从而提高了股票市场的定价效率。孔东民等（2015）研究机构投资者持股、流动性对股票市场信息效率的影响，认为机构投资者投资比例的增加以及流动性的增加，提高了股票的信息效率，而进一步研究发现流动性指标的增加以及机构投资者持股比例的增加，在一定程度上减弱了股票信息效率。肖浩和夏新平（2011）研究认为机构投资者持股会显著降低股票价格同步性，提高股票特质性私有信息含量。许年行等（2013）认为因为机构投资者掌握了私有信息，导致了其他投资者的模仿、跟风行为，从而出现较为严重的羊群效应，股票市场的波动性变大，股票市场定价效率减弱。王亚平等（2009）基于中国资本市场的数据进行研究，发现机构投资者持股比例上升，会降低股票价格同步性，能够提供更多公司层面特质性信息。潘宁宁（2015）从持仓和交易两个角度分析机构投资者，揭示了股票特质性信息的释放会降低股票价格同步性。

2. 分析师行为与股票市场定价效率

分析师是市场上的信息中介者，其在股票价格同步性方面扮演着什么样的角色呢？大量学者对此进行了广泛的研究。Piotroski 和 Roulstone（2004）通过收集美国上市公司数据进行研究，发现分析师关注的股票数量越多，公司股票价格同步性越高，分析师没有降低股票价格同步性。朱红军等（2007）研究发现，证券分析师分析研究股票信息，能够发现公司特质性信息，降低股票价格同步性，使股票包含更多的公司基本面信息，从而提高了股票市场的定价效率。但是，Chan 和 Hameed（2006）实证发现，分析师没有促进基本信息的传递，新兴国家分析师没能降低股票价格同步性。冯旭南和李心愉（2011）的研究也发现，分析师发布的研究报告很少反映公司特质性信息，更多的还是反映市场共有信息，所以分析师跟踪没能有效降低股票价格同步性。周铭山等（2016）将分析师分为明星分析师和非明星分析师，分组实证研究发现，明星分析师相比非明星分析师，更能够降低股票价格同步性，进一步研究显示，明星分析师通过市场的过度反应来实现股票价格同步性的下降。

3. 信息透明度与股票市场定价效率

Jin 和 Myers（2006）认为信息透明度对股票市场定价效率具有较大影响，他们认为内部股东对外部股东的侵害行为，不仅受制于产权保护制度，还源于外部股东对内部股东的监督，即所谓的股票市场透明度。当市场透明度较低时，内部股东对外部股东的侵害程度会加剧，导致市场公司层面信息减少，股票价格同步性变高。利用信息经济学进行解释的逻辑是，当市场透明度较低时，外部股东需要花费更大的成本在市场上搜集信息，而且搜集信息难度会提高，这时外部股东就会做出逆向选择，不进行股票特有型信息挖掘，而是根据市场整体的基本面情况做出投资选择，这样股票市场同步性增加，因此股票市场信息透明度和股票价格同步性呈负相关关系。

根据 Jin 和 Myers 的研究，研究者从不同的角度对信息透明度与股票价格同步性进行了研究，如市场微观结构理论、流动性、财务盈余管理等。方立兵和丁婧（2017）基于信息不对称视角，考察了透明度与市场效率的关系，研究结果显示，透明度增加，市场效率大幅下跌，价格发现与资源配置都很难达到理性预期均衡。黄俊和郭照蕊（2014）利用中国上市公司数据，研究了媒体报道与股票市场定价效率的关系，得出结论：媒体报道显著降低了股票价格同步性，进一步研究还发现，分析师跟踪人数越多的股票，股票价格同步性受媒体报道影响，定价效率越高。而通过对媒体报道的性质进行分类发现，负面报道对股票价格同步性影响更加显著。胡军和王甄（2015）从微博、特质性信息披露角度考察了股票价格同步性，研究认为：开通微博的上市公司相比未开通微博的上市公司具有更低的股票价格同步性，微博信息提高了分析师预测股票的精度，通过分析师解读微博信息，股票定价效率将会被提高。

4. 制度建设与股票市场定价效率

Morck 等（2000）研究认为，在贫穷经济体中，股票价格与发达经济体相比，价格波动更大。这个发现不是由市场规模和各国经济总量规模所决定的，而是源于不同国家对私有产权保护的程度。在新兴市场，收益率变动与市场整体情况有关，与公司基本面相关度较低。在发达经济体股票市场中，较高的投资回报率变化与公司特有基本面信息相关。游家兴等（2006）借鉴 Morck 的研究，利用中国资本市场制度假设的指标，来研究中国资本市场制度建设与股票价格同步性的关系，结果显示，伴随着中国资本市场制度建设的不断完善，中国股票价格同步性被逐渐趋弱，股票价格反映公司型特有信息更加丰富，投资者保护制度的完善，有效抑制了股票市场同涨同跌的现象。在制度建设与股票市场定价效率方面，研究成果较多的领域是融资融券制度，李志生等（2015）运用中国融资融券的股票样本数据进行研究，结果显示，融资融券（即双融）标的股票比非双融标的股票的定价效率更高，进一步研究发现，融券越高的股票，定价效率越显著。

5. 信息媒介与股票市场定价效率

随着近年来互联网技术革命的推进，一些互联网信息中介层出不穷，如：QQ、微博、微信等。这些信息媒介的出现，从数量和质量上都极大提高了股票市场的信息水平，因此互联网新媒体中介的革命对股票市场信息传递起到了重要的作用。何贤杰等（2018）研究认为通过微博、微信等新媒体发布上市公司信息，显著地降低了股票价格同步性，微博、微信中经营活动及策略信息占比越高的上市公司，股票价格信息效率就越高，他们还考察了在四大会计师事务所中，信息透明度以及分析师关注的变量与新媒体的交叉影响，研究结果显示，新媒体促进了上市公司信息效率的提升。胡军和王甄（2015）研究认为开通微博新媒体的上市公司具有更低的股票价格同步性，开通微博的上市公司有利于提高市场分析师的预测精度，投资者无法对微博信息进行准确理解时，可以通过分析师的分析和对信息的解读，使信息融入股票价格中。刘海飞等（2017）研究发现上市公司通过网络社交媒体能够显著性地降低股票价格同步性，提高市场定价效率。

2.3　QFII 相关研究文献

QFII 是一国在货币没有实现完全可自由兑换、资本项目尚未开放的情况下，有限度地引进外资、开放资本市场的一项过渡性的制度。QFII 通过向所投资国申请将一定额度的外币转化为当地货币，并在投资国进行证券投资，其投资周期结束后，经所在国监管当局审批同意将投资的本金、红利及资本利得转移到国外进行结汇，或者继续长期再投资。因为 QFII 的投资过程关系到资金在国际间的流转，在资本金融项目未完全实现可自由兑换之前，需要监管机构进行严格的风险监管。外国证券投资机构首先必须向相关金融监管当局申请 QFII 的投资资格，符合中国金融开放的有关规定，才能获得中国证监会授予的证券业务许可证。取得中国证监会授予的投资资格后，还必须向中国外汇管理局申请投资额度，并在指定的托管银行开立特殊的境外资金账户，在国内证券公司开立证券交易账户委托其进行证券投资。

这一制度是市场跨越国界发展的体现，是在金融开放、实现金融自由化过程中，一些经济及金融发展水平有限的国家，在尚未达到国际市场经济标准下所实施的一种过渡期政策。伴随着经济的发展，许多新兴国家逐渐开始在经常账户和资本金融账户实行开放，但是源于本国市场经济发育还不成熟，为了避免在金融开放的过程中，出现系统性的金融风险，新兴经济体实行 QFII 制度，这一制度具有典型的过渡期的特征。一国金融的开放主要包含以下两方面内容。一方面是允许国外金融机构在国内开展金融系列业务，即国外的金融机构依据其在母国的商业经营模式，在目标国进行系列的商业活动。例如，花旗银行在中国开展商业银行的资产负债业务及中间业务、高盛集团在中国开展各种投资银行及证券经纪业务、AIG 集团在中国开展保险经纪业务等。很多国家对这个领域的监管一般不是特别严格，只需国外金融机构向相关的监管当局申请并取得相应的牌照。另一方面主要体现在资金的开放上，资金的开放意味着大量的国际资本金可以在国际间进行流动，根据资金的特征又分为资本项目和金融项目。其中资本项目主要是在实体经济领域的投融资，如外国进入本国进行实体经济投资，学术文献定义为 FDI，国内金融去海外进行实体经济投资则定义为 OFDI。而金融项目的开放则主要是证券市场上的资金流动。在这样的格局下，监管当局担心资金的大幅度流动影响该商品价格及资产价格的稳定，所以对金融项目的开放比较谨慎，监管较为严格。其中 QFII 制度、QDII 制度就是金融项目开放的过渡期政策。

QFII 制度是金融项目全面开放过渡期的制度，可以促进市场经济在国际间纵深发展，增加国内市场资金流动性，实现资本市场全球协调同步发展。引入先进的投资理念，对国内机构投资者的成长具有正溢出效应，从而实现价值投资的金融生态体系，实现资本市场有效性的建设。

新兴国家坚持 QFII 制度，采取不全面开放的政策，根源在于这些国家金融的脆弱性，以及新兴经济国家经济发展水平与发达国家相比还存在差距。经过对新兴经济体国家金融开放的研究发现，QFII 在韩国和中国台湾地区，在金融开放初期，具有典型的投机特征，羊群效应明显，并在 1997 年金融危机中起到了推波助澜的作用。中国目前为世界第二大经济体，但是金融发展水平还无法与主要资本主义国家金融发展水平相匹敌，金融服务实体经济的功能有待提高，为了建设一个与中国经济体相匹配的资本市场，在金融领域中实行开放，是我们要选择的路径。但是考虑到中国金融发展的脆弱性，全面开放或者一步到位的开放可能会产生一系列的危机，基于金融市场稳定与发展的需要，中国和其他新兴经济体的金融市场开放的路径一致，采取过渡性的金融开放政策，即 QFII。

2.3.1　对中国引入 QFII 制度的认识

第一，实现市场经济纵深发展。1978 年改革开放以来，伴随着中国经济的发展，对内进行系列的改革、对外实行有序的开放是中国经济发展的主要特征。中国经济领域实行的是具有中国特色的社会主义市场经济，市场在资源配置中起决定性作用。在中国实施 QFII 制度前，截至 2001 年，中国 GDP 已经达到 110869.12 亿元，位居世界经济前五。而中国沪深两市的总市值在 2001 年为 4630 亿元，股票市场的发展与国民经济发展严重不匹配。问题是为什么市场经济的发展需要资本市场的发展呢？市场经济在发展的过程中，产品、资源、劳动力在市场交换中实现配置，这是市场经济发展的基本准则，但是主体企业的价值应该如何定价，如果不能对经济中的重要主体企业进行公允定价，市场经济的发展必然受到制约，所以在中国发展市场经济的现实条件要求资本市场的发展，实现市场经济纵深发展。

第二，丰富股权结构，实现资本市场效率建设。中国资本市场自 1990 年建立证券交易所以来，存在先天营养不良、后天畸形的特征。资本市场没有更好地实现投资、融资及资产定价功能。特别是资产定价功能，股票市场价格没有包含更多层面的基本面信息，一度被认为是赌场，甚至连赌场都不如。在中国股票市场中，个人投资者比重较大，因为缺少专业性的投资方法，大多数个人投资者从事投机交易。引入 QFII 制度，一方面可以提高流动性，实现国内股票市场的流动；另一方面，丰富了资本市场股权结构，深化上市公司的治理，为资本市场定价效率做出贡献。资本市场的效率建设关系到中国金融体系的改革，承担着国企改革的重任及服务实体经济的责任。

第三，是资本市场领域开放过程中的过渡性政策。中国股票市场对外开放能够建立起与国外股票市场的联系，但是在开放的过程中首先需要考虑的是系统性的国际金融风险问题。在股票市场开放的过程中虽然能够实现经济的发展、国企的改革及金融领域的变革，但是在开放的过程中必须以股票市场的稳定发展作为前提。为防止股票市场开放的步伐过快过急，导致市场的大震荡，渐进的、分阶段、分步骤的开放是一种稳健的选择。所以 QFII 制度是在资本项目完全开放的目标下的过渡期政策，既能够实现股票市场的对外开放，又能为国内金融市场的成长提供一个适应过程，保持了金融市场的稳定发展。

第四，是新兴经济国家（地区）开放的经验总结。QFII 制度设计并不是中国独有的，在中国实行 QFII 制度之前，新兴经济体国家一度采用此制度，即在金融市场开放的过程中，采取过渡性的办法，不是一步到位式的完全开放。中国台湾、韩国、印度及马来西亚等国家和地区在其金融市场开放的过程中，曾经采用和设计过这样的制度，并通过这样的制度设计实现了金融市场的开放，取得了相应的成就。这些经验告诉我们实施这样的过渡期金融开放的政策，能够抑制过度投机冲击，保持市场的稳定。

第五，中国加入世界贸易组织的历史性承诺。早在中国加入世界贸易组织谈判时，曾经对成员国承诺，在加入世界贸易组织之后，中国证券行业将实现开放。世界贸易组织涉及证券业开放的协议主要有《服务贸易总协定》和《金融服务贸易协定》。上述两个协定规定：中国加入世界贸易组织后，国外证券投资机构或个人，无须通过中国证券金融中介，可以直接从事 B 股的证券经纪业务；在中国设有办事处的国外证券机构，可以申请成为中国证券交易所（上海证券交易所和深圳证券交易所）特别会员；准许国外金融机构与国内金融企业在服务业领域成立合资企业，从事国内资产管理业务，而外国金融机构持股比例不得超过 33%，加入世界贸易组织 3 年后，外资持股比例不得超过 49%。从加入世界贸易组织的承诺来看，QFII 的引入给中国金融市场带来了机遇与挑战。一方面，实现了金融项目的开放，促进了资本市场的发展；另一方面，中国要兑现承诺，实现金融项目的开放，QFII 制度就是中国兑现加入世界贸易组织后开放金融领域的承诺。

2.3.2　关于 QFII 投资选择偏好的文献

Reena 等（2002）对美国的机构投资者的研究发现，外国机构投资者更偏好于投资信息透明度较高的上市公司。有学者研究认为外国机构投资者比较偏好投资规模较大、市值较为稳定的上市公司，另外他还发现，机构投资者参与股票市场增加了市场的风险性，但是提高了市场的流动性。有学者基于机构投资者审慎投资的假设，认为外国机构投资者偏好投资流动性较高且上市时间较长的上市公司。Badrinath 等（1995）的研究发现，美国共同基金比较偏好市值较大、业绩较好、机构投资者持股比例大及流动性较好的上市公司，而对波动率较高的上市公司则较厌恶。Aggarwal 和 Pittenger（2005）对 20 世纪的经济危机从公司层面和国家层面进行了考察，从国家层面考察发现美国的机构投资者喜欢投资具有较高会计准则、具有有效股东保护和金融法律规范健全的国家；从上市公司层面考察发现，外国机构投资者喜欢投资信息透明度较高的上市公司。Chan 和 Hameed（2006）对 26 个发达国家市场的共同基金投资数据进行研究，他们如何在国内市场和国外市场进行资产配置，是什么因素影响资金在国内外市场间的分配。他们的研究发现大多数外国机构投资者喜欢投资本国市场。而当他们对外投资时，国外资本市场的发育程度是吸引他们投资的主要原因。除此之外，资本管制的严厉程度、经济发展水平也是其投资主要考虑的因素。

Giannetti 和 Simonov（2006）对瑞典国家上市公司的公司质量与投资者持股之间的关系进行研究，发现仅为了获得较高的股权收益分配的股东更愿意投资公司治理水平较高的上市公司，相反如果出于对投资人与公司内部人之间的关系方面的考虑，投资者更愿意投资自己与上市公司有内部联系或业务关系的企业。Ferreira 和 Matos（2008）对全球 28 个国家机构投资者的投资行为特征进行了研究，发现外国机构投资者均喜欢规模较大、公司质量较好的股票，研究还发现外国机构投资者也偏好投资那些跨国上市的公司。Leuz 等（2009）对全球 4409 家代表性的上市公司进行推断式研究，发现外国机构投资者都比较厌恶那些对投资者保护力度较低、公司治理较差的上市公司。

相比国外的研究，国内对外国机构投资者研究成果较少。国内对 QFII 的研究大多是关于其与公司治理之间的简单关系。孙立和林丽（2006）研究 2003~2004 年的行业数据发现，QFII 开始由关注业绩转向采用业绩和成长性并重的方法进行行业配置。周泽将和余中华（2007）研究了股权结构和董事会特征对 QFII 持股的影响，研究发现管理层持股比例、第一大股东持股比例、审计委员会的设立状况以及公司规模与 QFII 持股显著正相关，独立董事比例、净资产收益率和公司成长性等对 QFII 持股没有产生显著影响。江向才（2004）研究了公司治理对机构投资者持股的影响，发现董事会和监事会持股比例、样本公司所有权透明度以及投资者关系透明度均对机构投资者持股产生了积极影响。宋玉（2009）以 2004~2007 年中国 A 股上市公司作为样本，实证检验了最终控制人性质、两权分离度对机构投资者持股的影响，结果表明最终控制人所有权比例越高、两权分离度越小时，机构投资者持股比例越高，其中两权分离度指标对机构投资者持股的影响在非国有企业中表现得更为明显。

2.3.3　QFII 与股票市场价格

在股票价格形成的理论模型中，投资者根据基本资产价值进行资产选择和配置。然而，在过去的 20 年中，行为金融学开始解释资产价格偏离这种理性行为，除此之外，一些市场参与者可以根据过去的投资收益率进行投资决策，购买价格上涨或卖出价格下跌的股票，而不是就基本价值进行投资，这种投资策略被称为积极主动型投资。积极主动型投资者的存在，可能会推动价格远离基本面，从而导致股市产生巨大波动。

而在中国逐渐对外放开外国机构投资者投资中国股票市场之后，人们开始研究 QFII 的引入是否会改变市场的波动性，是否会破坏国内股票市场的稳定。一部分学者认为 QFII 制度的引入有利于股票市场的稳定。

外国机构投资者通过减少噪音交易者的影响，降低了价格波动。Schuppli和 Bohl（2010）的研究认为，外国机构投资者一般不采取积极主动型交易策略。殷红和蓝发钦（2007）从资产配置的视角研究了 QFII 进入基金重仓股后对基金重仓股的影响，结果表明，QFII 持仓这些行业的股票没有导致市场产生巨大波动，而从长期来看，有利于行业资产价格的稳定。孙立和林丽（2006）运用描述性统计梳理 QFII 持仓数据及持仓股票的表现，研究发现 QFII 在遵循价值投资时，会根据行业的实际变化适当调整持仓策略。有学者探讨在金融自由化的背景下 QFII 对中国新兴资本市场的影响，并采取固定效应方法，利用滞后的公司规模和股权结构作为机构投资者持股的工具变量，研究结果表明，外国机构投资者可减缓股市波动，可作为市场稳定器。相比之下，国内机构投资者加剧了股市波动。此外，外国机构投资者对市场具有较强的调整能力，反应快速，可能采取积极主动的投资策略，因此外国机构投资者会被认为加剧市场波动。国内投资者倾向于遵循 QFII 的交易活动，这可能会扰乱市场价格，会引起股票价格的大幅波动。张佑辉等（2008）采用 spearman 系数检验和多元回归法研究 QFII 持股与中国上市公司股价波动的关系，研究发现控制大盘波动率、每股收益后，QFII 持股比例与股价波动正相关，相关性大小受上述两个因素影响。

2.3.4 关于 QFII 对股票市场定价效率影响的文献

国内学者对 QFII 投资中国的研究相对较少，更多都是从 2006 年之后陆续进行研究。饶育蕾等（2013）从 QFII 投资个股与中国股票价格同步性的角度进行实证研究，发现 QFII 的投资从长期看，有利于股票价格对信息的充分反映，提高了股票价格的信息含量，降低股票价格同步性；从短期看，QFII 投资与中国股票价格将会呈现同步性的特征，在短期投资中不能提高股票市场定价效率。其通过进行稳健性检验发现，在牛市中 QFII 投资会增加股票价格同步性，而在熊市中则会降低股票价格同步性。程天笑等（2014）通过运用扩展和比较羊群行为的 Sais 测度和 FHW 测度，实证分析 QFII 与国内机构投资者羊群行为强度的差异和联系，结果发现，QFII 的投资行为的羊群效应要低于国内机构投资者，在投资国内股票市场方面，国内机构投资者由于熟悉国内市场行情，对中国本土文化有更好的理解，所以在羊群效应中，国内机构投资者是领导者角色，而 QFII 是跟随者。吴卫华等（2011）通过对 A 股上市公司股东持股情况的分析和挖掘，研究前十大股东中 QFII 的持仓情况，从财务和公司治理的角度研究 QFII 投资对中国股票市场的作用。其统计结果表明，QFII 投资的上市公司，其各项财务指标要明显优于 QFII 没投资的上市公司，说明 QFII 在中国投资过程中坚持价值投资，QFII 投资有利于中国股票市场和实体经济的发展。

2.3.5 从机构投资者角度研究定价效率

关于国内机构投资者与外国机构投资者谁更具有信息优势的研究，一些研究文献认为，外国机构投资者在国内会受到一些制度及信息的歧视，所以在国内不具有投资信息优势和制度优势。随着金融自由化不断加深，对 QFII 的限制不断减少，制度性的歧视将逐渐减少，而外国机构投资者在信息方面的缺陷仍旧存在。信息方面的劣势将会显著影响 QFII 投资的业绩及资产配置。Kang 和 Stulz（1997）以及 Dahlquist 和 Robertsson（2001）分别用日本和瑞典的数据进行研究，发现国外金融机构在资产配置方面，源于信息的劣势，喜欢对一些较大的公司及世界知名度较高的投资国的上市公司进行资产配置，克服信息方面的不对称。Covrig 等（2006）的实证研究显示，外国机构投资者较多地配置了分红较多的上市公司，减少对具有成长性的股票的投资。在与国内投资机构比较方面的文献中，徐寿福（2014）研究认为，QFII 不是本土机构，对中国经济社会文化理解不深刻，其参与公司治理的成本较高，因此在投资决策中不具有信息优势，其投资策略主要是跟随。在公司治理领域的研究中，Tan（2009）利用对中国投资的 QFII 调查数据，发现 QFII 在中国没有意愿在上市公司的公司治理方面发挥作用，他们既没有在被投资的上市公司中委派代表，也没有被任命为独立董事。以上的分析展示，外国机构投资者在海外资产配置方面较为稳健和保守，在公司层面获取私有信息的可能性很低。

相比较来看，另外一些研究者认为 QFII 是价值投资者，其投资策略基于信息面而制定，QFII 积极挖掘信息并进行资产配置，所以相对于国内机构投资者，其具有私有信息优势。Grinblatt 和 Keloharju（2000）发现，外国机构投资者在芬兰和日本优于国内机构投资者。Huang 和 Shiu（2009）通过对台湾地区的 QFII 的数据进行分析，发现台湾地区的 QFII 较台湾地区内的投资者而言享有长期的信息优势，且 QFII 所持股权的上市公司具有监督的作用，这些上市公司的业绩在 QFII 进入后有显著的提升，且 QFII 持股比例较高的上市公司的股票表现要优于持股比例较低的上市公司。童元松和王光伟（2015）的研究结果表明，由于 QFII 在对股市的分析判断能力、对信息的掌握程度及资金实力等方面具有优势，QFII 将成为证券市场的主导力量，并引导市场投资理念由外生导向的资金驱动型转向内生导向的价值驱动型。以上的分析可以总结为，QFII 具有信息引导能力，是市场上主要的私有信息的释放者，其对信息的反应能力较强。

1. 外国机构投资者的优势研究

QFII 投资中国股票市场是金融自由化领域的环节，金融自由化促使市场经济在国际间实现纵深发展，促使国际资本金由较为丰裕的发达国家流向具有资金约束的发展中国家（Kim and Cheong，2015）。大量文献研究结果表明，金融自由化的过程促使发展中国家市场化程度提高，大量资金流向本国资本市场，为本国资本市场提供了流动性支持，繁荣了国内股票市场的交易，降低了本国的融资成本，推动了上市公司价值创造（Bekaert and Harvey，2000）。一方面，金融自由化推动机构投资者参与股票市场，国内外机构投资者大量参与股票市场，导致大量的私有信息产生，股票价格基于各种机构交易信息进行有效的反映，促使股票市场定价效率水平被提高。另一方面，大量的机构投资者参与股票市场，上市公司层面出于吸引资金的需要、公司治理方面的制约，会尽可能及时准确披露上市公司信息，市场有效信息不断被释放和聚集（李蕾和韩立岩，2013）。本国的监管机构为了更好地融入国际化的大潮，会进行资本市场制度领域的改革，例如上市公司信息披露制度、公司治理制度及资本市场交易规则等，这些制度的逐渐完善使各种信息得到更加充分的释放。中国加入世界贸易组织之后，尤其是在 2005 年之后资本市场逐步获得开放，监管机构在这十几年里，进行资本市场的制度建设，如实行股票市场卖空机制、完善上市及交易的管理规范、加强对资本市场的立法等。QFII 作为国外成熟资本主义国家的市场参与主体，在海外历经各种锻炼，其对上市公司基本面及整体宏观形势有一套娴熟的判断方法。外国机构投资者都是发达国家的金融机构，其所在地位于世界金融中心，如纽约和伦敦，这使他们能够快速获得更好的信息，在处理信息和思想的传递方面有过良好的训练。

2. 国内各种机构投资者风格的研究

国内机构投资者还处于成长和发展过程中，随着国家逐步废除各类投资者入市的限制，各种类型的国内机构投资者将会逐步配置权益类资产。国内的机构投资者主要有：公募基金、保险资金、社保资金、券商集合理财、信托投资基金、私募基金、企业年金及法人资金。公募基金是市场上较大的证券投资机构，中国公募基金较多采取主动性投资策略，所以其对市场反应较为灵敏。根据中国股票市场的发展经验来看，公募基金追涨杀跌的操作特征较为明显。许年行等（2013）将 A 股上市公司和机构投资者持股数据为研究样本，其发现国内公募基金投资机构具有羊群效应，其投资风格加剧了股票市场的同步性，增加了股票市场崩盘风险。从对社保资金和保险资金的研究来看，由于二者的行业特征，其投资收益较长，所以从投资周期方面来看，其风格较为稳健，主要投资一些大盘股，分红及盈利能力较强的上市公司。在资产配置方面，保险资金主要关注于基本面，根据基本面信息的特征配置资产，所以国内机构投资者对保险资金和社保资金的操作较为稳健。

2.4 本章小结

本章从经典的资产定价理论到最新的定价效率理论，对相关研究文献做了梳理，最后落脚于外国机构投资者对股票市场定价效率影响的研究文献上。在定价效率研究指标上系统梳理了股票价格同步性和 Delay 的构造原理和解释能力。对于这些方法主流学者表示支持，但也有一些反对声音，考虑到其本身的构造逻辑及中国股票市场的具体表现形态，本书在方法使用上认为，股票价格同步性和 Delay 能够较好地描述中国股票市场定价效率问题。

而关于定价效率的研究，本章从分析师、机构投资者、政府制度建设等角度做了系统的梳理。在以往有关外国机构投资者的研究文献中，主要关注其对价格波动的影响、外国机构投资者价值投资等研究，较少文献涉及定价效率的研究，鲜有文献研究外国机构投资者的信息优势，本章对此做了梳理。本书在已有的研究基础上，将以外国机构投资者对中国股票市场定价效率的影响作为研究视角并展开系列讨论。

3 QFII 制度建设、投资现状及经验分析

3.1 QFII 在中国股票市场的制度介绍

QFII 在中国的监管机构主要涉及中国人民银行、国家外汇管理局、中国证监会、中国银保监会。中国证券业协会、中国证券登记结算有限责任公司及交易所对其也有一定的引导和约束作用。自 2001 年中国加入世界贸易组织以来，监管机构及自律组织对 QFII 的管理主要涉及以下几个重要的法律规范文件（见表 3 - 1）。

第一，投资管理领域。2002 年中国证监会等颁布《合格境外机构投资者境内证券投资管理暂行办法》（以下简称《暂行办法》），这一文件的出台标志着金融项目的正式开放，QFII 开始在中国从事证券投资业务。2006 年中国证监会修订 2002 年的《暂行办法》，颁布《合格境外机构投资者境内证券投资管理办法》（以下简称《管理办法》），2006 年恰逢中国股权分置改革，所以 QFII 从 2006 年之后在中国证券市场上的投资规模明显扩大，QFII 在中国证券市场上得到了明显的发展。

第二，外汇管理领域。2009 年国家外汇管理局颁布《合格境外机构投资者境内证券投资外汇管理规定》（以下简称《外汇管理规定》）。2016 年对《外汇管理规定》进行了系列修订。

第三，创新发展领域。2013 年 3 月，中国人民银行与中国证监会协同国家外汇管理局共同颁布《人民币合格境外机构投资者境内证券投资试点办法》（以下简称《试点办法》）。此规定是对 QFII 制度的一次创新和升级。由于中国金融期货产品的问世，2011 年 5 月中国证监会审议颁布了《合格

境外机构投资者参与股指期货交易指引》（以下简称《交易指引》），以指引
国外金融机构参与衍生产品市场。

表 3 - 1 涉及 QFII 的法律法规

法规	颁发机构	颁发时间
《合格境外机构投资者境内证券投资管理暂行办法》	中国人民银行、中国证监会、国家外汇管理局	2002. 11
《合格境外机构投资者境内证券投资管理办法》	中国人民银行、中国证监会、国家外汇管理局	2006. 8
《人民币合格境外机构投资者境内证券投资试点办法》	中国人民银行、中国证监会、国家外汇管理局	2013. 3
《国家外汇管理局综合司关于发布〈合格境外机构投资者额度管理操作指引〉的通知》	国家外汇管理局	2015. 9
《合格境外机构投资者境内证券投资外汇管理规定》	国家外汇管理局	2009. 9；2016. 2
《合格境外机构投资者参与股指期货交易指引》	中国证监会	2011. 5
《关于人民币合格境外机构投资者境内证券投资管理有关问题的通知》	中国人民银行、国家外汇管理局	2018. 6

资料来源：法律文件从中国证监会、国家外汇管理局法律文库中整理而得。

3.1.1 《暂行办法》

中国 QFII 制度初期是遵从《暂行办法》，这个文件颁布于 2002 年 11
月，总计 39 条。因为这是中国证券市场开放的破冰之旅，所以此项制度重
点考虑的是风险管理，基于这样的现实考量，《暂行办法》在 QFII 的资格标
准、投资额度的限制、资金的国际流动及托管账户等方面，都设立了比较严
格的标准。

（1）资格条件。《暂行办法》针对不同类型的外国机构投资者，制定了
与之匹配的资格限制条件。基金管理机构需要其经营资产管理业务在 5 年以
上，并且在最近一年管理的资产大于 100 亿美元；保险机构投资者及券商类
金融机构从事本行业业务经历应不少于 30 年，实收资本金大于 10 亿美元，
在最近一个会计年度里，经营管理的证券类资产大于 100 亿美元；商业银行

类投资机构要求总资产在全世界排名为 100 名之内，管理的证券资产规模不少于 100 亿美元。通过这样的资格条件限制，我们可以看出中国在初期制定引入 QFII 制度主要是基于风险的考量，对国外大型及稳健经营的机构与投资者比较青睐。

（2）投资额度限制。对于单个 QFII 申请证券类资产投资额度的区间为 5000 万美元到 8 亿美元。国家外汇管理局可根据国际收支和汇率变动情况适时调整 QFII 投资额度。

（3）投资范围。QFII 可以投资证券交易所挂牌交易的所有股票、固定收益债券、可转换债券及其他金融工具。

（4）投资比例。单个 QFII 对单家上市公司持股不超过该上市公司总股权的 10%，所有 QFII 同时持有一家上市公司股票股权数不能超过该上市公司总股数的 20%。监管当局可以根据证券市场的发展状态进行投资比例的调整。

（5）资金汇入与汇出。在汇入方面，外国机构投资者在通过申请额度审批后，3 个月内必须实现资金汇入，如果没有按时汇入，需要重新申请投资额度。在汇出方面，对投资中国封闭式基金管理公司的本金，国外资金在汇入满 3 年后才可以分期、分批次汇出，并且相邻的两次资金汇出时间不得少于 1 个月。其他类型投资机构本金汇入大于 1 年可以汇出，相邻两次资金汇出时间间隔大于 3 个月。在资金的汇入与汇出方面，监管机构管理比较具体，主要是担心资金的大幅度进出影响到国内市场的资产价格，预防系统性的金融风险。

在实行《暂时办法》阶段里，由于规定比较严格、资金标注太高、资金锁定时间过长、只能开设一个证券账户等，国外资金没有能够大量进入中国证券市场，所以在《暂行办法》实行期间 QFII 没有出现明显的资本金的国际流动。

3.1.2 《管理办法》

伴随着中国加入世界贸易组织，中国经济全方位地适应国际经济环境，加之中国经济和金融领域的改革不断深入，2006 年中国人民银行、中国证监会及国家外汇管理局共同颁发了《管理办法》。《管理办法》对《暂行办法》进行了相应的修订，降低了各项限制的门槛。

（1）资格条件。国外共同基金管理机构申请成为 QFII，其经营资产管理业务年限不低于 5 年，最近会计年度管理证券类资产规模不低于 50 亿美元；国外保险机构申请成为 QFII 需成立 5 年以上，最近会计年度持有证券类资产规模大于 50 亿美元；证券公司类机构经营证券业务时间为 30 年以上，最近会计年度管理证券类资产规模不少于 100 亿美元；商业银行类金融机构申请成为 QFII，其全球排名需在前 100 名之内，管理证券类资产规模不低于 100 亿美元；其他类型的机构投资者也允许申请成为 QFII，成立时间要求为 5 年以上，最近会计年度管理证券类资产规模不少于 50 亿美元。

（2）投资额度。单个 QFII 申请的投资额度每次不低于 5000 万美元，单个 QFII 申请额度累计不超过 10 亿美元，QFII 在获取上一次投资额度后一年之内不得再次申请增加投资额度。

（3）投资范围。QFII 可以投资在证券交易所上市的所有股权类资产、债券类资产、基金类资产及证监会规定的其他类型的金融工具，QFII 也参与投资新股发行、可转债、股票增发和配股。

（4）投资比例。单个 QFII 对单家上市公司持股不超过该上市公司总股权的 10%，所有 QFII 同时持有一家上市公司股票股权数不能超过该上市公司总股数的 20%。QFII 对上市公司进行战略性投资的，战略性投资持股比例不受此比例限制。

（5）汇入与汇出资金。资金汇入方面，QFII 获得投资额度审批 6 个月之内需汇入资金，逾期不得汇入，需要重新申请。资金汇出方面，养老金、社保资金、共同基金等各类型专业机构投资者投资资金锁定期限为 3 个月，其他 QFII 锁定期限为一年。在《暂行办法》中，QFII 只允许开设一个证券账户，委托单一证券商交易，而在《管理办法》中为了方便外资证券交易，允许其在证券交易所同时开设三个不同的证券账户进行证券交易。

3.1.3 《外汇管理规定》

在《暂行办法》和《管理办法》颁布后，国家外汇管理局为了管控资金的汇入与汇出，联合中国人民银行于 2009 年颁布了《合格境外机构投资者境内证券投资外汇管理规定》，并在 2016 年根据出台的 RQII 创新制度进行了相应的修订，对具体内容做了详细的规定。

（1）投资额度管理。合格境外机构基础额度标准为 2000 万美元到 50 亿美元，国家外汇管理局综合考虑当年的国际收支状态、资本市场开放程度等因素，对基础额度标注进行适当的调整。

（2）账户设立。合格境外机构投资者应凭国家外汇管理局投资额度备案信息或批准文件，并查询资本项目信息系统相关控制信息表的内容，在托管人处为其自有资金、客户资金或开放式基金开立相应的外汇账户。已开立外汇账户的合格境外机构投资者，应按照中国人民银行关于境外机构境内人民币结算账户管理的有关规定，在托管人或其他商业银行开立与外汇账户相对应的人民币专用存款账户。

（3）汇兑管理。合格境外机构投资者可根据投资计划等，在实际投资前 30 个工作日内通知托管人直接将投资所需外汇资金结汇并划入其人民币账户。合格境外机构投资者可在投资本金锁定期满后，分期、分批汇出相关投资本金和收益。合格境外机构投资者每月累计净汇出资金（本金及收益）不得超过其上年底境内总资产的 20%。开放式基金可根据申购或赎回的轧差净额，由托管人为其按日办理相关资金的汇入或汇出，每月累计净汇出资金不得超过其上年底境内总资产的 20%。合格境外机构投资者如需汇出非开放式基金已实现的收益，托管人可凭合格境外机构投资者书面申请或指令、中国注册会计师出具的投资收益专项审计报告、完税或税务备案证明（若有）等，为合格境外机构投资者办理相关资金汇出手续。

（4）统计与监督。QFII 应在首次获得投资额度后 10 个工作日内，通过托管机构向托管机构所在地外汇局申请特殊机构赋码并办理登记业务。托管机构按照外汇局有关报送文件，定期报送 QFII 数据。

2016 年 2 月，国家外汇管理局发布《合格境外机构投资者境内证券投资外汇管理规定》（国家外汇管理局公告 2016 年第 1 号），对 QFII 外汇管理制度进行改革。2016 年 8 月，中国人民银行、国家外汇管理局发布《关于人民币合格境外机构投资者境内证券投资管理有关问题的通知》（银发〔2016〕227 号），改革 RQFII 管理制度。两项改革的主要内容包括：取消

QFII/RQFII 额度上限和汇入期要求，简化额度审批管理，QFII/RQFII 可根据其资产规模的一定比例自动获取投资额度（基础额度），基础额度内额度申请不用审批；允许开放式基金按日申购、赎回，将锁定期从一年缩短为 3 个月。改革后，QFII 和 RQFII 的管理原则趋于统一，大大提高了境外机构投资中国资本市场的便利程度。

2018 年 6 月，国家外汇管理局发布《合格境外机构投资者境内证券投资外汇管理规定》，中国人民银行和国家外汇管理局联合发布《关于人民币合格境外机构投资者境内证券投资管理有关问题的通知》，修改了外国机构投资者（QFII/RQFII）国内证券投资管理办法，这一措施便利了外国机构投资者跨境证券投资。具体政策措施是：一是取消 QFII 资金汇出 20% 的比例要求，QFII 可委托托管人办理相关资金汇出；二是取消 QFII、RQFII 本金锁定期要求，QFII、RQFII 可根据投资情况汇出本金；三是允许 QFII、RQFII 开展外汇套期保值，对冲境内投资的汇率风险。

3.2　QFII 投资中国股票市场的现状分析

3.2.1　中国资本市场效率建设的现状分析

中国资本市场从无到有，目前已经在国民经济中具有举足轻重的地位。其募集资金的能力主要体现在 2007 年、2010 年及 2015 年之后，特别是在 2015 年之后，募集资金的能力得到快速发展（见图 3 - 1）。资本市场的发展，需要大量的资金，因此开放资本市场为资本市场募集资金提供了流动性。

从市场的市值看，截至 2017 年 11 月，中国资本市场市值接近 60 万亿元，2017 年 GDP 约为 80 万亿元，相当于 GDP 的 75%（见图 3 - 2）。由此可见，资本市场在中国经济中的地位越来越重要。

从中国投资者资产选择方面看，以银行存款为主，持有股票类及股票资产组合（基金）的比例较低（见图 3 - 3），只有在中国股票市场出现牛市时，才会有大比例的居民持有股票资产。可见，在中国居民资产配置中，证券资产比例较低，影响了资本市场的发展。

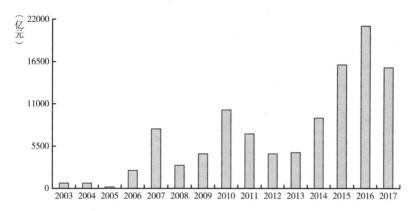

图 3 – 1　中国资本市场募融资规模

资料来源：根据 Wind 整理。

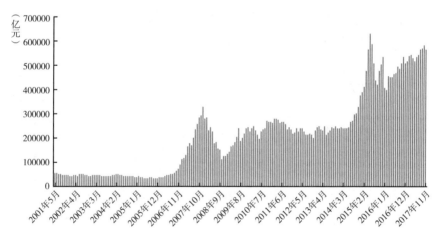

图 3 – 2　中国资本市场市值

资料来源：根据 Wind 整理。

中国机构投资者比例较低，市场更多是散户即个人投资者，所以专业化程度严重影响了资本市场的发育程度。从 2016 年世界资产管理比例的排名中可以看出，中国公募基金管理的资产规模远远低于世界水平，与中国经济和资本市场的市值严重不匹配。中国公募基金管理的资产规模只占世界公募基金规模的 3.4%，远远落后主要的资本主义国家的公募基金规模（见图 3 – 4）。

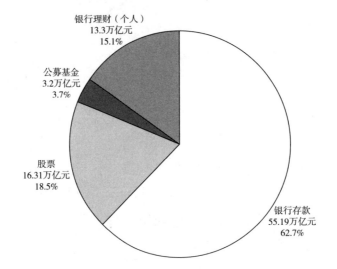

图 3 - 3　中国居民资产持有规模和比例分布

资料来源：根据 Wind 整理。

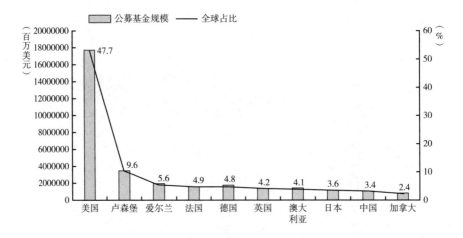

图 3 - 4　2016 年世界资产管理（公募基金规模）比例排名

资料来源：根据 Wind 整理。

从市场估值情况来看，行业内对市盈率法的接受度普遍较高，人们习惯用市盈率对市场进行估值，中国股市估值水平差异较大，从图 3 - 5 中可以看出，上证 A 股和深证 A 股整体估值不高，创业板和中小板估值位于高位。

而上证 A 股和深证 A 股又大多是盈利能力较强的公司，中小板和创业板主要是一些业绩不稳定的企业，从中可以看出中国股票市场定价能力较低，市场估值没有对上市公司标的进行较准确的定价。

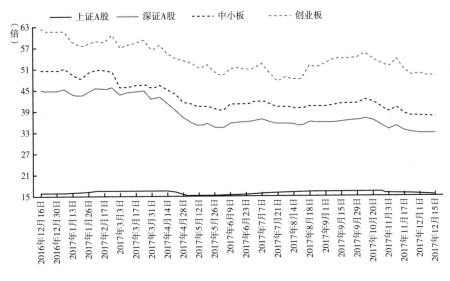

图 3 - 5　市盈率估值指标

资料来源：根据 Wind 整理。

通过以上分析，我们可以认为，中国资本市场市值较大，在国民经济中具有举足轻重的地位，市场融资能力呈现不断提升的趋势，市场投资能力有限，居民资产更多以银行存款的形式存在，市场上机构投资者比例较低，个人投资者比例较高，这些都严重地影响了市场整体的运行和发展。从估值的角度看，市场定价能力不高，对优质企业和劣质企业分辨率不高，市场不能准确地为各种类型的资产进行定价。

3.2.2　QFII 投资中国股票的一般分析

1. QFII 对中国资本市场的认识

外国机构投资者投资中国股票市场是金融自由跨越国界发展的基本特征，是由中国经济增长的客观事实决定的。随着金融自由化程度不断加深，主要资本主义国家股票投资收益率趋于平均收益率，主要投资主体在市场上不能获取超额收益率，为了追求较高的收益率，一些未被充分挖掘的资产成为市场投资主体思考的方向。中国作为世界第二大经济体，经济呈现较高的增长趋势，中国股票市场的价格长时间处于较低的水平，因此积极投资中国股票市场，实现超额收益率是一些国际资本的目标选择。在中国，改革开放以来因为比较优势的存在，中国要素资源禀赋推动中国经济的高速发展，这一基本面特征，引起了全球的关注。外国资本金通过实体经济投资的方式进入中国，而金融资本金试图通过证券投资的方式分享中国经济增长的红利，因此外国资本追逐利润的内在需求决定了投资中国股票市场是必然选择。

金融资本的基本技术特征是资产组合配置。资产组合配置能够分散风险，实现投资主体最优的效用水平。在资产配置中，各大机构投资者首先进行风险资产和无风险资产的组合，确定资产组合中风险资产和无风险资产以什么样的比例进行配置，其次是在风险资产内部进行配置。这种资产组合配置一般是在一国大类资产中进行。但是随着经济金融的全球化发展，全球资产配置成为当下的新特征。全球资产配置的要求是，构造全球资产组合，资产组合中除了进行大类资产配置以外，还要在物理距离上进行资产配置。在美国金融市场中，有一些欧洲市场的基金组织，这些组织所形成的资金一部分投资在本国，一部分投资在华尔街的金融市场上。而对于中国，由于开放时间较晚，外国资本虽然有这样的想法和动机，但是源于管制的约束，其不能对中国资产进行配置。中国加入世界贸易组织后，资本与金融项目得以开放，中国又是全球第二大经济体，所以对中国资产配置成为未来金融资本的目标选择。

2. 中国政府引入 QFII 的出发点

人民币国际化的要求。随着中国加入世界贸易组织，中国在世界经济中的地位不断显现，但是在国际经济活动中，主要还是应用他国货币进行结算。这样的现实对于中国国际贸易的发展产生了一系列的约束，加之美元等主要世界货币币值的不稳定性，对中国外汇储备资产价值产生了一系列的影响。在人民币国际化进程中，要求人民币具有普遍接受性、可偿还性及可自由兑换的世界货币的属性特征。世界货币的三个属性特征，要求中国资本与金融项目实现可自由兑换。在资本与金融项目的可自由兑换进程中，对于资本项目的开放，中国目前已经取得了很大成绩，FDI 与 OFDI 的稳步推进，很大程度上提升了中国的国际影响力。而金融项目的自由兑换发展相对缓慢，因为这一项目会影响到中国金融市场的稳定及金融安全。但是为了实现人民币的国际化，金融项目的开放已经迫在眉睫。通过资本市场的国际化来实现人民币的国际化已经成为政府管理部门的基本策略，资本市场的国际化的具体步骤包括引入外国机构投资者投资、引导国内资本对外投资、引入国外企业在国内融资等。

发展资本市场的需要。中国资本市场先天畸形、后天营养不良，资本市场与中国经济没有形成相匹配的格局。中国经济的发展主要是通过银行来实现融资，这导致银行在经济发展中承担了更多的责任，随着经济规模不断变大，以及未来经济发展的不确定性，银行所面临的风险不断增加。在中国发展股票市场是中国经济发展的需要，也是分散系统性金融风险的重要方法。而对于居民和家庭而言，金融剩余产能不断增加，居民和家庭要求资产保值增值。传统的银行存款已经不能满足居民的需求，这些基本特征也要求资本市场发展。中国居民在财富不断增加的过程中，为了实现保值增值，大量资本金涌向了房地产市场，造成了房地产市场的过分繁荣，给中国经济未来发展造成了隐患，所以从稳定房地产市场发展的角度而言，也需要依靠股票市场的发展来分流市场的资金。这些迫切的需求要求资本市场的成长和成熟，但是中国资本市场一直存在剧烈波动、定价紊乱等特征。中国政府开放资本市场，试图通过开放的路径来实现资本市场的发展。

3.2.3　QFII 投资中国的总量特征

中国自 2001 年加入世界贸易组织，于 2003 年开始引入外国机构投资者，到 2017 年，外国机构投资者的引入战略已经长达 14 年。在这 14 年的发展历程中，国外投资资金规模从无到有、从小到大。

2003 年中国首批外国机构投资者的投资资金是 3.5 亿美元，截至 2017 年第三季度投资额度已经达到 967.94 亿美元。从投资额度的趋势上看，外国机构投资者投资主要经历了以下几个阶段。

2003~2011 年：投资额度缓慢增长。在这个时间段，2005 年投资中出现了一波小幅度的上升，主要是因为 2005 年中国启动股权分置改革，资本市场出现了一波较大级别的牛市；2008 年因为全球性的金融危机，外国机构投资者收缩投资额度，导致 QFII 投资额度出现了小幅度的下降；随着全球的量化宽松货币政策以及中国的"四万亿计划"，2009 年之后 QFII 投资额度恢复到之前的增长速度。

2011~2015 年：QFII 投资额度快速增长。在这个阶段，世界经济的背景是美国实行三轮量化宽松的货币政策，全球流动性过剩，美元相对主要新兴经济体出现了大幅度贬值的趋势，大量国际资本金涌向新兴经济体，人民币在此阶段呈现大幅升值的趋势，国外避险资金涌向中国。这段时间在政策上，国家对外国机构投资者的准入门槛不断降低，修改 QFII 制度。在这些因素影响下，QFII 投资额度呈现了快速增长的趋势。

2015 年：QFII 投资额度先扬后抑。因为 2015 年中国股票市场发生了剧烈震荡，2015 年 5 月之前，中国股票市场爆炸式发展，创造了自 2007 年以来的高点（5400 点），资本市场呈现了大牛市行情，QFII 在此阶段的投资额度也实现增长；2015 年 5 月之后，股票市场出现了大震荡，股票市场暴跌，这时 QFII 投资基于避险的需求，也开始出现明显的下行趋势。

2016 年之后：QFII 投资额度继续保持较快增长。随着世界经济的恢复和发展，世界投资机构恢复信心，加之中国领导人推出一系列经济发展战略，中国资本市场经历股灾之后缓慢恢复。政府监管部门推进人民币国际化的步伐加快，对 QFII 投资限制有所放松，尽管美元在升值，但是外国机构投资者投资中国的步伐还是在不断前进。

为了回笼流通在海外的人民币，引导海外持有人民币的机构投资者投资中国股票，2011 年开始中国推出了 RQFII 制度，这一制度成为推动外国机构投资者投资中国股票市场的重要力量。

图 3-6 显示了 RQFII 的投资额度的变化趋势，RQFII 投资额度从无到有。截至 2017 年第三季度，RQFII 的投资额度已经达到 6000 亿元，与 QFII 的投资额度基本持平。从总体的运行趋势上看，RQFII 投资一直保持着较高的增长速度。持有人民币的外国机构投资者对中国股票市场进行投资，央行一方面可以据此进行人民币的回笼和监管，另一方面可以加速资本市场的开放。

为了推进中国资本市场的开放，实现对外投资与对内投资互通机制，2014 年和 2016 年，中国政府又推出了沪港通及深港通政策，这两项政策的推出对于引入外国资金以及引导国内资金对外投资产生了积极影响。

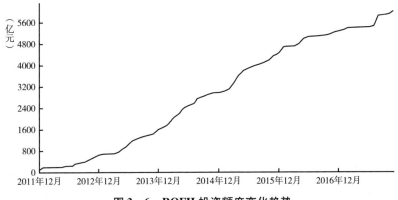

图 3 - 6 RQFII 投资额度变化趋势

资料来源：根据 Wind 整理。

图 3 - 7 显示，截至 2017 年 12 月，沪股通累计额度已接近 3800 亿元，沪市港股通累计额度已接近 8000 亿元。沪市港股通的累计额度从 2016 年开始明显超越沪股通的累计额度。

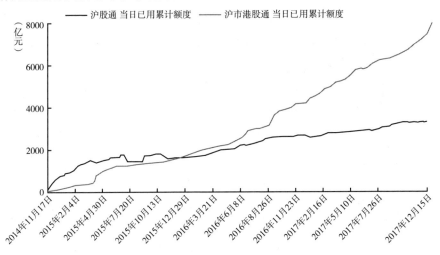

图 3 - 7 沪港通当日已用累计额度

资料来源：根据 Wind 整理。

图 3 - 8 显示深股通和深市港股通的投资额度，截至 2017 年 12 月，深股通的累计额度已接近 1700 亿元，深市港股通的累计额度接近 1300 亿元。从走势上看，深股通的投资额度一直高于深市港股通的投资额度。

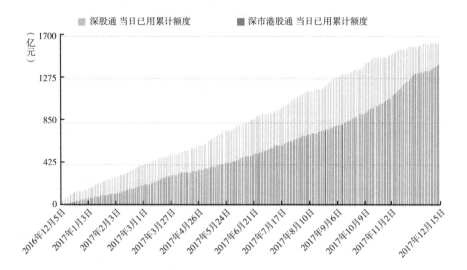

图 3 – 8　深港通当日已用累计额度

资料来源：根据 Wind 整理。

通过以上分析，中国资本市场的开放进程不断加快，外国机构投资者的投资可以通过 QFII、RQFII、深港通以及沪港通的渠道进入中国资本市场。

3.2.4　QFII 投资中国的结构特征

为了进一步分析外国机构投资者在中国的投资现状，本节对外国机构投资者的结构特征进行了分析，从各个角度研究外国机构投资过程中的一些现象规律。

1. 基于大类证券资产资金投向的结构分析

外国机构投资者所获批的资金，主要投资标的是国内的金融资产，国内的金融资产主要是货币资产、证券资产、商品期货以及保险产品等。图 3 – 9 显示了 2007 年 12 月至 2013 年 12 月外国机构投资者在中国投资的证券资产占其总资产的比例。

由于数据统计的缺失，统计时间只到 2013 年，但是根据研究分析可知，在 2017 年的资产额度中，QFII 将 90% 以上的额度都投资到证券资产中。QFII 的投资方向主要是证券资产，证券资产包括中国的债券和中国的股票。在中国货币资产的收益率远高于美国货币资产的收益率，但货币资产并不是

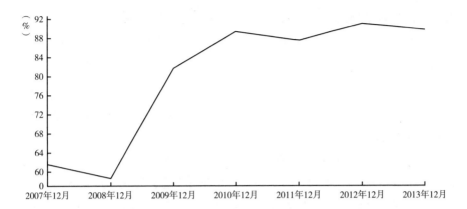

图 3 - 9　2007 年 12 月至 2013 年 12 月 QFII 投资中国证券资产占其总资产的比例

资料来源：根据 Wind 整理。

QFII 投资的主要标的，原因是外国机构投资者本身具有较高的风险偏好，其远渡重洋，所获取的批准资金有一定的稀缺性，其对资产的收益率期望较高，考虑到所获批资金的稀缺性及风险偏好，其投资方向主要为证券类资产。而 QFII 在商品期货市场上的投资比例也很低，这是因为他们在国外商品期货市场上主要是进行套期保值的风险管理，单纯做多或做空不是其主要的投资策略。在证券资产中，QFII 主要是投资权益类资产，因为制定 QFII 制度的初衷是国家引导资金流向股票市场。另外一个重要的原因是，中国债券资产收益率和美国的国债收益率相比，不具有竞争力。QFII 对保险资金的投资比例也比较低，主要原因是保险在西方国家的经营理念中也是风险管理。综合以上分析可以得知，QFII 的投资标的为证券资产中的股权资产。

2. QFII 占国内金融机构比例的结构分析

截至 2017 年第三季度，外国机构投资者在中国获批的数量已经达到 314 家，从数量上看已经达到很高的水平，这些外国机构投资者已经在中国金融机构中具有较为显著的地位。

图 3 - 10 显示了外国机构投资者的数量占国内金融机构数量的比例。在中国，银行是最大的金融机构，银行主导中国金融体系。图 3 - 10 显示，QFII 数量占商业银行数量的比例在逐年下降，这并不是因为 QFII 数量的下降，而是由于近几年银行业多元化发展，各种城市商业银行、民营银行高速

发展，银行数量的增加远比 QFII 数量的增加要多。在图 3 – 10 中，最显著的是基金管理机构占比，基金管理机构的金融性质与 QFII 非常相似，都是专业的证券投资机构，在中国资产管理业务起步较晚，发展较慢，基金管理机构分为公开募集发行份额的公司和非公开募集发行份额的公司，截至 2018 年全国公募基金管理公司与私募基金管理公司共有 634 家。图 3 – 10 显示，QFII 的数量占国内基金管理机构比例较大，且基本呈现递增的趋势，预示着 QFII 投资获批数量的速度高于国内基金管理公司的发展速度。证券公司是证券市场上主要的金融组织者，其业务全面，在中国，法人券商的数量不断增长，证券公司获批数量的速度高于 QFII 获批的速度。这一结果也预示着中国政府试图通过发展证券公司来发展资本市场。

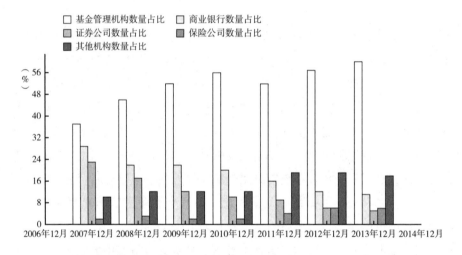

图 3 – 10　QFII 数量占国内金融机构数量的比例

资料来源：根据 Wind 整理。

3. QFII 来源的结构分析

资产组合管理业务主要诞生在欧洲和北美，这一商业模式在华尔街已经相当成熟，本节基于外国机构投资者的来源国（地区）进行结构分析。

表 3 – 2 是基于 2017 年第四季度 QFII 投资的数据进行整理的结果，通过结果发现，QFII 的投资来源主要是发达国家和地区，从资金额度的获批情况来看，美国、新加坡、韩国和英国的投资额度排名靠前，这和这些国家

的金融发展水平相关，尤其是对于美国、英国来说，资产管理业务是欧美成熟业务，是其全球资产配置的基本要求和体现，是这些国家的专长所在。从QFII的投资来源国上看，还有一些外汇储备较高的发展中国家，这些国家因为拥有一定量的外汇储备，其投资主要是主权国家财富基金。

表 3 - 2　QFII 来源国（地区）的结构分析

国家或地区	机构数量(家)	机构投资额度(亿美元)
美国	51	120.58
阿联酋	1	25.00
爱尔兰	1	2.00
澳大利亚	3	16.00
比利时	1	2.10
德国	4	10.00
法国	7	26.75
韩国	19	67.70
荷兰	4	2.60
加拿大	10	31.00
卡塔尔	1	10.00
科威特	1	15.00
立陶宛	1	1.00
卢森堡	5	5.00
马来西亚	3	20.00
南非	1	1.50
挪威	1	25.00
葡萄牙	2	12.00
日本	17	24.79
瑞典	4	8.00
瑞士	7	31.00
泰国	2	4.00
西班牙	1	1.00
新加坡	22	71.20
意大利	1	1.00
英国	25	58.09

资料来源：基于国家外汇管理局公布的数据整理而得。

表 3 - 3 显示了投资金额为 10 亿美元及以上的 QFII 及来源国情况，结果显示，超过 10 亿美元的 QFII 主要是一些历史较长、资质较高的大型金融机构，但其中也有一些是国家的主权部门或主权财富控股单位。

表 3 - 3　投资金额为 10 亿美元及以上的 QFII 及来源国情况

单位：亿美元

机构名称	国家或地区	额度	托管银行
摩根大通证券股份有限公司	美国	10.00	汇丰银行(中国)有限公司
卡塔尔控股有限责任公司	卡塔尔	10.00	中国农业银行股份有限公司
加拿大年金计划投资委员会	加拿大	12.00	汇丰银行(中国)有限公司
科威特政府投资局	科威特	15.00	中国工商银行股份有限公司
马来西亚国家银行	马来西亚	15.00	汇丰银行(中国)有限公司
奥本海默基金公司	美国	15.00	汇丰银行(中国)有限公司
新加坡政府投资有限公司	新加坡	15.00	渣打银行(中国)有限公司
淡马锡富敦投资有限公司	新加坡	15.00	汇丰银行(中国)有限公司
法国兴业银行	法国	17.00	汇丰银行(中国)有限公司
瑞士银行	瑞士	21.90	花旗银行(中国)有限公司
阿布达比投资局	阿联酋	25.00	汇丰银行(中国)有限公司
挪威中央银行	挪威	25.00	汇丰银行(中国)有限公司
韩国银行	韩国	30.00	汇丰银行(中国)有限公司

资料来源：基于国家外汇管理局公布的数据整理而得。

4. QFII 投资目标的结构分析

QFII 行业选择方面更加关注行业的安全性，风险厌恶系数较大，QFII 重仓的行业一般是产业发展比较成熟、受宏观经济影响较弱的行业。

2006~2017 年年报显示，QFII 前五大重仓行业主要为银行、医药生物、食品饮料、家用电器、交通运输。这些行业的特征是估值安全边界较高，市盈率较低，体现了 QFII 的价值投资理念。在 2008 年金融危机之后，QFII 将银行业作为第一大重仓行业。近年来传统行业面临经济下行的困境，高科技新兴产业对经济贡献度不断提高，QFII 在中国的投资仍然比较保守，继续重仓蓝筹银行股（见表 3 - 4）。

表 3-4　QFII 历年行业持仓排名

单位：%

排名	2006 年		2007 年		2008 年		2009 年		2010 年		2011 年	
	行业	比例	行业	比例	行业	比例	行业	比例	行业	比例	行业	比例
1	非银金融	9.94	建筑建材	5.39	银行	13.91	银行	9.43	银行	8.10	银行	13.17
2	钢铁	8.68	电子	4.74	建筑建材	6.20	计算机	7.40	家用电器	3.48	纺织服装	10.11
3	农业	6.12	通信	3.84	家用电器	5.07	食品饮料	4.18	计算机	3.20	计算机	3.15
4	电子	6.00	轻工制造	3.37	机械设备	3.23	商业贸易	3.03	休闲服务	2.44	休闲服务	2.72
5	食品饮料	5.47	农业	3.37	通信	3.13	家用电器	2.79	建筑材料	1.67	轻工制造	2.29

排名	2012 年		2013 年		2014 年		2015 年		2016 年		2017 年	
	行业	比例	行业	比例	行业	比例	行业	比例	行业	比例	行业	比例
1	银行	6.47	家用电器	8.38	家用电器	7.74	家用电器	3.38	银行	6.11	银行	6.22
2	食品饮料	3.41	建筑材料	2.96	休闲服务	2.77	食品饮料	2.78	家用电器	2.87	纺织服装	6.11
3	家用电器	3.34	纺织服装	2.57	房地产	2.40	医药生物	1.92	食品饮料	2.74	农业	2.01
4	轻工制造	2.67	汽车	1.93	建筑材料	2.31	休闲服务	1.85	电子	2.30	家用电器	1.96
5	纺织服装	2.66	银行	1.89	汽车	2.07	交通运输	1.62	计算机	2.26	食品饮料	1.76

资料来源：基于国家外汇管理局公布的数据整理而得。

QFII 在行业配置方面，对中国国情理解比较透彻，对政策的把控也比较强。我国于 2001 年加入世界贸易组织，对外开放程度进一步提升，进出口规模持续增长，交通运输业的投资价值进一步被提升。而在 2002 年 QFII 制度刚开始实施时，QFII 就开始相继买入上港集团、盐田港等港口运输类型的上市公司龙头。2005 年中国启动股权分置改革，当时资本市场熊市蔓延，市场在 2005 年上半年估值一度跌至 998 点，在国内机构投资者对股权分置改革缺乏透彻的理解之际，QFII 开始增仓以三一重工为首的股改试点上市公司股份。这说明 QFII 对中国市场的政策理解能力较强。

瑞士银行是中国引入的第一个 QFII，2003 年之后全球经济流动性过剩，瑞士银行在 2003 年开始不断买入中金黄金和山东黄金，对过热的宏观经济进行有效对冲。2004 年之后面对电子通讯产业的发展前景，QFII 认为通信行业具有较高的成长性，且国内通信行业具有典型的垄断性特征，行业本身具有较高的垄断利润，2004 年之后的两年，通信行业连续成为 QFII 的第一大重仓的行业。随着中国消费产业的升级，QFII 从 2005 年之后到现在一直关注大消费领域，具有代表性的持仓股票为贵州茅台、燕京啤酒等上市公司。

2012～2017 年 QFII 的投资标的选择集中于经营业绩较好的银行股以及具有较高经营效率的制造业。以银行股为例，其投资没有选择行业内具有规模优势的四大国有银行，而是选择具有较高成长性的城市商业银行，这说明 QFII 在中国还是看好银行，看到银行的盈利能力。但是考虑到经营效率和成长性，其选择的是具有行业增长前景的地方城市商业银行，如南京银行、北京银行、兴业银行等（见表 3－5）。而在制造业领域，QFII 在中国比较看好围绕人的需求行为而产生业绩的上市公司，如格力电器、水井坊及机场系列股票。

表 3－5　2012～2017 年 QFII 持仓比例排名前十的股票

单位：%

排名	2012 年		2013 年		2014 年		2015 年		2016 年		2017 年	
	股票	比例	股票	比例	股票	比例	股票	比例	股票	比例	股票	比例
1	北京银行	16.07	南京银行	16.18	南京银行	16.18	南京银行	17.19	南京银行	15.94	大森林	34.13
2	南京银行	14.74	北京银行	16.07	北京银行	16.07	宁波银行	15.36	宁波银行	15.38	南京银行	15.71
3	兴业银行	12.80	宁波银行	15.41	宁波银行	15.40	北京银行	13.64	北京银行	13.64	宁波银行	15.34
4	宁波银行	11.92	兴业银行	12.80	格力电器	13.96	海天味业	13.13	海天味业	11.88	北京银行	13.64
5	华夏银行	11.27	华夏银行	11.27	上海机场	13.72	华夏银行	11.27	水井坊	9.14	创新医疗	8.42
6	中国交建	9.77	格力电器	10.79	兴业银行	12.80	苏泊尔	9.69	多喜爱	8.57	启明星辰	8.24
7	格力电器	9.14	上海机场	10.33	华夏银行	11.27	梅安森	8.22	苏泊尔	8.39	桃李面包	7.56
8	信质电机	8.79	美的电器	8.23	苏泊尔	11.06	上海机场	7.94	上海机场	7.75	栖霞建设	7.26
9	嘉寓股份	8.54	西藏药业	7.59	汇金股份	7.11	威孚高科	7.72	华峰超纤	7.58	苏泊尔	7.10
10	金龙机电	7.89	森马服饰	7.4	国瓷材料	7.02	黄山旅游	6.96	哈高科	7.36	深圳机场	6.79

资料来源：基于国家外汇管理局公布的数据整理而得。

从表 3－4 和表 3－5 可知，QFII 在投资时比较看好现实经济中确实具有价值的企业，而在企业的选择方面比较注重企业的市场价值及具有技术升级优势的上市公司。

3.3 新兴国家（地区）金融市场 引入 QFII 的经验

3.3.1 韩国证券市场开放

1. 韩国资本市场开放的背景和进程

1956 年韩国政府成立证券交易所，开始在韩国开展证券交易。起初韩国证券交易所交易的品种和规模都比较小，以韩国证券国债为主。20 世纪 60 年代，韩国开始进行一些证券方面的法律规则制度建设，如 1962 年颁布了《证券交易法》，1968 年制定《资本市场促进法》，1972 年又制定了《促进开放型公司法》。在 20 世纪 80 年代，随着韩国经济的高速增长，政府开始制定增强资本市场作用的系列政策，韩国证券市场因此得到了发展。

在韩国法律政策不断完善及经济高速发展背景下，韩国需要一个与之匹配的资本市场为其服务，于是韩国政府开始通过资本市场的国际化路径来实现资本市场的发展。对于韩国来说，实施金融开放的策略与其国际竞争能力相关。

韩国资本市场在国际化进程中最大的特点是具有较强的计划属性，在资本市场开放的每个阶段都制定了详细的计划安排。从 20 世纪 80 年代初期开始，韩国政府分步骤实行了四个阶段的金融开放。

第一阶段（1980～1984）：外国投资机构间接投资韩国资本市场。韩国国内的证券公司、信托基金管理公司在海外募集资金，外国投资机构通过购买韩国证券公司及信托投资基金间接参与韩国资本市场。在此阶段，外国金融机构可以在韩国设置代表机构，允许韩国的金融机构在海外设置代表机构。

第二个阶段（1985～1987）：外国机构投资者有限度地直接参与韩国股票市场。在这个阶段，外国机构投资者可以直接用自己的外汇资金购买在韩国交易的股票，而且这个阶段允许部分韩国企业在海外发行可转换公司债券。

第三个阶段（1988～1989）：进一步开放阶段。允许海外资金在国家金融安全的基础上，基于双赢的原则，自由地在韩国证券交易所买卖股票。

第四个阶段（1990 年至今）：完全开放阶段。资本实现完全金融自由化，外国企业可以在韩国市场进行投融资双向行为。

韩国政府从 1992 年开始，准许外国证券投资者直接投资韩国股票。具体规范如下。

资格条件：韩国股票市场在准入方面是最宽松的，对外国机构投资者进入韩国股票市场没有设置任何条件和要求。

投资范围方面：允许外国机构投资者从 1992 年开始投资在韩国证券交易所上市交易的股票。之后韩国政府又放开国内的债券市场，1994 年起允许国外投资者以国际公允价格投资韩国政府和公司的可转换债券。但是在一些特殊行业，比如关系国家安全、公共秩序、环保等的敏感行业，韩国实施禁止国外投资者投资的政策。

持股限制：韩国政府担心本国的企业被外资实施过多控制，在投资比例方面做了明确的限制条款。所有的外国机构投资者（包括个人投资者和机构投资者）持股份额不能超过每种股票的 10%。单个外国机构投资者最多只允许持有一家上市公司股权的 3%，1997 年韩国将外资持股比例提高到 26%，同年底将此比例提高到 55%，2000 年起废除外资持股比例限制的规定。

资金汇入与汇出：韩国政府对外国投资者的资金汇出与汇入的控制，采取的是税收手段，税率是资本利得的 25%，或是总收入的 10%，以较低者为准；股利或利息则按 10% ~15% 征收。

2. 韩国资本市场开放的影响

自 1991 年，韩国实施外国机构投资者登记制度，到 1991 年底，有 565 名外国机构投资者在韩国证券市场进行登记，之后外国投资机构登记数量继续扩大。近几年来，韩国资本市场进行注册登记的外国机构投资者每年都以 2000 名以上的速度增长。

韩国资本市场的开放、国外投资者的进入，对韩国资本市场的投资理念和投资方法产生了极大的影响。进入韩国的外国机构投资者，主要来自欧美成熟资本市场，具有较多的专业知识、丰富的投资经验，在其进入韩国资本市场之前，韩国市场上的投资者主要基于投机思想，运用技术图表进行股票的买卖交易，他们不熟悉财务指标分析，对市场的基本指标不能进行充分准确的解读。外国机构投资者进入后，其方法是运用基本面分析，对上市公司盈利能力进行挖掘和预判。其采用低市盈率的方法，买入大量的蓝筹股，实现了投资收益。这极大地改变了韩国本土投资者的投资理念。

但是对于1997年爆发的亚洲金融危机，开放过程中的韩国金融市场也没有幸免。所以很多学者和民众把韩国的金融危机矛头直指金融市场的开放。实际上，关于亚洲金融危机与韩国金融市场开放的关系，至今还没有确定性的答案，但是显而易见，韩国资本市场的开放为韩国经济发展提供了金融支持，实现了韩国经济的发展。至于金融危机的影响，金融的开放本身就是一把双刃剑，所以要正确看待金融市场开放的利弊。

3.3.2 其他新兴经济体的经验

1. 马来西亚的经验

马来西亚在国际化进程中，提供了值得参考的经验和案例。马来西亚政府推进金融自由化改革，具体措施包括放松对外国机构投资者的管制，允许其持有马来西亚的股票。马来西亚是最早推行金融自由化改革的发展中国家。1957年，在马来西亚独立之后的20年时间里，其企业的股权主要被外国人占有。根据马来西亚官方数据机构统计，从1970年到1990年，国外对马来西亚企业的持股比例从63.3%下降到30%。这种下降是由于各民族发展政策的实施，地方股权问题是公共政策的工作重点。1969年马来西亚发生种族骚乱之后，政府实行新经济政策（NEP）以解决与恢复国家统一，实现民族间社会经济平衡。为了重新分配财富，使所有的民族之间更公平，政府的分配策略是提高土著居民的股权持股比例，制定的目标是将当地居民持股目标定为30%。1990年新经济政策结束后，"国家的发展政策（1991～2000年）"和"国家政策（2001～2010年）"相继推行，其基本原则是实现国内居民股权的公平增长，保护继承资产。

意识到国际化是资本市场发展的关键，马来西亚政府在21世纪初，大胆实施了各种自由化措施，如允许外国所有权在制造业和期货经纪行业实施100%持股计划。而最为彻底的金融自由化改革是2009年的政策，具体包括：（1）针对27个服务子行业，废除30%的本地居民持股比例保护条件，改变马来西亚股票交易所上市规则；（2）准许所有共同基金持股马来西亚政府股票；（3）将单位信托基金管理公司和证券公司的外资持股限制的比例提高到 70%；（4）废除外国投资委员会准则。此政策在全球金融危机之后宣布，对于新兴经济体（如巴西、中国、印度尼西亚等）来说非常意外，很多新兴国家在金融危机期间积极地推行资本管制计划，限制金融自由化发展，如韩国和泰国采取资本管制来应对风险与热钱流入。

马来西亚政府的金融自由化改革是一个非常极端的政策选择，一方面，大量文献论证，在金融开放过程中，外国机构投资者能够促进马来西亚股票市场定价效率的提升，但是对于马来西亚来说，实现完全的开放，不同于日本、韩国，这两个国家国内经济财团拥有对上市公司的把控能力，马来西亚政府不具备控制整个国家经济稳定运行的能力，在这样的情况下，很容易导致国家民族产业彻底沦陷。另一方面，学术界大量的文献也广泛论证，外国机构投资者持股与国内股票市场定价效率之间存在单调性的特点（Kian - Ping et al.，2016）。学者们运用马来西亚上市公司的数据论证了当外国机构投资者持股比例达到 29.42% 时，马来西亚股票市场对国内信息的反应能力开始下降，定价效率与外国机构投资者持股之间存在显著的非单调关系。马来西亚金融开放的案例，从侧面给中国金融开放提供了借鉴。

2. 印度资本市场开放

印度从 1992 年 9 月开始，准许国外的机构投资者参与印度证券市场，实施有管制的外资开放政策。印度证券监管机构要求外来投资者必须向印度证券委员会申请登记，并向相关外汇资金汇入汇出部门申请外汇资金投资额度，经批准成为合格的外国投资机构，然后在证券市场上方可进行交易。1998 年之后，印度政府取消了外资机构投资国内证券市场的系列管制。在实施管制期间，针对外国机构投资者投资本国股票市场的系列制度如下。

资格条件的限制：1995 年 11 月印度证监会公布的《外国机构投资者指引》规定，外国机构投资者必须具备专业能力、财务实力、良好声誉、历史业绩并受注册地金融监管当局的严格监管，经印度证监会和印度储备银行批准后方可取得资格，包括自营投资的退休养老基金、投资信托、保险公司、捐赠基金、慈善基金，以及受他人委托投资操作的资产管理公司、投资顾问、机构投资组合管理公司、信托人、银行等。

投资范围的限制：印度政府规定 FII 的投资范围包括印度一级和二级市场上市证券（包括股票、债券、认股权证）、未上市债券、印度国内的互惠基金及单位信托等。另外，印度为外资设定了两种截然不同的投资途径：一种是 70% 以上投资股权有关的工具和 30% 以下投资债券的工具；另一种是 100% 投资债券市场的工具。

投资比例的限制：FII 投资单个印度公司股权上限为 10%，所有 FII 投资单个印度公司的股权上限根据行业不同可达到 20% 和 40% 不等，持股接近上限时，印度监管部门会提出警告，而且之后的交易都必须取得事先批准。

资金汇出汇入限制及账户管理规定：印度对外国机构投资资金的汇出采用与汇出期相关的税收政策。印度政府规定，投资资金若要在一年以内汇出，投资所得必须扣除 10% 的资本增值税和 20% 的股利与利息所得税。投资资金若在一年以上汇出的话，则只需征收 10% 的资本增值税。

3.3.3 新兴国家（地区）引入国外投资者的经验总结

通过对新兴国家（地区）资本市场开放的进程总结，可以发现，在当今世界经济发展的过程中，市场化、对外开放似乎都是促进经济增长、实现金融市场发展的必备元素。中国作为世界第二大经济体，积极推进市场化进程，在世界经济发展的大潮中，实现中华民族的伟大复兴，要有与狼共舞的勇气和精神，通过金融市场开放来实现资本市场定价效率的提升，更好地为实体经济发展提供金融支持。

研究几个有代表性的新兴国家（地区）引入国外证券投资者的案例，可以总结具有借鉴意义的路径，避免犯他国所犯的错误。根据新兴国家（地区）的经验，一个国家资本市场的开放，通常都是渐进式的，都不是一蹴而就的：第一步是间接开放，通过本国金融机构对外聚集海外资金，形成资产组合对内进行证券投资；第二步是实现有管制的直接开放，在这个阶段，监管机构制定一定的准入规则，有选择地引入外来投资者，并在交易规则、资金汇入与汇出方面做好风险防范；第三步是在前两个阶段的基础上，实现完全自由的开放，允许国外投资者对国内股票市场进行投资。实践证明，这样渐进式的金融对外开放适合新兴国家发展经济的基本国情，能够实现市场经济的发展，促进金融资产定价功能的提高。

在新兴国家（地区）引入国外投资者的路径中，也不乏反面教材，在1997 年金融危机及 2008 年国际金融危机影响下，部分新兴国家（地区）受到巨大的冲击，包括泰国、韩国、马来西亚等。但是我们总结其经验教训，认为在经济全球化的背景下，实现金融开放、引入国外投资者，一方面，可以为本国经济发展提供服务和支持，另一方面，金融开放本身就是一把双刃剑，有其利也有其弊。东南亚金融危机爆发的原因是，部分新兴国家（地区）不切实际地高估本国货币币值，导致了大量的热钱冲击本国资产市场，基本面的恶化也是危机爆发的原因。部分新兴国家（地区）货币被长时间高估，基本面不能支持高资产价格，在外资"多米诺骨牌"的影响下，大量的外国机构投资者从新兴经济体中撤离，新兴经济体出现了资产价格的大幅下跌。通过对新兴经济体在开放过程中的得与失的总结，我们认为，开放是一国金融发展的重要路径，但是在开放过程中，要切合实际，不盲从、有节奏地推进金融自由化进程。在引入国外投资者的过程中，国内监管机构及市场参与机构要积极学习，与狼共舞，在实战中不断提升自己的水平，最终构建高效定价的资本市场。在开放的过程中，努力夯实基本面，不盲目扩大国家财政赤字，保持一定水平的外汇储备盈余，这些都是引入外国机构投资者实现本国金融市场发展的基础和必备条件。

3.4　本章小结

本章对外国机构投资者制度的建立进行了详细的介绍，包括制度设计的具体规则及制度的细节修订内容，阐述了 QFII 在中国股票市场的投资管理制度。在对外国机构投资者投资中国的现状描述中，我们分别从总量和结构上进行了详细的阐述，外国机构投资者在中国投资规模较小，中国资本市场对外开放程度还有待进一步扩大。在中国资本市场效率建设的现状分析中，我们认为中国资本市场融资规模及市值与国民经济匹配，但市场投资规模较小，国内机构投资者比例不高，市场个人投资者较多，金融专业化程度不高。最后一部分介绍了新兴国家（地区）资本市场的开放经验，通过对比分析不同国家开放的路径，为中国资本市场的开放总结了经验教训。

4 QFII 对股票市场定价效率影响机制研究

4.1 信息机制、投资者异质性与股票市场定价效率

市场上的投资者在进行股票投资时，通常根据其投资方法，可分为技术面交易的投资者和基本面交易的投资者。技术面交易的投资者根据市场的价格变化趋势，利用技术指标选择目标股票；基本面交易的投资者则是根据股票的基本面信息进行挖掘、判断和使用，从而进行交易。

在股票市场中，经常把那些以公司基本面及未来现金流精准预期为条件的消息定义为信息，因此，基本面交易者通常就是市场所定义的信息交易者（胡昌生等，2017）。与信息交易者相对应的是噪音交易者，根据 Black（1986）的描述，所谓噪音，就是与股票基本价值无关，但是经常被投资者使用并且会影响股票价格波动的某些消息。市场上经常会出现一些谣言，一部分谣言与公司基本价值相关，后期成为信息，而更多的谣言则与公司基本价值无关，成为噪音。股票市场上投资者根据市场的变化来推测信息，如果推测正确，则投资者也是信息交易者；如果推测错误，或是陷入投资者非理性状态，则投资者也可能成为噪音交易者。所以我们可以认为，投资者具有双重属性。

而在对投资者进行分类时，本书认为市场上投资者可分为信息交易者和噪音交易者。信息交易者通常是理性的机构投资者，他们在市场上具备信息优势和对信息进行选择判断的能力。信息交易者的信息获取渠道主要有：第一，第一时间获得已经公布的宏观基本面及微观企业基本面信息并进行分析和利用；第二，通过自己的专业优势及特有的信息渠道（在资本

市场现实中表现为内幕消息）对市场进行理性预期，从而获取市场及公司信息；第三，信息交易者通常具有较高的信息信号识别能力，他们通过对上市公司行为以及对市场上指标的变化进行判断，从而预测市场上将会发生的有效信息，并基于这些有效信息进行股票交易。信息交易者不管是天生具有判断信息的禀赋，还是后天通过努力获取信息，其在市场上都是通过股票的交易或证券的持仓行为向市场传递信息（Hou and Moskowitz，2005）。

在股票市场上，买方市场领域通常认为机构投资者是信息交易者，而本书认为外国机构投资者具备专业优势，具有理性预判的能力，能够对市场上的基本面信息及技术面信息进行较为准确的判断，是标准的信息交易者。外国机构投资者是基于对基本面信息的判断和预期生产信息，也可能是基于经济指标的判断生产信息，在这个过程中，外国机构投资者进行人力和物力的投入，因而是市场上的信息交易者（肖明亮和王红建，2014）。而噪音交易者则不付出成本，主要是跟风操作，属于非理性交易行为，不具备信息优势，根据市场噪音进行追涨杀跌交易，市场上的个人投资者、金融可得性较低的国内机构投资者经常被视为噪音交易者。

根据前文的研究综述，股票的定价效率体现在股票价格同步性上，外国机构投资者对股票市场定价效率的影响主要是通过向股票市场传递其特质性私有信息来实现的。传递的路径是：第一，通过对上市公司股票持仓的变化来实现，当信息拥有者即 QFII 持仓增加时则认为该股票具有利好信息，当 QFII 减持该上市公司股票时则认为该股票已经不具备利好信息；第二，通过交易上市公司股票来实现，交易行为分为买入行为和卖出行为。潘宁宁（2015）的研究发现，机构投资者的买入交易和卖出交易行为对股票价格同步性的影响是非对称的，买入交易行为比卖出交易行为能够传递更多的股票特质性信息。本书认为，在信息传递方面，持仓行为比交易行为更能够代表信息交易，因为持仓行为特别是长期的持仓行为，体现了对信息的确认，而交易行为在市场中难免会存在信息失灵的问题，错把噪音当成信息。

4.1.1 信息交易与股票定价效率

Grossman 和 Stiglitz（1980）认为信息渠道主要有两种：一种是公开发布各种宏观、微观信息，市场根据这些信息在股票价格上做出调整，实现信息在股票价格上的传递；另一种是通过一些信息知情人的股票交易行为，使信息在交易中融入股票价格中去。而公开发布的信息更多是宏观的、产业及公司例行公告的信息，信息交易者掌握的股票交易信息在一定程度上具有特质性，因此，他们通过股票交易形式向市场传递信息，更能够降低股票价格同步性。外国机构投资者在投资决策时，会根据宏观信息、产业及公司的特征，对未来公司发展的个性化特征进行预判，因此其交易行为能够向市场传递更多的私有信息，特别是其持仓行为。此外，Eun 等（2015）研究认为，文化差异会影响投资者的资产选择，欧美文化的特征决定了其资产选择的个性化特征，因此外国机构投资者的文化特征会降低其所投资股票价格同步性。

在 Grossman—Stiglitz 模型中，假设有两种资产，即无风险资产和风险资产。无风险资产收益率为 f，风险资产收益率为 u。风险资产收益率是一个随机变量，其主要由以下两部分组成：

$$u = \theta + \varepsilon \tag{4-1}$$

模型（4-1）中，θ 是投资者支付了成本 c 所得到的信息收益率，而 ε 为不可观测部分，θ 与 ε 都是随机变量。市场上有两种类型的投资者：一种是通过所获取的价值信息进行交易的信息交易者；另一种是依据市场的价格变化进行交易的无信息交易者。判断两种类型的投资者的标准是观察他们是否支付了成本 c 去获取信息收益。信息交易者依据其支付的成本 c 所获取的信息收益率 θ 以及风险资产的价格 P 进行交易；无信息交易者只能依靠风险资产的价格 P 进行交易。

基于模型（4-1），对变量特征进行描述，θ 和 ε 均为随机变量，定义 λ 为信息交易者的比例，x 为风险资产供给变量，风险资产的价格为 $P_\lambda(\theta, x)$。对于无信息交易者，其不能观测到风险资产供给变量，但是他可以观测到 $P_\lambda(\theta, x)$，$P_\lambda(\theta, x)$ 揭示了信息交易者通过获取的信息和观察到的风险资产供给变量而形成的价格。而无信息交易者通过观察 $P_\lambda(\theta, x)$ 进行风险资产交易。

$$E(\varepsilon) = 0 \qquad\qquad (4-2)$$

$$E(\theta\varepsilon) = 0 \qquad\qquad (4-3)$$

$$Var(u \mid \theta) = Var(\varepsilon) = \sigma_\varepsilon^2 \qquad\qquad (4-4)$$

假设两种资产，即风险资产 X_i 和无风险资产 M_i，P 为期初风险资产的价格，而无风险资产的价格等于 1，W_{0i} 为期初投资者的禀赋，则期初投资者的支付约束是：

$$PX_i + M_i = W_{0i} = P\bar{X}_i + \bar{M}_i \qquad\qquad (4-5)$$

而期末风险资产的收益率为 u，无风险资产收益率为 f，则期末投资者持有的资产组合收益的财富是：

$$W_{1i} = fM_i + uX_i \qquad\qquad (4-6)$$

基于投资者风险厌恶的性质，投资者的资产效用函数是：

$$U(W_{1i}) = -e^{-AW_{1i}}, A > 0 \qquad\qquad (4-7)$$

A 为资产的风险厌恶系数，无论是信息交易者还是无信息交易者都在追求效用最大化，只是投资者依据收集信息所支出的成本来决定是做信息交易者还是无信息交易者。

根据 Grossman 和 Stiglitz（1980）的研究，信息交易者基于其收集的信息进行交易来获得效用，可用模型表示为：

$$
\begin{aligned}
E[U(W_{1i}) \mid \theta] &= -\exp\left\{-A\left[E(W_{1i} \mid \theta) - \frac{A}{2}Var(W_{1i} \mid \theta)\right]\right\} \\
&= -\exp\left(-A\left\{fW_{0i} + X_I[E(u \mid \theta) - fP] - \frac{A}{2}X_I^2 Var(u \mid \theta)\right\}\right) \qquad (4-8) \\
&= -\exp\left\{-A[fW_{0i} + X_I(\theta - fP - \frac{A}{2}X_I^2\sigma_\varepsilon^2)]\right\}
\end{aligned}
$$

X_I 为信息交易者对风险资产的需求量。基于信息交易者效用最大化的逻辑，在模型（4-8）中，基于 U 对 X_I 求一阶导数，并基于一阶条件为 0，则可求得信息交易者最优的风险资产需求水平为：

$$X_I(P,\theta) = \frac{\theta - fP}{A\sigma_\varepsilon^2} \tag{4-9}$$

同理，则无信息交易者的期望效用函数的描述是：

$$E[U(W_{1i}) \mid P^*] = -\exp\left\{-A\left[E(W_{1i} \mid P^*) - \frac{A}{2}Var(W_{1i} \mid P^*)\right]\right\}$$
$$= -\exp\left(-A\left\{fW_{0i} + X_U[E(u \mid P^*) - fP] - \frac{A}{2}X_U^2 Var(u \mid P^*)\right\}\right) \tag{4-10}$$

$P^* = P(\theta, x)$，P 为真实价格，X_U 为无信息交易者对风险资产的需求量。基于无信息交易者效用最大化的逻辑，在模型（4-10）中，基于 U 对 X_U 求一阶导数，并基于一阶条件为 0，则可求得无信息交易者最优的风险资产需求水平为：

$$X_U(P, P^*) = \frac{E[u \mid P^*(\theta, x) = P] - fP}{AVar[u \mid P^*(\theta, x) = P]} \tag{4-11}$$

信息交易者根据支付与收益形成的比例 λ，从而形成均衡系统下给定信息交易比例的均衡价格 $P_\lambda(\theta, x)$。在均衡状态下，两种类型交易的需求量应该与风险资产供给量相等。

$$\lambda X_I[P_\lambda(\theta, x), \theta] + (1 - \lambda)X_U[P_\lambda(\theta, x), P_\lambda^*] = x \tag{4-12}$$

假设 $\lambda = 0$，则模型（4-12）变为：

$$X_U[P_0(\theta, x), P_0^*] = \frac{E(\theta) - fP_0(\theta, x)}{AVar(u)} = x \tag{4-13}$$

则：

$$P_0(\theta, x) = \frac{E(\theta) - Ax\sigma_u^2}{f} \tag{4-14}$$

当 $0 < \lambda \leq 1$ 时，求得模型（4-12）变为：

$$\lambda \frac{\theta - fP_\lambda}{A\sigma_\varepsilon^2} + (1 - \lambda)\frac{E(u \mid \omega_\lambda) - fP_\lambda}{AVar(u \mid \omega_\lambda)} = x \tag{4-15}$$

则：

$$P_\lambda(\theta, x) = \frac{\dfrac{\lambda \omega_\lambda}{A \sigma_\varepsilon^2} + \dfrac{(1-\lambda)E(u \mid \omega_\lambda)}{A Var(u \mid \omega_\lambda)} - Ex}{f\left[\dfrac{\lambda}{A \sigma_\varepsilon^2} + \dfrac{(1-\lambda)}{A Var(u \mid \omega_\lambda)}\right]} \qquad (4-16)$$

式 (4 - 16) 中, $P_\lambda(\theta, x)$ 是 ω_λ 的线性函数, $E(u \mid \omega_\lambda) = E(u \mid P_\lambda)$, $Var(u \mid \omega_\lambda) = Var(u \mid P_\lambda)$。

在给定 $0 < \lambda \leqslant 1$ 的情境下, 定义 γ 为基于 λ 的信息交易者与无信息交易者的期望值之比:

$$\frac{EU(W_{Ii}^\lambda)}{EU(W_{Ui}^\lambda)} = e^{AC} \sqrt{\frac{Var(u \mid \theta)}{Var(u \mid \omega_\lambda)}} = \gamma(\lambda) \qquad (4-17)$$

6 在均衡条件下 $\gamma(\lambda) = 1$, 因为如果 $\gamma(\lambda) > 1$, 更多的理性投资者就会支付成本进行信息交易, 资产价格的信息含量增加, 股票定价系统会更具有信息性; 当 $\gamma(\lambda) < 1$ 时, 更多的理性投资者将进行无信息交易, 市场噪声较大, 资产价格将不具有更多的信息含量。

根据 Grossman — Stiglitz 模型, 当市场上更多的投资者进行信息交易时, 价格将会具有更多的信息含量, 市场将会形成基于真实信息的均衡, 价格是基于信息的均衡价格。信息交易者会促使价格达到均衡, 无信息交易者基于信息交易者所确定的价格进行交易, 所以信息交易者比例越大, 价格包含的信息含量就越高, 市场竞争下所形成的价格就越趋近于均衡价格。

但是, 当更多的投资者都基于信息进行交易时, 投资者将会得到较低的投资效用, 这可能反向推动他们进行无信息交易。所以信息交易者的比例会决定市场均衡价格的信息含量。

在中国股票市场上, 信息交易者比例较低, 所以信息交易在中国现阶段具有较高的投资效用水平。在中国股票市场上, 信息透明度较低的原因是, 市场上的投资者金融知识较少, 不能对各种市场信息和噪音进行区分, 不能正确地使用信息。外国机构投资者专业性强, 更擅长信息交易, 更符合理性预期性质的投资者特征。因此在股票市场上, 当具有更多的信息交易者——QFII 时, 股票价格对私有信息吸收得就越充分, 价格就能更好地发挥资源配置的功能。股票价格基于股票基本面信息进行反应和传递，会在一定程度上降低股票价格同步性，实现股票市场定价效率的提高。

4.1.2 投资者异质性的均衡研究

Grossman 和 Stiglitz 的研究证实了信息交易者与市场信息含量的关系，随着信息交易者交易规模变大，市场信息含量比例增加。随着信息效率领域研究的不断深入，人们认为外国机构投资者是信息交易者、专业机构投资者、市场上的理性投资者。但是外国机构投资者在市场上进行交易时，也同样因为信息资源禀赋的差异，面临市场信息不对称和不完全的情况，那么使用 Grossman—Stiglitz 模型，难免对有些领域解释不全面。因此有必要借鉴 Gao 等（2012）、孙端（2014）的研究，引入市场中另一种类型的交易者，即流动性交易者。流动性交易者既可能是信息交易者，也可能是噪音交易者。流动性交易者通过观察市场信息和其他交易者的行为来进行交易。流动性交易者具有较强的信息识别能力和投资者理性的特征。虽然流动性交易者不具有信息优势，但是可以通过观察市场的变化进行信息挖掘和推断，比如市场中出现较大额度的交易，代表市场可能存在信息，较大规模的买入行为预示着市场可能存在重大的利好信息等。但是有时流动性交易者在市场上可能学习能力不强或不具有学习能力，在市场信息不对称的情况下，其也可能扮演着噪音交易者的角色。Grossman—Stiglitz 模型引入了流动性交易者，而 QFII 正好是流动性交易者的典型代表。

1. 市场中存在信息交易者和流动性交易者的市场均衡

根据 Gao 等（2012）、孙端（2014）建立的模型，假设市场上只有两种类型的资产，即风险资产和无风险资产，所设模型为单周期的均衡模型，市场上具有信息优势的投资者根据 0 时刻对未来 1 时刻的资产收益和方差进行理性预测；不具备信息优势的投资者，根据信息交易者的交易行为进行学习，从而做出理性选择。假设在 T_0 时刻风险资产价格为 P、在 T_1 时刻风险资产价格为 F，F 由以下公式来描述：

$$F = S + V \tag{4 - 18}$$

参考孙端（2014）的做法，式（4 - 18）中 S 服从 a 到 b 的均匀分布，

V 变量具有零均值和方差为 δ_v^2 的分布，且 $E(SV)=0$，市场上信息交易者的比例为 λ，信息交易者在 T_1 时刻会知道股票价格的准确信息，也就是他们知道 S 的准确取值；而无信息交易者不清楚 S 的准确取值，只能在 T_0 时刻，通过 P 值来进行投资选择。而所有的投资者都不能准确确定 V 的取值。

所有投资者都遵从均值方差原则进行资产配置，投资者在单周期内，持有数量为 x_i 的资产，则其总收益为 $r_i = x_i(F-P)$，所以在 T_1 时刻的投资者效用水平是：

$$U(x_i) = E[(F-P)x_i \mid \Omega_i] - \frac{1}{2}AD[(F-P)x_i \mid \Omega_i] \qquad (4-19)$$

$E[(F-P)x_i \mid \Omega_i]$ 表示资产收益的均值，$D[(F-P)x_i \mid \Omega_i]$ 为资产收益的方差，A 为风险厌恶系数，Ω_i 为投资者 i 的信息集。

设信息交易者资产的需求数量为 x_I，对于信息交易者而言，其能够知道 S 的准确取值，所以：

$$E[(F-P)x_I \mid \Omega_I] = E[(S+V-P)x_I \mid S,P] = (S-P)x_I,$$
$$D[(F-P)x_I \mid \Omega_I] = D[(S+V-P)x_I \mid S,P] = \delta_V^2 x_I^2 \qquad (4-20)$$

则信息交易者的效用函数可以重新写为：

$$U(x_I) = E[(S+V-P)x_I \mid S,P] - \frac{1}{2}AD[(S+V-P)x_I \mid S,P]$$
$$= (S-P)x_I - \frac{1}{2}A\delta_V^2 x_I^2 \qquad (4-21)$$

当信息交易者的效用最大化时，在模型（4-21）中，关于 U 对 x_I 求导的一阶条件为 0，因此，求解一阶条件可得：

$$x_I = \frac{S-P}{A\delta_V^2} \qquad (4-22)$$

同理，可以求得无信息交易者（流动性交易者）取得最大效用值时，其最优的需求水平为：

$$x_U = \frac{E(F \mid P) - P}{AD(F \mid P)} \qquad (4-23)$$

无信息交易者认为信息交易者所使用的信息与 T_1 时刻股票资产价值相

关，但是无信息交易者没有学习能力或不能够通过学习信息交易者的信息更新自己对资产的定价，只能通过在 T_0 期对资产的先验理念对 T_1 期的资产进行定价，则有：

$$E(F \mid P) = \frac{a + b}{2}$$

$$D(F \mid P) = D(S \mid P) + D(V \mid P) = \frac{(b - a)^2}{12} + \delta_v^2 \qquad (4 - 24)$$

所以无信息交易者最优需求水平模型变为：

$$x_U = \frac{E(F \mid P) - P}{AD(F \mid P)} = \frac{\frac{a + b}{2} - P}{A\left[\frac{(b - a)^2}{12} + \delta_v^2\right]} = \frac{6a + 6b - 12P}{A\left[(b - a)^2 + 12\delta_v^2\right]} \qquad (4 - 25)$$

如果无信息交易者认为 T_1 时刻信息交易者的信息会影响股票资产价格，并且不具备信息优势的无信息交易者可以通过学习信息交易者的交易行为获得信息，则其 T_1 时刻对资产的期望价格为：

$$E(F \mid P) = (1 - \lambda)\frac{a + b}{2} + \lambda S$$

$$D(F \mid P) = D(S \mid P) + D(V \mid P) = \frac{(b - a)^2}{12} + \delta_v^2 \qquad (4 - 26)$$

在这种状态下，令 $S_0 = \frac{a + b}{2}$，则：

$$x_U = \frac{E(F \mid P) - P}{AD(F \mid P)} = \frac{S_0 - P}{AD(F \mid P)} \qquad (4 - 27)$$

市场在实现出清的情况下，证券资产的供给等于需求，我们将供给规模界定为外生变量，取值为 1，则有下列均衡条件：

$$1 = \lambda x_I + (1 - \lambda)x_U \qquad (4 - 28)$$

当无信息交易者没有学习信息的能力或不能够通过学习信息交易者的行为获取信息时，则式（4 - 28）变为：

$$1 = \lambda x_I + (1 - \lambda)x_U = \lambda\left(\frac{S - P}{A\delta_V^2}\right) + (1 - \lambda)\frac{S_0 - P}{AD(F \mid P)} = 1 \qquad (4 - 29)$$

模型（4 - 29）中 S_0 与 $D(F|P)$ 为已知信息，则对模型（4 - 29）求解可以得到均衡价格为：

$$S = P + \frac{A\delta_V^2 D(F|P) - (1-\lambda)\delta_V^2(S_0 - P)}{AD(F|P)} \qquad (4-30)$$

若不具有信息优势的无信息交易者可以观察具有信息优势的投资者行为，并且学习信息，则均衡条件是：

$$1 = \lambda x_I + (1-\lambda)x_U = \lambda(\frac{S-P}{A\delta_V^2}) + (1-\lambda)\frac{S_0(1-\lambda) + \lambda S - P}{AD(F|P)} = 1$$

解得此时市场均衡价格为：

$$S = \frac{A\delta_V^2 D(F|P) + D(F|P)P - (1-\lambda)^2\delta_V^2 S_0 + (1-\lambda)\delta_V^2 P}{AD(F|P) + (1-\lambda)\delta_V^2\lambda} \qquad (4-31)$$

2. 信息交易者、噪音交易者及流动性交易者同时存在的均衡模型

我们现在放松约束，假设市场上同时存在信息交易者、噪音交易者和流动性交易者。在证券市场上，噪音交易者是一种客观的存在，其交易行为也会向市场传递信息，只是这种信息既可能是有效的信息，也可能是噪音。在该模型设定中，由于信息交易者和噪音交易者都可以通过交易向市场传递信息，这时流动性交易者的代表 QFII 判断市场信息真伪的难度变大，将会受到这两种交易行为的影响。

延续前文假设，同时设定市场上存在噪音交易者，噪音交易者所占比例为 γ，市场交易者的总量为 1，因此存在 $0 \leqslant \gamma + \lambda \leqslant 1$。假设噪音交易者认为 T_1 时刻价格趋势取值为 S'，但是 S' 取值异于 S，则：$e = S' - S$。这是噪音交易者在市场上对资产价格认识的偏差。e 服从 c 到 d 的均匀分布，因此噪音交易者认为 T_1 时刻资产价格的性质特征如下：

$$
\begin{aligned}
E[(F-P)x_n|\Omega_n] &= E[(S'+V-P)x_n|S',P] = (S+e-P)x_n \\
D[(F-P)x_n|\Omega_n] &= D[(S'+V-P)x_n|S',P] = \delta_v^2 x_n^2
\end{aligned} \qquad (4-32)
$$

根据投资者效用最大化逻辑，当噪音交易者效用最大时，其市场的需求量为：

$$x_n = \frac{S + e - P}{A\delta_v^2} \tag{4 - 33}$$

若流动性交易者可以通过观察其他投资者行为来学习信息，则有：

$$E(F'|P) = (1 - \lambda - \gamma)\frac{a + b}{2} + \lambda S + \gamma S'$$
$$D = \frac{(b - a)^2}{12} + \delta_V^2 \tag{4 - 34}$$

在存在噪音交易者的模型中，市场出清的条件为：

$$1 = \lambda x_I + \gamma x_N + (1 - \lambda - \gamma)x_U \tag{4 - 35}$$

当流动性交易者没有学习能力且市场均衡时，价格满足如下条件：

$$1 = \lambda x_I + \gamma x_N + (1 - \lambda - \gamma)x_U = \lambda\left(\frac{S - P}{A\delta_V^2}\right) + \gamma\frac{S + e - P}{A\delta_V^2} +$$
$$(1 - \lambda - \gamma)\frac{S_0 - P}{AD} \tag{4 - 36}$$

此时均衡价格有：

$$S = P + \frac{AP\delta_V^2 - (1 - \lambda - \gamma)\delta_V^2(S_0 - P) - \gamma eD}{(\lambda + \gamma)D} \tag{4 - 37}$$

当流动性交易者有学习能力时，均衡条件为：

$$1 = \lambda x_I + \gamma x_N + (1 - \lambda - \gamma)x_U = \lambda\left(\frac{S - P}{A\delta_V^2}\right) + \gamma\frac{S + e - P}{A\delta_V^2} +$$
$$(1 - \lambda - \gamma)\frac{(1 - \lambda - \gamma)S_0 + \lambda S + \gamma(S + e) - P}{AD} \tag{4 - 38}$$

则在此均衡条件下，求得的均衡价格是：

$$S = \frac{AD\delta_V^2 - e\gamma D + (\lambda + \gamma)DP - (1 - \lambda - \gamma)\delta_V^2[\gamma e + (1 - \lambda - \gamma)S_0 - P]}{(\lambda + \gamma)D + (\lambda + \gamma)(1 - \lambda - \gamma)\delta_V^2} \tag{4 - 39}$$

3. 不同情境下的均衡状态比较分析

前文分别推导了两种交易者类型和三种交易者类型在有学习能力和无学习能力时的均衡价格，本部分通过取值来观察信息交易者的比例 λ 和均衡价格 S 的关系。

在只含有两种交易者类型的市场结构中，均衡模型分别是：

流动性交易者没有学习能力时：

$$S = P + \frac{A\delta_V^2 D(F \mid P) - (1 - \lambda)\delta_V^2(S_0 - P)}{AD(F \mid P)};$$

流动性交易者有学习能力时：

$$S = \frac{A\delta_V^2 D(F \mid P) + \lambda D(F \mid P)P - (1 - \lambda)^2 \delta_V^2 S_0 + (1 - \lambda)\delta_V^2 P}{AD(F \mid P) + (1 - \lambda)\delta_V^2 \lambda}$$

我们发现，S 和 λ 之间存在依存关系，这种关系可能是非线性的。我们在这里给其他参数赋予一定的取值，以此来研究 S 和 λ 之间的依存关系。

设：$P = 16$，$\delta_v^2 = 1$，$a = 2$，$b = 40$，$A = 3$，

则可知道：$S_0 = \frac{a + b}{2} = 21$，$D = \frac{(b - a)^2}{12} + \delta_v^2 \approx 121$，S 和 λ 的关系如图 4 - 1 所示。

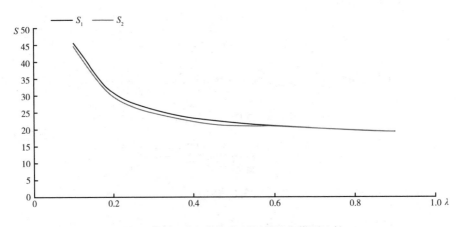

图 4 - 1　两种交易者类型下的均衡模型比较

如图 4 - 1 所示，S_1 是流动性交易者不具有学习能力时，均衡价格随信息交易者的比例变化而变化的趋势；S_2 是流动性交易者有学习能力时，均衡价格随信息交易者比例变化而变化的趋势。通过对比发现，信息交易者交易的比例不足 0.6 时，两种交易者类型均衡模型都迅速调整，但是具有信息学

习能力的均衡模型，其均衡价格调整速度更快一些。在信息交易者比例超过 0.6 之后，两种交易者类型的均衡价格都趋向于稳定，但是在流动性交易者具有学习能力的情景下，其均衡稳定性更好。

如果存在三种交易者类型时，设 $c = -1$，$d = 3$，固定市场上流动性交易者所占比例 $\gamma = 0.2$，由于 $0 \le 1 + \lambda + \gamma \le 1$，$\gamma = 0.2$ 时，λ 的取值范围是 $0 \sim 0.8$，可构造信息交易者比例和市场均衡价格的关系图。

流动性交易者没有学习能力时：

$$S = P + \frac{AP\delta_V^2 - (1 - \lambda - \gamma)\delta_V^2(S_0 - P) - \gamma eD}{(\lambda + \gamma)D}$$

流动性交易者有学习能力时：

$$S = \frac{AD\delta_V^2 - e\gamma D + (\lambda + \gamma)DP - (1 - \lambda - \gamma)\delta_V^2[\gamma e + (1 - \lambda - \gamma)S_0 - P]}{(\lambda + \gamma)D + (\lambda + \gamma)(1 - \lambda - \gamma)\delta_V^2}$$

图 4-2 表达的是存在三种交易者类型时，市场均衡价格随信息交易者的比例变化而变化的趋势，S_1 表示流动性交易者不具有学习信息的能力，S_2 表示流动性交易者在市场上具有学习信息的能力。通过实值图形表现可以推测，具有更强信息学习能力的流动性交易者，在信息交易者的比例不足 0.6 时，其均衡价格调整速度快于没有学习能力时的均衡价格调整的速度，但是在 0.6 以后，具有学习能力的流动性交易者的均衡价格更趋于稳定。

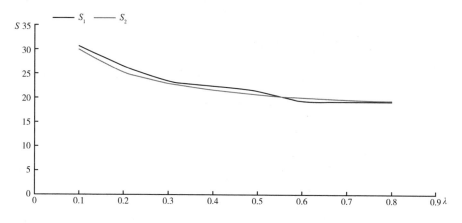

图 4-2　三种交易者类型下的均衡模型比较

4.2 基于动量机制和反转机制下的股票价格同步性的 影响机制

借鉴 Hou 等（2013）的研究思路，股票价格的信息含量取决于外国机构投资者对所投资的目标股票所占有的信息资源禀赋和对可利用的信息资源做出反应的程度，二者在共同作用下动态地决定股票价格。我们从外国机构投资者所拥有的信息和外国机构投资者对信息的反应两个维度，构建了一个简化的模型来描绘 R^2 和股票定价效率（股票价格同步性）之间的关系。该模型分三种情况进行了研究。

情形一：在理性预期的条件下，外国机构投资者能够理性地对其所拥有的信息进行正确的处理和及时的传递，国内机构投资者也是理性的，国内机构投资者能够理性地学习和使用外国机构投资者的投资信息。

情形二：外国机构投资者具有有限理性，出现对信息的有偏估计，其所拥有的信息能够被国内其他投资者察觉到，并进行有偏的使用和传递。

情形三：在外国机构投资者的有限理性由短期到中期再到长期的过程中，信息在市场中不断得到验证，其他投资者对所学习的信息不断进行修正，对错误估计的私有信息进行重估，股票价格在短中期内存在动量效应，在长期中存在反转效应，动量效应、反转效应均与股票价格同步性负相关。

4.2.1 投资者理性预期模型

首先，我们基于所研究的问题进行模型假设：国内外投资者是理性的，至少具备有限理性，能够对市场上的信息和噪音进行区分，并正确及时地使用信息；外国机构投资者根据所拥有的信息禀赋进行证券交易，国内机构投资者可以从交易中对外国机构投资者的信息进行学习和使用；外国机构投资者会对自己因为成本投入而产生的私有信息进行保护，在短期条件下，国内机构投资者不能察觉和使用这些信息；投资者所投资的产品限定为金融资产，包括风险资产和无风险资产；市场是动态的，外国机构投资者是理性投资者，能够在动态中调整自己的投资理念。

外国机构投资者面对的是风险资产——股票。市场经历动态三期，$t =$ 0、1、2。股票在 2 期之前，是不能被观察到的，符合随机游走的假设，投资者在 2 期最终兑现收益。根据指数模型，2 期的最终收益由如下线性模型定义：

$$f = \beta u + v \qquad (4-40)$$

其中，u 是市场因子，是由市场因素决定的股票资产收益；v 是风险资产的特质性因素，由风险资产（股票）本身情况所确定；β 是市场因子系数，体现了风险资产（股票）收益率和市场因素的线性关系的程度。u 和 v 相互独立且服从高斯分布。

外国机构投资者不能在 2 期之前观察到两个基本面因素 u 和 v，因此投资者在 0 期到 1 期进行学习，根据学习到的信息进行资产定价，我们假设外国机构投资者在 0 期是风险中立的，可以无风险利率水平进行资金的借入与借出。借鉴 Hou 等（2013）的研究，在基期（0 期），风险资产（股票）的两个收益因子相互独立且服从高斯分布：

$$u \sim N(0,1/\tau_u), v \sim N(0,1/\tau_v) \qquad (4-41)$$

模型（4-41）中的 u 和 v 服从零均值假定，τ_u 和 τ_v 是投资者对市场信息和公司特质性信息的预期值。因此 $1/\tau_u$ 和 $1/\tau_v$ 是投资者在 2 期之前所面对的不确定性因素。

在 1 期，外国机构投资者基于投入成本观测到市场信息和公司特质性信息的两个信息含量为 s_u 和 s_v，其各自的表达式可以定义为：

$$\begin{aligned} s_u &= a_1 u + \varepsilon_u \\ s_v &= a_1 v + \varepsilon_v \end{aligned} \qquad (4-42)$$

式（4-42）中，ε_u、ε_v 分别为 s_u、s_v 的随机扰动项，是一组随机变量，扰动项相互独立，且分别独立于 u 和 v，ε_u 和 ε_v 服从零均值和方差为 $1/\tau_{s,u}$ 和 $1/\tau_{s,v}$ 的高斯分布。参数 $\tau_{s,u}$ 和 $\tau_{s,v}$ 为两种信息信号的精度，捕捉到了投资者能够拥有的市场和公司信息的数量，a_1 为外国机构投资者对风险资产（股票）的投资比例，该比例越大代表其对信息的挖掘越多、提供量越大。

两期模型强调了外国机构投资者不确定性的解决过程，以及风险资产定价的跨期动态决定。从 0 期到 1 期，外国机构投资者根据信号 s_u 和 s_v 更新他们对基本面信息的信念，以此减少他们在市场中面对的不确定性。在外国机构投资者不断学习的基础上，股票价格进行动态调整。从 1 期到 2 期，当外国机构投资者能预期到股票最终的收益时，股票价格由剩余不确定性决定。

理性的外国机构投资者在 1 期对 u 和 v 的后验信念也为高斯分布，且均值由以下公式定义：

$$E(u \mid s_u) = \frac{\tau_{s,u}}{\tau_u + \tau_{s,u}} s_u$$

$$E(v \mid s_v) = \frac{\tau_{s,v}}{\tau_v + \tau_{s,v}} s_v \qquad (4-43)$$

外国机构投资者是风险中立的，暗示着每期股票价格由外国机构投资者的预期收益率决定。

$$p_0 = 0$$

$$p_1 = \beta E(u \mid s_u) + E(v \mid s_v) = \beta \frac{\tau_{s,u}}{\tau_u + \tau_{s,u}} s_u + \frac{\tau_{s,v}}{\tau_v + \tau_{s,v}} s_v$$

$$p_2 = \beta u + v \qquad (4-44)$$

在模型（4-44）中，冲击是正态分布的，而且冲击具有积累可加性，而价格作为冲击的结果，价格变化率也服从正态分布。

我们专注 $\tau_{s,v}$ 的作用，非常明显，假如外国机构投资者能够理性地处理其所拥有的特质性信息，则股票价格将会完全反映信息，因此股票未来的价格是不可预测的。进一步推演可知，更多的精度信息，在 1 期将会促使股票价格 p_1 更具有信息含量。

投资者可获得的信息也在动态系统下影响股票价格，在 1 期，股票价格的收益率方差为：

$$Var(p_1 - p_0) = Var(\beta \frac{\tau_{s,u}}{\tau_u + \tau_{s,u}} s_u) + Var(\frac{\tau_{s,v}}{\tau_v + \tau_{s,v}} s_v)$$

$$= \beta^2 \frac{\tau_{s,u}}{\tau_u(\tau_u + \tau_{s,u})} + \frac{\tau_{s,v}}{\tau_v(\tau_v + \tau_{s,v})} \qquad (4-45)$$

相邻两期的价格波动，源于市场信息和公司特质性信息的不断更新。这样会直接导致投资者的信息精度在每期不断得到提高。

在实证分析中，R^2 是股票收益率对市场收益率回归后的解释程度参数，衡量股票收益率由市场收益率指数所解释的程度。这样的逻辑同样适用于股票的收益率方差由市场收益率方差所解释的程度。在 $0 \sim 1$ 期，股票收益率方差由市场收益率方差所解释的部分是：

$$\frac{\beta^2 \dfrac{\tau_{s,u}}{\tau_u(\tau_u + \tau_{s,u})}}{\beta^2 \dfrac{\tau_{s,u}}{\tau_u(\tau_u + \tau_{s,u})} + \dfrac{\tau_{s,v}}{\tau_v(\tau_v + \tau_{s,v})}} \qquad (4-46)$$

随着 $\dfrac{\tau_{s,v}}{\tau_v(\tau_v + \tau_{s,v})}$ 的值不断增大，整个公式的值 R^2 不断降低，即在 $0 \sim 1$ 期随着公司信息的不断增加，R^2 也不断降低。

现在进一步推演，在全周期中，假设价格服从随机漫步假说，整个模型的收益率方差为：

$$\begin{aligned}
\sum &= Var(p_1 - p_0) + Var(p_2 - p_1) \\
&= Var(p_2) - Var(p_1) + Var(p_1) - Var(p_0) \\
&= Var(\beta u + v) \\
&= \frac{\beta^2}{\tau_u} + \frac{1}{\tau_v}
\end{aligned} \qquad (4-47)$$

式（4-47）中，$\dfrac{\beta^2}{\tau_u}$ 和 $\dfrac{1}{\tau_v}$ 分别代表了市场和公司收益率方差的部分，二者都是基于市场信息和公司特质性信息的相互独立的变量。整个动态期间，资产的整个方差仍然由市场信息和公司特质性信息决定，可构造 R^2 如下：

$$R^2 = \frac{\dfrac{\beta^2}{\tau_u}}{\dfrac{\beta^2}{\tau_u} + \dfrac{1}{\tau_v}} \qquad (4-48)$$

通过以上模型推演，可以得出命题：在外国机构投资者理性预期模型中，外国机构投资者能够对可获得的信息进行有效处理和正确反应，更多的公司特质性信息导致了更小的 R^2，也就说是特质性信息的增加会降低股票价格同步性。

4.2.2　外国机构投资者反应具有偏差下的模型

在理性预期模型中，假定外国机构投资者可以对所获得的信息进行正确的处理和反应。在理性预期模型中，较低的 R^2 代表了较高的市场特质性信息的信念精度，也代表了较高的定价效率。现在重新设定模型，外国机构投资者可能是非理性的或者说是有限理性的，他们可能对拥有的信息产生有失偏颇的解读和反应。即使外国机构投资者在有限理性的约束下能够对市场信息进行正确的解读，但市场上学习效应的存在，也可能会使其他投资者对信息做出有失偏颇的解读和反应。大量的研究文献发现，投资者可能对所拥有的信息反应不足和反应过度。基于这样的研究现实，本书进行两种模型设定：一种设定为外国机构投资者对信息反应不足和反应过度时的 R^2；另一种设定为投资者持续对信息反应过度时的 R^2。

根据 Hou 等（2013）的研究，假设外国机构投资者对公司特质性信息的信念精度 s_v 存在反应偏差，外国机构投资者能够对市场信息的信念精度进行正确反应，存在公司特质性信息的信念精度的反应偏差参数 $\varphi > 0$。假如 $\varphi = 1$，外国机构投资者能够对 s_v 进行准确反应；假如 $\varphi > 1$，外国机构投资者对 s_v 存在过度反应；假如 $\varphi < 1$，外国机构投资者对 s_v 反应不足。外国机构投资者的反应行为模型同样也适用于国内机构投资者的行为。

根据贝叶斯规则，外国机构投资者在 $t = 1$ 期时，对市场及公司基本面信息的后期信念是：

$$E(u \mid s_u) = \frac{\tau_{s,u}}{\tau_u + \tau_{s,u}} s_u$$

$$E(v \mid s_v) = \frac{\varphi \tau_{s,v}}{\tau_v + \varphi \tau_{s,v}} s_v \qquad (4-49)$$

随着外国机构投资者的反应偏差参数 φ 的增加，外国机构投资者基于股票特质性期望值也增加，在三期动态模型中，股票价格变动率为：

$$p_0 = 0$$

$$p_1 = \beta E(u \mid s_u) + E(v \mid s_v) = \beta \frac{\tau_{s,u}}{\tau_u + \tau_{s,u}} s_u + \frac{\varphi \tau_{s,v}}{\tau_v + \varphi \tau_{s,v}} s_v$$

$$p_2 = \beta u + v \qquad (4-50)$$

股票价格动态意味着在跨期模型中，股票收益率总方差可以表示为：

$$
\begin{aligned}
\sum &= Var(p_1 - p_0) + Var(p_2 - p_1) \\
&= Var(p_2) - Var(p_1) + Var(p_1) - Var(p_0) \\
&= Var(\beta u + v) \\
&= \frac{\beta^2}{\tau_u} + \sum v \\
&= \frac{\beta^2}{\tau_u} + \frac{1}{\tau_v} + \frac{2\varphi(\varphi - 1)\tau_{s,v}}{(\tau_v + \varphi\tau_{s,v})^2}
\end{aligned}
\tag{4 - 51}
$$

股票收益率方差被市场收益率方差解释的部分，即 R^2 为：

$$
R^2 = \frac{\dfrac{\beta^2}{\tau_u}}{\dfrac{\beta^2}{\tau_u} + \sum v} = \frac{\dfrac{\beta^2}{\tau_u}}{\dfrac{\beta^2}{\tau_u} + \dfrac{1}{\tau_v} + \dfrac{2\varphi(\varphi - 1)\tau_{s,v}}{(\tau_v + \varphi\tau_{s,v})^2}}
\tag{4 - 52}
$$

同时，设定收益率的相关性下的协方差模型为：

$$
\begin{aligned}
\Omega &= Cov(p_1 - p_0, p_2 - p_1) \\
&= Cov\left(\frac{\varphi\tau_{s,v}}{\tau_v + \varphi\tau_{s,v}}s_v, v - \frac{\varphi\tau_{s,v}}{\tau_v + \varphi\tau_{s,v}}s_v\right) \\
&= \frac{\varphi(1 - \varphi)\tau_{s,v}}{(\tau_v + \varphi\tau_{s,v})^2}
\end{aligned}
\tag{4 - 53}
$$

当 $\varphi < 1$ 时，即外国机构投资者对信息反应不足时，会出现较高的 R^2，公司特质性信息将不会被充分反应，市场更多是基于宏观基本面进行投资，市场定价效率下降；当 $\varphi > 1$ 时，外国机构投资者对信息反应过度，市场会出现较低的 R^2，股票价格同步性降低。则 R^2 为：

$$
R^2 = \frac{\dfrac{\beta^2}{\tau_u}}{\dfrac{\beta^2}{\tau_u} + \sum v} = \frac{\dfrac{\beta^2}{\tau_u}}{\dfrac{\beta^2}{\tau_u} + \dfrac{1}{\tau_v} + \dfrac{2\varphi(\varphi - 1)\tau_{s,v}}{(\tau_v + \varphi\tau_{s,v})^2}} = \frac{\dfrac{\beta^2}{\tau_u}}{\dfrac{\beta^2}{\tau_u} + \dfrac{1}{\tau_v} - 2\Omega}
\tag{4 - 54}
$$

式（4-54）显示，当投资者对可获得的公司信息反应不足或反应过度时，R^2 可能涉及价格的动量效应和价格的反转效应。也就是说，投资者对公司特质性信息反应不足时，R^2 与股票的动量效应负向相关，因为这时，股票市场应该具有较高的 R^2，如果现实是具有较低的 R^2，说明其他机制在起作用，也就是所谓的动量机制在起作用。而动量机制发挥作用，主要是基于短期的条件，因为在短期条件下，外国机构投资者和国内机构投资者的先验信息还无法被验证。

当投资者对公司特质性信息反应过度时，R^2 与价格的反转效应负向相关，这时较低的股票价格同步性源于外国机构投资者对市场公司型信息的过度反应，这时市场会存在噪音，导致市场波动性增加，影响市场的稳定。这种过度反应行为的出现，一方面是外国机构投资者本身的行为所致；另一方面，因为市场上其他国内机构投资者学习行为的存在，即羊群效应的存在也会使市场上出现过度反应行为。在长期条件下，一旦投资者对信息进行验证后，就会对过度反应的股票价格进行调整，导致市场波动变大，股票价格同步性大幅降低。市场反转效应的存在同样会降低股票价格同步性。因此可以推断，反转效应主要是发生在长期条件下，投资者能够对短期条件下的先验信息进行验证，并对此进行相应的调整，从而进一步增加了投资者基于个股特质性信息进行投资的行为，个股基于特质性信息波动的程度变大，导致市场波动变大，股票价格同步性降低。

上文是基于长期和短期模型进行研究的，实际行为模型的中期动量效应可能更明显，因为在短期条件下，外国机构投资者还没有完全出现有偏反应，大量的金融文献运用美国和国际市场数据验证股票价格在中期具有动量效应，在长期具有反转效应。为了检验这一特征，Hou 等（2013）引入中期模型，发现在中期外国机构投资者投资股票，在有偏预期的情况下，会出现更明显的动量效应。因为中期与短期相比，市场上其他投资者的跟随式的有偏反应，加速了这种动量效应，而从长期来看，投资者认识到了信息的有偏，会对自己的投资理念进行调整，导致股票价格出现反转，反转效应的出现降低了 R^2 和股票价格同步性。因此，外国机构投资者投资中国股票市场，在有偏预期的情况下，短中期存在股票价格的动量效应，长期将存在反转效应。这两种效应都与 R^2 之间呈负向相关关系，也与股票价格同步性呈负向相关关系。这一逻辑的发现，能够更好地认识外国机构投资者降低股票价格同步性的逻辑机制。

4.3 QFII 与股票市场定价效率的非线性机制研究

外国机构投资者投资中国股票市场具有一定的外部性，这种外部性既可以是正向的，也可以是负向的。在外国机构投资者投资中国股票市场的初期，投资比例在一定的门限值之下，对外国机构投资者设置的准入门槛较高，一些资质较高的机构才能获得审批，其投资也受到严格的监管，因此，其主要是基于上市公司价值进行投资，积极挖掘上市公司的特质性信息。根据前文的研究，信息交易者能够极大地提高股票市场定价效率。随着开放程度的不断提高，准入的门槛不断降低，外国机构投资者进入中国的数量增加，投资规模不断变大，股票市场的定价效率就会发生变化，外国机构投资者促使股票市场定价效率下降，基于逆向选择的逻辑，其机制主要如下。

4.3.1 外国机构投资者的异质性

在中国资本市场开放初期，引入的外国机构投资者主要是一些资质较高、具有较长的经营历史的机构投资者，这些投资者基于公司的投资理念积极在股票市场上进行投资，通过投资的形式，向市场中的股票传递了更多的特质性信息，这些信息融入股票价格中，影响了股票市场定价效率。但是在开放程度加深的过程中，引入的外国机构投资者的资质不断下降，其中包括一些国外的个人投资者也会被引入国内，这些投资者可能不具有信息优势进行技术分析投资，而是根据市场的风气及股票过去的价格走势来进行股票投资，他们的行为增加了股票价格的羊群效应，因此外国机构投资者身份的异质性，会随着开放程度的加深而加大，而外国机构投资者对股票市场定价效率的影响会出现下降的趋势。外国机构投资者的异质性，是资本市场开放中不可避免的问题，这一问题会导致一些资质较差的外国机构投资者搭着中国对外开放政策的"便车"，进入中国资本市场，不论是从波动性还是风险性角度都对中国资本市场产生了一些不利影响。

4.3.2 资产组合权重与外国机构投资者焦虑

在中国资本市场开放初期，外国机构投资者的投资规模和比例相对有限，占其全球资产配置的比例很小。由于中国资本市场在全球资本市场中具有较为重要的地位，中国经济在世界经济中也占据较为重要的地位，对中国股票资产进行配置，是全球化背景下的规律选择。因此，外国机构投资者积极对中国股票资产进行配置。初期，其配置的比例较低，仅作为资产组合的基本配置，主要是基于中国股票市场的价值、股票的特质性信息进行配置，即使市场上发生大幅度波动，其关注的也主要是公司的成长性，而在短期内不会因为市场上的大冲击而调整原有的投资策略。这时，外国机构投资者对投资中国的资金焦虑较少，其对市场的破坏性有限，更多地发挥着正向作用。但是随着其投资规模的不断扩大，加之中国资本市场的市值不断增加，外国机构投资者不断提高其在中国资本市场上的投资比例，外国机构投资者对投资到中国资本市场上的资金开始焦虑，可能会产生系列的噪音交易，这种情况加剧了市场的不稳定性，破坏了市场的价值投资秩序。这时外国机构投资者对市场定价效率的影响受到了挑战，市场定价效率会体现出非线性规律。

4.3.3 "搭便车"与逆向选择:Grossman—Stiglitz 悖论

信息不对称的机制，在资本市场中表现明显，股票价格是基于各种信息进行波动的。外国机构投资者被誉为信息交易者，在投资中国股票市场时，通过信息交易来影响定价效率。在外国机构投资者投资初期，由于进入中国股票市场中的都是一些有实力的大型机构投资者，其积极挖掘信息并进行证券投资，使得股票价格中包含了一些股票特质性的信息。在此期间，对于外国机构投资者所投资的证券，其他投资者很难及时获取到其投资的信息和投资组合信息，这时外国机构投资者基于私有信息进行投资能获取超额利润。随着外国机构投资者投资的比例不断提高，其投资行为开始被广泛关注和模仿，导致其他投资者积极投资外国机构投资者投资的股票。外国机构投资者花费成本所要投资的股票被其他投资者跟随投资，导致股票价格在短期内出现了较大幅度的上升，外国机构投资者没能及时建好仓位，在股票市场上基于私有信息进行投资的收益空间下降,在市场这种"搭便车"的机制下,随着外国机构投资者投资额度的增加,其被"搭便车"的概率也在增加,最终的结果是,外国机构投资者放弃对股票私有信息的研究,而是开始基于市场的噪音进行证券投资,市场的定价效率开始下降。这种"搭便车"行为所导致的外国机构投资者的逆向选择,最终会随着外国机构投资者投资比例的上升而不断增加。

在逆向选择机制下,大量的"搭便车"行为者的存在,以及其他资质较差的外国机构投资者的不断涌入,市场的逆向选择程度会越发严重,这种现象即为"劣币驱逐良币"。"搭便车"行为的存在导致一些生产信息的机构投资者,特别是外国机构投资者最终沦为噪音交易者。而这种行为,主要出现在引入外国机构投资者的数量不断增加、外国机构投资者的投资比例达到一定门限值时,因为在规模比例较低时,外国机构投资者的投资行为不容易被观察到。

4.4 影响路径研究

股票市场定价是投资学的核心,从资产组合理论到资产定价理论、套利定价理论以及有效市场理论的研究,其核心问题是投资者的理性,只有理性的投资者才能实施有效的投资组合,实现均衡的资产定价,最终形成竞争性均衡。因此资产组合理论、资产定价理论、套利定价理论以及有效市场理论,都要求投资者具备有限理性,具有较高的金融可得性。外国机构投资者投资中国股票市场,主要的技术溢出机制就是通过促使市场投资主体优化内在机制,以及通过改善市场的约束环境来影响市场的定价。本部分研究QFII 对东道国股票市场定价效率影响的溢出路径,对此,目前在国内还没有形成统一的研究框架。溢出的本质是微观经济学理论中的正外部性,当QFII 的投资能够实现收益率上升、提高资本市场定价效率时,市场其他参与者就会将其作为投资榜样进行模仿,从而产生正的外部效应。但这只是从单一角度进行的描述,本节试图建立 QFII 的投资对东道国资本市场资产定价影响的路径。

4.4.1　基于市场参与主体的研究路径

在经济学的研究中，一般会把市场的参与主体分为融资主体、投资主体及国家规制部门。QFII 进入中国资本市场后，其对资产定价的影响，将会通过影响市场参与主体来实现。

1. 上市公司路径

上市公司是资本市场上的融资方，通过在资本市场上的资源配置，上市公司获取金融资源，实现融资，为继续生产及公司发展和优化提供了准备条件。而上市公司作为生产部门，未来采取什么样的商业模式、哪个领域具有发展前景，是其决策者比较关注的问题。上市公司在经济发展的变化中不断摸索自己的商业模式及业务领域。QFII 于经济较为发达的国家诞生并得到发展，发达国家和发展中国家所处的经济发展阶段不一样，就像有学者所言，发达国家今天所经历的阶段很有可能就是发展中国家明天所面对的经济发展阶段。而 QFII 诞生于发达国家，进入东道国中国后，其产业投资理念势必会受到母国产业经济发展经历的影响，会选择在发达国家成功验证过的产业进行投资。这样 QFII 在投资选择方面，会引导中国上市公司积极进行产业升级和产业改造，选择具有较高发展前景的产业和商业模式，这样，上市公司将资源配置到优秀的项目和商业模式上，从而实现了产业升级，上市公司实现了利润，资本市场从生产方的角度实现了资源的优化配置，通过资源的优化配置为上市公司进行资产定价。

QFII 通过对项目的选择，引导中国上市公司进行资源配置，通过对上市公司的选择来体现对上市公司经营模式的认可，从而激励产业资本的生产和经营。而 QFII 是专门的机构投资者，获取利润是其主要的目标函数，通过选择的目标上市公司实现利润来间接实现自己的利润，而这一过程的前提条件是，上市公司将自己赚取的利润转化为资产价格的上涨或是资产的分红收入。为了实现这一目标，QFII 主要是通过对上市公司的公司治理领域的制衡来表达自己的利益诉求，在上市公司赢利的前提下，要求上市公司进行股份分红，从而对上市公司在资本市场上只想融资不想给予回报的想法进行遏制。通过分红的形式，QFII 一方面实现了自己的目标利润，稳定了市场的投资主体，实现了对投资人价值投资的激励；另一方面，通过分红的公司治理机制，也遏制了上市公司为了获得更多融资进行财务盈利能力指标虚报的现象，确保上市公司财务指标的真实性。

QFII 除了通过上市公司分红的方式实现自己对资源优化配置的回报外，还可通过对二级市场股票价格的管理来实现，一旦 QFII 发现自己所选择的项目不具备盈利能力、不符合产业发展前景、不具备优秀的商业模式时，就可以通过在二级市场上卖出股票的方法，对所投项目进行否定，从而引导社会资金的合理配置。而对于上市公司大股东的行为，目前在中国存在上市公司大股东利用股权优势和信息优势，在二级市场上对中小投资者进行侵害的行为，严重影响了资本市场的信用体系，阻碍了中国资本市场的发展。QFII 是市场的机构投资者，可以通过在二级市场上对股票的持有方式来表达自己的支持或反对立场。一旦上市公司大股东有不诚信行为，其就可以在市场上卖出手中的股票，而在金融市场上的其他投资者的模仿行为和羊群效应会增加上市公司的压力。

钟覃琳和陆正飞（2018）研究认为外国机构投资者可以通过优化公司治理结构，间接提高股票市场定价效率。Grossman 和 Stiglitz（1980）研究预测较合理的公司治理结构能够降低知情交易者的交易成本，提高其交易收益，从而促进信息交易的实现。

总之，QFII 在促进中国资本市场效率建设方面，上市公司是不容忽视的，结合资源优化配置的有效引导和激励，通过对上市公司的公司治理领域的制约来促进上市公司的规范化运行。

2. 国内其他投资者路径

中国资本市场投资者主要包括个人投资者（通常又称为散户）、公募基金、社保基金、养老基金、保险资金、企业法人资金、私募基金等。其中个人投资者在中国资本市场的比例较大，这是区别于发达国家资本市场较为明显的一个特征。个人投资者比较分散，其金融专业知识不足，而且又不具备信息优势，经常在资本市场中追涨杀跌，另外，个人投资者持股比例较低，很难形成市场合力，对上市公司的公司治理领域进行制约。因此，个人投资者在资本市场中只能通过短期价格的博弈获取利润。在中国资本市场的发展历程中，在资产定价领域，个人投资者一直没有扮演正面的角色。而公募基金，其所持股票市值约占资本市场流通总市值的 23%，这一比例理论上已经能够对上市公司形成公司治理方面的压力。公募基金在中国资本市场上通过规模优势、信息优势等发挥着一定的资产定价的作用。我们通过比较公募基金持有单位净值和市场指数发现，公募基金在市场上的表现优于市场指数，但是优势不明显。

中国公募基金的目标函数一直不明确。从理论上说，公募基金的目标函数是为基金份额持有人赢利，代表目标持有人在资本市场中行使职能。但是中国公募基金主要是国资背景，在资本市场发展的初期，源于国家对资本市场稳定方面的担忧，除了在行政领域的控制外，规制部门担心局面失控，还经常通过投资机构来实现资本市场的控制，所以公募基金在中国的目标函数，在特殊时期可能要代表监管机构，维持资本市场的稳定。比如在有关公募基金管理的文件中，要求限制公募基金在牛市时持股的最高比例和在熊市时持股的最低比例。此外，由于中国资本市场缺乏价值投资理念的引导，公募基金和基金份额持有人之间的委托代理问题较为突出，比如老鼠仓事件、基金管理公司和券商的分仓行为等，都严重地影响了公募基金在资本市场上的资产定价的职能。

社保资金和保险资金在中国资本市场入市较晚，目前其投资份额主要集中于各种固定收益产品方面，尽管股票市场上有一定比例的社保资金和保险资金，但是其投资的股票主要集中在大盘市场，而且交易量不活跃，很难起到提高股票市场定价效率的作用。

QFII 进入中国资本市场始于 2003 年，在 2006 年之后得到了快速发展，QFII 来自国外市场，在投资理论方面，专业扎实，具有较高的专业性；在资产组合的构造方面具有自己的技术优势；在实践方面，其投资能力经过成熟资本市场的洗礼和检验，具有丰富的实战经验，具备市场真正投资人所拥有的素质，因此 QFII 在中国能够克服散户信息劣势、资金规模较小、缺乏投资知识等弊端。和中国公募基金相比，QFII 的目标函数很明确，那就是在中国资本市场上赢利，所以其各种行为和决策都会围绕这个目标进行。此外，QFII 在中国不会像国内机构投资者那样，和上市公司具有各种商业关系，从事着各种违背投资人的意愿的行为，QFII 能够专心于上市公司和市场基本面的研究，通过内生性机制促使上市公司价格与价值达到合一。

外部性理论是研究 QFII 的基础。基于上文理论分析的基础，QFII 进入中国，其业绩表现醒目。起初不被人察觉，随着 QFII 规模的不断扩大，国内机构投资者开始关注 QFII，从学习巴菲特的价值投资到关注当下明星 QFII 的投资组合。投资者（特别是个人投资者）开始跟随和模仿 QFII 的投资组合，这样 QFII 的投资在中国产生了正的外部性，极大地提高了国内机构投资者的投资水平，从金融知识到选股技巧再到资产配置策略都对国内机构投资者产生正的外部性。从这样的路径来看，虽然目前 QFII 在中国的投资比例还不能完全和国内公募基金相提并论，但是可以通过其示范效应，让市场其他投资者学习，促使国内机构投资者成熟，从而从市场交易主体角度推动了中国资本市场效率的提升。

3. 监管机构路径

证券监管机构积极进行资本市场制度建设来促进资本市场效率的提升，引入外来投资者，试图通过开放资本市场来实现中国资本市场的发展。QFII 的制度建设，一方面可以通过引入国际资金来满足中国经济快速发展的需要；另一方面通过资本市场的开放实现对中国资本市场的效率建设。因为 QFII 的机构总部主要集中在发达国家，对世界经济周期的敏感度较高，能够在第一时间掌握世界经济发展的信息和趋势。QFII 通过持仓中国股票，在中国资本市场传递世界经济理念。规制部门为了吸引资金流入国内满足国内企业融资的需要，为了引入 QFII 在中国资本市场进行投资活动，就会不断进行 QFII 制度建设，促使国内股票市场的各项制度与国际资本市场各项制度相一致。中国自开放资本市场以来，先后进行股权分置改革，开展融资融券业务、股指期货业务，发展多层次资本市场，进行注册制度的改革等。这些制度建设和改革是在资本市场开放的大背景下适应国际趋势的必然选择。游家兴（2007）从中国资本市场制度建设角度，验证了中国资本市场制度建设的推进降低了股票价格同步性。制度建设是规制部门的重要工作，要求规制部门充分理解市场，从而高屋建瓴地进行制度建设。但是这点对规制部门要求较高，规制部门不完全具备这样的能力，这是资本市场制度建设的关键约束。制度建设实现的另外一条路径就是倒逼机制，通过市场的不断发展，市场的主体和规制部门在发展中不断学习，根据市场发展的需求来设计相关制度。QFII 制度的引入，加速了中国资本市场效率建设的进程，市场机制的力量会得到充分体现，在这样的市场机制下，倒逼政府积极进行制度的改进。政府在市场力量的冲击下，进行制度建设，制定与国际资本市场相一致的交易规则，从而推进了中国资本市场的国际化进程，实现了资本市场的效率建设。

所以基于规制部门的路径，QFII 主要通过倒逼规制部门积极进行制度建设，制定与世界资本市场相一致的交易规则的路径，来实现资本市场的效率建设。

4.4.2 影响市场参与主体路径的机制研究

1. 投资模仿

QFII 进入中国资本市场初期，凭借其专业的金融知识和在发达国家的投资实践经验，在中国资本市场构造获取超额收益率的投资组合。一旦其所构造的投资组合获得成功，则被市场认可，激发中国投资者购买其发行的投资组合或者是吸引中国具有专业知识的股票投资者进行模仿。尽管国内机构投资者不能完全复制 QFII 投资组合的核心技术和思想，但是他们拓宽了自己的投资技术视野，当自己的条件逐渐成熟时，国内机构投资者自主建立的投资组合就会成功。当然 QFII 制定自己的投资组合及执行自己的投资组合时会对其进行保密，以确保自己的投资实现利润的最大化，但是当其投资组合建仓完成时，其一定会被市场其他投资者所察觉，因为交易系统会有其持仓记录。这样其他投资者就会根据 QFII 上一个季度所持股票构造的投资组合进行模仿。这种模仿路径在国际经济领域中被广泛应用，许多学者对这种路径进行过系统的研究。

国内机构投资者除了通过模仿 QFII 的投资组合外，还模仿 QFII 的选股技巧及其投资策略。股票投资的选择非常关键，QFII 在中国的选股明显异于国内主流机构投资者，QFII 选择的股票具有新经济增长点的特征，会布局一些未来具有发展前景的产业或个股。例如：QFII 自 2003 年进入中国之后，基于中国加入世界贸易组织的大背景，积极布局与国际贸易相关的中国船舶等航运股票；在股权分置改制的背景下，当国人还不理解股权分置改革的含义时，QFII 已察觉中国资本市场的红利，积极配置三一重工等股改的股票；在金融危机爆发后期，面对各国经济刺激计划，面对全球产业升级转型的背景，QFII 积极配置互联网以及具有防御流动性过剩性质的食品饮料行业。在中国经济不断探索前行的时代背景下，QFII 在中国积极配置机场、航空及中国高端白酒等产业。从 QFII 的投资结果来看，其盈利能力及其对经济分析和预判的能力对国内机构投资者均有启发。

在策略实施方面，行业将 QFII 定义为"东邪"。巴菲特曾说过："别人贪婪时我恐惧，别人恐惧时我贪婪。"通过巴菲特的投资哲学可以看出 QFII 的投资方向和大多数人的投资方向相反。当市场有更多人购买股票时，QFII 会在中国市场卖出股票，当更多的人在资本市场卖出股票时，QFII 会选择买入股票。对于这种操作策略，行为金融学曾做过系统研究。其中最重要的一点就是，股票的投资在于未来现金流的贴现，所以过去和现在并不代表未来。在操作策略上，QFII 不惧怕高市盈率的股票，研究者可能会质疑这种理念，认为其不是价值投资，实际上我们仔细研究发现，所谓的价值不是说过去和现在的价值，更多体现的是上市公司未来是否能拥有价值。理论上说，上市公司应该是成长期的公司，而不应该是成熟期的公司，因为成熟期的公司风险较低、收益率较低，是银行重点扶持的对象。上市公司只要存在较大风险，经营低风险资产的银行就不能对其进行金融支持，这时需要具有较高金融风险承担能力的金融组织来对其进行服务。所以 QFII 基于这一理念，选择股票时主要关注股票的成长性，对成长型行业的配置比例较高。对这些股票的选择，需要较高的经济分析和预判能力，这种策略的选择会让国内机构投资者和个人投资者增长见识，提高他们的金融投资素养。

总之，国内机构投资者通过模仿 QFII 的投资行为，实现自身投资水平的提高，从而提升中国股票市场交易水平，实现对资产的准确定价。

2. 市场竞争机制

竞争是市场经济的重要机制，在竞争中适者生存，优胜劣汰。QFII 进入后对国内进行资产管理业务的机构投资者和券商产生竞争性的冲击。在没有 QFII 投资的市场环境下，国内机构投资者和券商机构的投资业绩虽然也饱受份额持有人指责，但是在中国，大家的业绩都差，所以没有比较也就没有压力。当 QFII 进入后，其基于理性投资者的视角，以赢利为目的进行投资活动，从而获取市场利润，在这样的情况下，国内机构投资者会越发感受到压力，因此促使他们积极调整自己的投资组合来获利。在这样的良性竞争机制下，资产组合会显示其优势，国内机构投资者在竞争机制下成长。只有这样，越来越多的个人投资者才会把手中的筹码交给机构投资者，散户投资者退出资本市场。从投资者的角度思考，资本市场的发展成熟过程其实就是机构投资者不断成长、个人投资者不断减少甚至消亡的过程。这是因为，机构投资者拥有专业优势、信息优势、资金优势。这些条件是保证资本市场形成效率市场的前提。市场上所有的人都持有资产组合份额计划，市场上存在大量的机构投资者，机构投资者内部会形成激烈的竞争，大家在竞争中形成市场组合的均衡。所有机构投资者最终都持有相似的投资组合。这些正是资本资产定价模型的均衡条件。

竞争机制是市场经济发展赖以生存的机制，资本市场又是高度浓缩版的市场机制，引入 QFII 实际上就是通过引入外来者的方法使市场竞争加剧，让竞争机制发挥作用，实现资本市场的最终均衡的定价。

3.人才流动机制

外资金融企业拥有完善的公司治理结构和优秀的激励机制。学习和引入其组织和管理模式能够有效提高国内金融机构的效率。其直接有效的方法是，让国内外金融机构人员实现双向流动。

QFII 进入中国后，一般会在中国招聘大量的工作人员，除了招聘国内应届高校毕业生外，主要是招聘国内其他金融机构的从业人员。国内工作人员进入国外证券机构后，会在外资企业的文化和制度环境下工作成长，甚至核心骨干人才会被送到公司总部进行阶段性的培训。由于市场要素流动机制的存在，部分在外企工作的人才会向国内金融机构流动。通过人才流动，国外金融机构先进的投资理念和管理模式被引入本土企业。我们通过观察国内主要机构投资者的招聘信息发现，公募基金管理公司、私募基金管理公司在涉及一些重要的投资职位时，都要求应聘人员具有华尔街金融机构的工作经验，可见人才流动路径的显著性。

人才流动路径的另外一种形式是，国内外证券投资机构会组建中外合资性质的公司，比如中国的公募基金，60% 以上的基金管理公司为中外合资企业。中方金融机构和国外金融机构共同组建的资产管理公司，其经营文化具有双重特征，国外金融投资理念与国内投资理念进一步交融，会更加迅速、直接地实现文化和金融知识的传播，从而通过具体的业务来推进中国资本市场效率建设的进程。

4. 产业链关联机制

产业间的关联角度研究包括横向产业间关联和纵向产业间关联。前文所研究的路径主要体现了横向产业间的关联，本部分将重点研究纵向产业间的关联。纵向产业间的关联主要指企业组织由于上下游的关系，彼此之间会产生业务及服务上的商业关系，从而产生关联。

第一，向上关联机制。为了减少交易信息的不对称性所产生的损失，QFII 会积极运用中国的信息要素，建立信息采集的物流系统，采购上游国内信息产品，由此产生的联系就是向上关联。在资本市场中，券商一直被认为是卖方，而基金管理公司被称为买方，券商通过向投行保荐的职能建立起与上市公司的商业关系，所以券商经常会发布各种投资研究报告。而外来的资产管理公司，在国内信息渠道方面，和国内金融机构相比不具备优势，所以其需要通过券商的研究报告来获取和处理公司层面的信息。此外，国内的交易所系统及各大数据终端服务系统也不同程度地提供了市场上的各种信息咨询。QFII 一般基于市场公平、公开和公正的原则要求信息提供方确保信息的准确性，由于市场上各种信息咨询服务参差不齐，QFII 经常会定期派遣高级技术管理人员对信息提供方提出诉求和要求，甚至会建议他们改进信息提供系统，以提高作业效率。在反复沟通中，券商的研究报告、各大商业数据终端甚至是交易所信息终端的各类信息的质量会有所提高，这极大地提高了市场的信息透明度，为各类投资者提供了透明可信的咨询信息，提高了资产定价的效率。

在发展资本市场过程中，上市公司信息质量一直是资本市场关心的问题，监管机构虽然运用法律等制度不断加强上市公司信息披露的质量，打击股市"黑嘴"扰乱资本市场的行为，加强对社会商业机构信息数据的监管，但是一直没有从根本上解决资本市场上信息不对称的问题。结合 QFII 产业链逻辑来看，其虽然还没有完全起到作用，但这也是在中国资本市场发展过程中解决信息不对称和不完全问题的一种路径。

第二，向下关联机制。产业组织理论认为，向下关联是指上游企业将产品出售给下游企业所形成的联系。在 QFII 的产业向下关联的过程中，QFII 募集资金后形成资产组合，以资产组合的形式对上市公司进行投资。QFII

在投资上市公司时，在前期考察上市公司的基础上做出投资决策，后期会加强对上市公司的监督和公司治理，以确保投资的安全性。在这样的压力下，上市公司会尽职工作，按照 QFII 的预期发展生产和提供服务。资本市场本质上是金融信用发展的高级产物，只有在大家都遵守信任机制的前提下，市场才能形成良性循环。QFII 的投资是在对项目进行评判的前提下做出的选择，QFII 代表了国际市场对项目的判断，其在评选项目时有着严格的要求，被选中的项目代表了国际资本机构对其的认可和信任。所以在这样的情景下，国内上市公司会珍惜国际资本机构对自己的信任，尽职工作，不搞庞氏骗局，从而促进资本市场的良性循环，推动资本市场效率建设的进程。

4.5　本章小结

本章从理论上讨论了外国机构投资者对中国股票市场定价效率影响的主要机制：信息机制、非线性机制及技术溢出效应。在信息机制下，外国机构投资者通过证券交易的形式向股票市场传递了更多的私有信息，市场上以外国机构投资者为代表的信息交易者比例越大，股票信息机制就越显著，进一步研究发现，外国机构投资者通过短中期的动量机制和长期的反转机制，降低股票价格同步性；在非线性机制下，源于市场发展的不成熟和信息不对称条件下的逆向选择，外国机构投资者对中国股票市场定价效率的影响存在非线性规律；在技术溢出效应的研究中，我们发现市场主体的优化和市场竞争环境的改善，最终有利于实现竞争性的均衡以及定价效率的提高。

5 QFII 投资中国 A 股市场

——信息交易的价值投资者?

5.1 引言

QFII 制度的实施,其意义在于培育国内机构投资者、提高上市公司治理能力、引导中国 A 股市场遵循价值投资理念(李蕾和韩立岩,2013)。而引入 QFII 制度最为重要的目的是提高中国股票市场的定价功能,降低中国股票市场价格的同步性,提高股票市场对信息的反应速度,实现经济社会的资源优化配置。Bae 等(2012)以新兴国家股票市场为研究样本,发现外国机构投资者通过股票交易可以实现信息的有效传递,提高新兴国家股票市场的定价效率。在关于外国机构投资者对股票市场定价效率影响的研究中,应该首先确定 QFII 是不是基于信息进行价值投资,若是,通过证券交易行为,股票价格的波动具有更丰富的信息含量。否则,股票价格的波动不是信息含量而是其他别的因素所致。为了研究 QFII 的投资行为的驱动因素,本章对 QFII 的投资行为的性质进行检验,以此来确认 QFII 的投资行为是不是信息交易行为,QFII 在中国是不是价值投资者。

本章运用混合截面数据,构建股票财务收益指标对 QFII 持股比例进行回归。已有文献研究认为上市公司披露的信息与股票收益率之间存在显著的相关性,上市公司正面信息与股票收益率正向相关,上市公司负面信息与股票收益率负向相关;Warfield 等(1995)也以股票收益率方法来测度股票市场的信息含量,研究结果显示,股票收益率与股票市场信息确实存在对应关系。

基于已有文献的研究，如果 QFII 的投资能力与股票财务收益指标存在正向的线性关系，说明 QFII 基于正向信息增加其股票持有量，进一步推演认为，QFII 在中国是基于公司基本面信息进行证券交易的。否则，我们认为 QFII 在中国没有实现价值投资，是基于噪音进行证券交易的。

本章的贡献在于，构建理论与现实的研究框架，讨论了 QFII 基于信息交易的逻辑机制。在实证部分中，为了进一步验证 QFII 是基于信息进行证券交易的，本章对数据样本进行分类验证，研究发现 QFII 在中国基于信息进行证券交易，对不同分类样本的影响具有异质性。本章的研究基于中国单个国家股票市场数据，丰富了 QFII 在中国基于信息进行证券交易的研究文献，为引入国外证券投资机构来提高中国股票市场定价效率提供了充足的证据。

5.2　研究设计

QFII 在中国进行证券投资，根据其交易策略的不同，可以分为基于基本面信息进行证券交易和基于技术面进行证券交易。在基于基本面信息进行证券交易的策略下，其能够通过证券交易和证券持仓的行为向市场传递更多的有效信息。而基于技术面进行证券交易时，QFII 通过对市场技术指标的分析和判断进行交易。在技术交易的策略下，由于信息的非对称性及市场的不完全竞争性，部分交易行为会产生噪音。在噪音交易机制下，QFII 不能向市场传递更多的有效信息，也就不能提高股票市场的定价效率。即使都是基于基本面信息进行的证券交易，如果 QFII 是基于公众信息进行证券交易，其向市场传递的是一般意义的宏观层面的信息；如果 QFII 是基于个股特质性的信息进行证券交易，就能真正提高股票市场定价效率，降低股票价格同步性，从而实现资本市场的资源优化配置。所以验证 QFII 是不是基于信息进行证券交易，意义重大。

5.2.1　QFII 基于信息交易的理论逻辑

1. QFII 策略：投资组合

从理论上看，QFII 是机构投资者中的一种。因而从机构投资者角度来看，QFII 以投资组合的形式来发起投资行为，基于模型（5-1）可以看出，投资组合可以有效分散风险。

$$\delta_p^2 = \sum_i^n \sum_j^n w_i w_j Cov(r_i, r_j) \qquad (5-1)$$

模型（5-1）代表具有多项资产组合的风险，因为各项资产的相关性取值均≤1，所以，资产组合的风险始终比单项资产的投资风险要低。进一步简化模型（5-1），假设资产组合中每项资产的权重相同，则模型（5-1）变为模型（5-2）：

$$\delta_p^2 = \frac{1}{n} \sum_{i=1}^n \frac{1}{n} \delta_i^2 + \sum_{j=1}^n \sum_{i=1}^n \frac{1}{n^2} Cov(r_i, r_j) \qquad (5-2)$$

通过模型（5-2）可知，随着股票数量的不断增加，资产组合的风险不断被降低，直至公司特质性风险降为0。QFII 在构建投资组合时，只要存在收益率较高的证券，就会不断地将较高收益的证券标的纳入投资组合之中。因此，通过这样的分析，我们可以推断，QFII 具有专业性、规模性等优势，在投资中国股票市场时，会以投资组合的形式参与中国股票市场。投资组合具有一定的稳定性，基于投资组合的特征，QFII 在中国股票市场投资时，不会因为市场的噪音而频繁改变自己的投资组合。

2. 有效投资组合构造

源于 QFII 在国外的投资经验及自身的比较优势，其在市场中进行的投资组合，不是一般意义上的投资组合，而是利用其投资技术构造的最优的投资组合，最优投资组合是投资有效边界和 CAL 曲线相切的点位，实现了风险与收益的匹配。最优投资组合是实现市场均衡的前提条件。具有投资经验和投资技术的 QFII，在中国进行金融投资时会构建最优的风险资产组合或次优的风险资产组合。

3. 无风险套利条件的存在进一步触发信息交易的可能性

在资本市场中，我们把投资者不需要持有投资净头寸就可以获利的行为叫做无风险套利，当市场不存在无风险套利时，预示着市场趋于均衡。中国的资本市场，更多是处于非均衡状态的，而且对均衡的偏离程度较高，市场存在巨大的无风险套利空间。因此具有资金优势和技术优势的 QFII 在中国资本市场上进行无风险套利成为可能。

QFII 在套利时会面对没有完全分散风险的套利和充分分散风险的套利。在充分分散风险的套利活动中，QFII 只需比较不同资产组合的收益，从而买进高收益的资产组合，卖出低收益的资产组合，直至两种资产组合收益率趋向一致。

如图 5-1 所示，因为投资组合 A 相对于投资组合 B 具有较高的收益率，所以具有专业优势和资金规模优势的 QFII，会在买入投资组合 A 和卖出投资组合 B 中进行套利，这样的行为会形成一价定律，实现市场的均衡，提高了股票市场的定价功能。

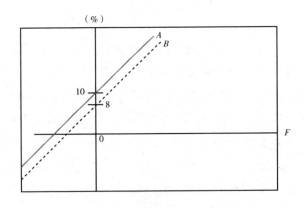

图 5-1　充分分散风险的资产组合的套利机会

当 QFII 持有的投资组合不是充分分散风险的资产组合时，QFII 可以根据其专业优势，在市场上寻找一些被低估的股票，调出被高估的股票，或者通过资金规模优势增加资产组合的股票个数，这样也会促使市场处于均衡状态。

5.2.2　QFII 基于信息交易的现实基础

假设 QFII 为有限理性的市场参与者，其基于基本面信息交易所获得的收益为 R_f，其基于技术面交易所获得的收益为 R_t，基于基本面信息交易所花费的成本是 C_f，基于技术面交易所花费的成本是 C_t，其中 $C_t \geq C_f$，因为 QFII 在中国没有商业关系，对中国商业文化不熟悉，所以在技术面分析中花费的成本要高于其进行基本面分析所花费的成本。在资源禀赋方面，QFII

基于基本面交易的禀赋为 E_f，基于技术面交易的禀赋为 E_t，因为研究表明机构投资者（特别是 QFII）的金融可得性较高，能够把握经济发展规律，且经过成熟国家资本市场价值判断的历练，所以 $E_f \geqslant E_t$（张宗新和杨通旻，2014）。在中国 A 股市场中，基于基本面信息进行交易的投资者的比例为 y，则基于技术面交易的投资者比例为（$1 - y$）。技术面交易和基本面信息交易基于市场行为人的习惯和市场行情而确定。

则存在这样的逻辑关系：

$$R_f = f(E_f), R_t = f(E_t), f'_E > 0, f''_E < 0; \qquad (5 - 3)$$

客观条件：市场中基本面信息交易分析和技术面交易分析的比例会影响 QFII 的基本面信息投资收益和技术面投资收益。

$$
\begin{aligned}
&当 y \leqslant (1 - y) 时：f(E_f) > f(E_t), C_f < C_t \\
&当 y \geqslant (1 - y) 时：f(E_f) 与 f(E_t) 的大小关系不确定, C_f < C_t
\end{aligned}
\qquad (5 - 4)
$$

根据上文的简单逻辑推理，市场上存在更多的技术交易者时，即市场上噪音较多时，则基于技术面交易获取收益的不确定性将会变大，而这时，市场因为存在较少的基本面信息交易者，市场中价格和价值发生背离，此时 QFII 具有较高的基本面信息交易的资源禀赋，QFII 成为市场中价值分析和价值判断的高手，此时存在：

$$f(E_f) - C_f > f(E_t) - C_t \qquad (5 - 5)$$

这样预期均衡解释的存在，决定 QFII 将会采取基本面信息交易的策略。

中国的股票市场，发展时间比较晚，市场中投资者参与股票市场主要通过价格波动来实现获利，上市公司红利发放水平较低。在股票市场中，个人投资者占主体，个人投资者具有较低的金融可得性，价值分析的资源禀赋较低，因此在中国股票市场中，以技术面交易策略为主的技术交易者比例较大。基于这样的逻辑分析，QFII 在较低的价值分析成本的约束下，会基于基本面进行证券交易，从而向市场传递更多基本面信息。

5.2.3　模型扩展

我们把 R_f 分为 F_m 和 F_S，其中 F_m 为基于市场宏观基本面信息进行交易所获得的收益，F_S 为基于个股私有信息进行交易所获得的收益。在模型（5-3）中，基于基本面信息进行交易的投资者的比例较少时，不管是基于市场宏观基本面信息进行交易还是基于个股私有信息进行交易，其收益都高于基于技术面交易所获得的收益。随着基本面信息分析的投资者逐渐增加，市场上基于基本面信息进行交易的投资者的收益逐渐下降，这时市场可能会出现基本面与技术面交易的选择性博弈。但是鉴于机构投资者，特别是 QFII 的投资是组合投资，大量投资者都进行证券分析时，各个机构投资者在这种状态下持有的是一个近似于市场投资组合，这时，基于市场基本面信息进行交易的 QFII 只能在市场上获取平均收益。因此当 $y > (1-y)$ 时，仍然存在 $C_t \geqslant C_f$，在资源禀赋的约束下，只要 $f(E_f) > f(E_t)$，QFII 将会基于信息进行交易。但是一般的信息交易只能获取市场的平均收益，在市场没有实现均衡的情况下，只要存在 $F_S > R_f$，QFII 就不会仅仅基于一般的信息进行交易，因为中国股票市场是非均衡的，个股存在套利机会，此时 QFII 基于公司特质性信息进行交易，能够实现超额收益率，从而提高股票市场的信息效率。可见基于公司特质性信息进行交易是有效市场发展的高级阶段，是市场趋向均衡的条件。

基于上述模型的逻辑推理，我们的疑问是，怎样实证判断 QFII 的行为在中国是信息交易还是噪音交易呢？本章的研究思路认为如果 QFII 是基于基本面信息进行交易，则最终在逻辑上体现为其对上市公司财务估值指标的影响，无论是基于市场基本面信息进行交易还是基于个股私有进行信息交易，均会得到财务估值指标的对应变化。因此本章采用上市公司财务估值指标对 QFII 持仓数据进行回归，以此来检验 QFII 在中国是否坚守了价值投资，以及其投资行为是基于信息交易还是噪音交易。

5.3　实证模型、变量及数据

5.3.1　模型设定及变量选择

为了测试 QFII 是否基于市场基本面信息或个股特质性信息进行价值投资，我们构建了回归模型。如果上市公司股票财务数据得到提升，则 QFII 的持仓行为可以解读为通过挖掘、预测市场信息进行证券交易，QFII 具有选择高价值的上市公司的能力。线性回归模型构建如下：

$$\ln y_{i,t} = \gamma_0 + \gamma_1 QFII_{i,t} + \sum_k \gamma_k Control_{i,t}^k + \varepsilon_{i,t} \qquad (5-6)$$

在模型（5-6）中，$y_{i,t}$ 表示股票 i 在 t 时期的财务收益指标，包括每股收益 EPS、净资产收益率 ROE 和股利分配水平 D。$QFII_{i,t}$ 为股票 i 在 t 时期 QFII 的持仓比例。Control 为系列控制变量，主要包括国内机构投资者的持仓比例 Dinst、股票价格水平 P、上市公司流通市值 Size、股票个股交易量 Volume、股票换手率 Turnover、股票评级机构的家数 Analysts、上市公司第一大股东持股比例 Hold1、上市公司前十大股东持股比例 Hold10、上市公司资产负债率 Lev 以及是否为融资融券标的虚拟变量（是为1，否为0）。为了克服数据非平稳性的特征，被解释变量及主要的控制变量采取对数形式（见表5-1）。

在回归模型（5-6）中，股票财务收益指标对 QFII 的持仓比例进行回归，可以解读为，QFII 的投资行为促进了上市公司财务数据的优化，但是也有可能存在具有良好的财务数据或良好的预期值的股票吸引了更多 QFII 持仓的情况（唐跃军和宋渊洋，2010）。所以，QFII 与财务数据之间存在相互影响的内生性问题。为了克服这一问题，在模型（5-6）的基础上，采取 QFII 持仓比例滞后期项的方法来测度 QFII 的持仓比例与上市公司财务数据的关系，模型（5-6）可以改为模型（5-7）。

$$\ln y_{i,t} = \gamma_0 + \gamma_1 QFII_{i,t-1} + \sum_k \gamma_k Control_{i,t}^k + \varepsilon_{i,t} \qquad (5-7)$$

截至 2017 年第四季度，QFII 在中国的投资额度约为 928 亿美元，约占 A 股流通市值的 4%，QFII 持仓市值占 A 股流通市值的比例相对较小，而国内机构投资者在 A 股流通市值中所占比例具有绝对主导地位。但是国内机构投资者源于其目标函数，不是单纯地为份额持有人赢利，在股票市场上不是完全的投资人。此外，由于中国资本市场发展历程比较短，国内机构投资者在资本市场中没有得到过长时间的历练，加之国内机构投资者对金融文化知识的理解能力较弱，在金融可得性上面临约束。在 QFII 的选择方面，国家源于金融稳定的考虑，在给 QFII 发放牌照时，更多考虑的是国外规模较大、发展较为稳定的机构投资者。这些投资者在海外坚持价值投资，进入中国股票市场后，其价值投资理念及股票市场信息挖掘能力将会对国内机构与投资者起到一定的示范作用。另外，2009 年中国推出融资融券制度，这一制度的出台，标志着市场做空机制的形成。当股票市场出现利多的私有信息时，投资人会通过持有的股票向市场传递利好信息；当市场存在利空隐患时，投资人会运用融券机制卖空股票。融资融券制度增加了市场定价效率的弹性。QFII 诞生于成熟的欧美市场，对市场交易规则把握较为透彻，所以融资融券制度会增加 QFII 投资股票市场的流动性。因此本章结合融资融券制度的作用，进一步考察 QFII 的投资行为。基于国内机构投资者、融资融券制度与 QFII 的逻辑关系研究，模型（5-7）可以引入交叉项目，如下所示：

$$\ln y_{i,t} = \gamma_0 + \gamma_1 QFII_{i,t-1} + \gamma_2 2QFII_{i,t-1}Dinst_{t-1}$$
$$+ \gamma_3 QFII_{i,t-1}Short\_sale \times \sum_k \gamma_k Control_{i,t}^k + \varepsilon_{i,t} \qquad (5-8)$$

表 5-1　变量定义

类别	变量	定义
被解释变量	ln*EPS*	上市公司每股收益的自然对数
	ln*ROE*	上市公司净资产收益率的自然对数
	ln*D*	上市公司每期股利分配水平的自然对数
关键解释变量	*QFII*	QFII 的持仓比例
	Dinst	国内机构投资者的持仓比例
	ln*P*	股票价格水平的自然对数
	ln*Size*	上市公司流通市值的自然对数
	ln*Analysts*	股票评级机构家数的自然对数
	ln*Turnover*	股票换手率的自然对数
	ln*Volume*	股票个股交易量的自然对数
	Hold1	上市公司第一大股东持股比例
	Hold10	上市公司前十大股东持股比例
	ln*Lev*	上市公司资产负债率的自然对数
	Short_sale	是否为融资融券标的虚拟变量，是为 1，否为 0

5.3.2　样本选择和数据描述

QFII 于 2003 年进入中国，在 2011 年之前 QFII 的投资额度相对较小，且我们使用的数据类型为混合截面数据，QFII 每期在投资股票的标的上进行常规更换，因此，为了减少面板数据样本个数的频率，我们把样本的时间压缩，所以采用的样本区间为 2011 年第四季度到 2017 年第一季度。在此期间，市场经历过牛市、熊市及震荡市行情，因此市场经历过一个完整的经济周期，样本选择具有代表性，样本总数量为 4316 个，样本财务数据和交易数据均来自 Wind。

表 5-2 提供了本章所使用的变量从 2011 年第四季度到 2017 年第一季度的描述性统计结果。从表 5-2 中可以看出，QFII 持仓比例的平均值为 1.74，中间值为 0.99，说明 QFII 在中国股票市场的持仓比例小；在上市公司财务指标方面，$\ln EPS$、$\ln ROE$ 和 $\ln D$ 的平均值分别为 −0.95、1.59、−1.98，中间值分别为 −0.87、1.75、−1.95。通过描述统计发现，QFII 的持仓比例与上市公司财务收益率指标总体取值都不高。在控制变量中，国内机构投资者持股比例较高，平均值为 46.54，中间值为 48.60。

表 5-2　2011 年第四季度到 2017 年第一季度研究变量的描述性统计

	QFII	Dinst	lnP	lnSize	lnAnalysts	lnTurnover	lnVolume
平均值	1.74	46.54	2.62	13.56	2.04	4.43	19.96
中间值	0.99	48.60	2.53	13.39	2.20	4.47	19.94
最大值	18.86	102.76	6.14	18.75	3.56	7.49	25.39
最小值	0.01	0.24	0.97	8.78	0.00	−0.95	12.86
标准差	2.50	24.27	0.69	1.53	0.88	1.05	1.20
观测数量	4314	4314	4314	4314	3848	4262	4262
	Hold1	Hold10	lnLev	Short_sale	lnEPS	lnROE	lnD
平均值	38.80	61.06	3.61	0.45	−0.95	1.59	−1.98
中间值	37.18	62.34	3.74	0.00	−0.87	1.75	−1.95
最大值	89.41	98.55	6.74	1.00	2.66	5.59	1.82
最小值	3.55	8.00	−0.09	0.00	−9.21	−4.22	−7.26
标准差	16.78	16.12	0.65	0.50	1.13	1.10	1.08
观测数量	4314	4081	4314	4314	4125	3978	925

资料来源：Wind。

5.4 实证结果与分析

5.4.1 基准回归

表5－3是2011年第四季度至2017年第一季度上市公司财务业绩对QFII持仓项目的基准回归结果，我们分别检验了当期QFII持仓项目和滞后期QFII持仓项目对上市公司财务业绩的影响。其中的第（1）、（3）、（5）列分别进行的是lnEPS、lnROE、lnD对当期QFII项目的回归，回归系数分别为0.0569、0.0414、0.0755，三组回归系数都在1%的显著性水平上显著。第（2）、（4）、（6）列分别进行的是lnEPS、lnROE、lnD对滞后期QFII持仓项目的回归，回归系数分别为0.0581、0.0409、0.0821，三组回归系数都在1%的显著性水平上显著。对比两种方法的回归结果，我们发现不论是财务业绩对当期QFII持仓项目的回归还是对滞后期QFII持仓项目的回归，回归结果系数非常相近，而且显著性水平相同。这说明当期QFII持仓项目不具有内生性，运用当期关键解释变量或滞后期关键解释变量对模型的稳定性影响不大，但是后期在实证中我们运用了滞后期QFII持仓项目，一方面是为了避免内生性问题，另一方面是想尝试验证QFII具有信息提前理性预期的特征。

在控制变量方面，回归结果显示，股票换手率及截距项目的影响为负向，其他控制变量的影响基本为正向。通过表5－3的基准回归结果，我们初步验证，QFII投资对上市公司财务业绩有正向影响，股票换手率对上市公司财务业绩有负向影响，其他指标对上市公司财务业绩有正向影响。

实证结果表明，QFII投资行为促进了上市公司财务指标的优化，在回归时运用QFII滞后项检验了在上市公司财务指标改进之前的QFII的投资行为，证实QFII在中国具有较强的价值选择能力，是基于上市公司基本面信息进行证券交易的。

5.4.2 基于股票市场行情周期进行分组回归

考虑到资本市场的周期性特征，在不同的股市周期中，股票市场可能会出现一些异质性特征（饶育蕾等，2013），本部分将对股市经济周期进行分组检

表 5 – 3 2011 年第四季度至 2017 年第一季度上市公司
财务业绩对 QFII 持仓项目的基准回归结果

自变量	因变量（股票价值信息指标）					
	ln*EPS*		ln*ROE*		ln*D*	
	(1)	(2)	(3)	(4)	(5)	(6)
$QFII_t$	0.0569 ***		0.0414 ***		0.0755 ***	
	(12.2259)		(5.9442)		(6.3730)	
$QFII_{t-1}$		0.0581 ***		0.0409 ***		0.0821 ***
		(12.2726)		(5.8209)		(6.0164)
Dinst	0.0249 ***	0.0038 ***	0.0030 ***	0.0033 ***	0.0170	0.0030
	(3.5374)	(4.7267)	(2.8942)	(2.6778)	(0.0092)	(1.3716)
ln*P*	0.8678 ***	0.9256 ***	0.3370 **	0.6413 ***	0.4140	0.9423 *
	(9.4055)	(8.3455)	(2.4286)	(3.8555)	(0.1635)	(1.8073)
ln*Size*	0.0212	– 0.0505	0.0101	– 0.2456	0.1103	– 0.3657
	(0.2324)	(– 0.4657)	(0.7389)	(– 1.4779)	(0.3101)	(– 0.6952)
ln*Analysts*	0.2620 ***	0.2647 ***	0.1538 ***	0.1082 ***	0.2118 ***	0.2293 ***
	(17.0620)	(14.3560)	(6.5497)	(3.8511)	(5.2631)	(4.3971)
ln*Turnover*	– 0.0914	– 0.1728 *	– 0.0181	– 0.2746 *	– 0.0023	– 0.4947
	(– 1.0117)	(– 1.5823)	(– 0.1335)	(– 1.6753)	(– 0.0066)	(– 0.9444)
ln*Volume*	0.0869	0.1570 *	0.0304	0.2966 *	– 0.06357	0.4247
	(0.9518)	(1.4250)	(0.2212)	(1.7927)	(– 0.1787)	(0.8090)
*Hold*1	0.0019 **	0.0021 *	– 0.0194	– 0.0022	– 0.0011	– 0.0006
	(2.0335)	(1.9913)	(– 1.3173)	(– 1.3770)	(– 0.4434)	(– 0.1902)
*Hold*10	0.00005	– 0.0018 *	0.0047 ***	0.0044 **	0.0082 ***	0.049 *
	(0.5287)	(– 1.5465)	(3.0016)	(2.4247)	(3.0224)	(1.4086)
ln*Lev*	0.1157 ***	0.1332 ***	0.0593 *	0.0438	– 0.2244 ***	– 0.2510 ***
	(5.8015)	(5.6976)	(1.9468)	(1.2408)	(– 4.4297)	(– 3.8650)
C	– 6.0786 ***	– 6.2992 ***	– 0.8872 **	– 2.2500 ***	– 3.5981 **	– 5.9440 ***
	(– 12.6483)	(– 11.1302)	(– 2.223)	(– 2.6440)	(– 2.0720)	(– 2.3606)
Adjusted R^2	0.5869	0.6148	0.1304	0.1457	0.3225	0.3492
N	3505	2585	3373	2484	850	572

注：（ ）内的数值为 t 值的统计量，＊、＊＊、＊＊＊分别代表在 10%、5% 和 1% 的显著性水平上
显著。

验。在周期分类中，我们的选择标准是：股票市场连续出现上涨行情，界定
为牛市；股票市场连续出现下跌行情，界定为熊市。所以，在牛市行情中的
样本选择了 2016 年第一季度至 2017 年第一季度，在熊市行情中的样本选择
了 2012 年第一季度至 2013 年第三季度。表 5 – 4 回归结果显示，在牛市行

情中，lnEPS、lnROE、lnD 对滞后期 QFII 持仓项目回归的系数分别为 0.04396、0.0303、0.06463，显著性水平分别为 1%、5% 和不显著；在熊市行情中，lnEPS、lnROE、lnD 对滞后期 QFII 持仓项目回归的系数分别为 0.0701、0.0504、0.06472，分别在 1%、1%、5% 的显著性水平上显著。分组回归发现，熊市行情与牛市行情相比，QFII 对上市公司业绩影响参数更大。QFII 的行为间接验证了其信息交易的行为特征，不论是在牛市还是在熊市，QFII 的持仓都正向影响了上市公司的业绩。在控制变量方面，结果特征与表 5-3 基本相同。

中国资本市场牛市、熊市行情表现明显，市场经常出现连续牛市和连续熊市的行情，但总体上牛市行情时间较短，熊市行情时间较长。表 5-4 实证检验了 QFII 在熊市行情中价值选择的能力更强，这样的结果与资产定价理论的逻辑也吻合，因为在熊市行情中，很多资产价格被低估，市场基本面信息被忽视，市场存在价值修复情况，这时具有相对理性的 QFII 能够发挥其优势。

表 5-4 基于不同行情的回归结果

自变量	因变量（股票价值信息指标）					
	牛市行情（2016. q1~2017. q1）			熊市行情（2012. q1~2013. q3）		
	lnEPS	lnROE	lnD	lnEPS	lnROE	lnD
$QFII_{t-1}$	0.04396 *** (4.6953)	0.0303 ** (2.1475)	0.06463 (1.0959)	0.0701 *** (6.4693)	0.0504 *** (3.388)	0.06472 ** (2.1803)
Dinst	0.0025 * (1.6625)	0.0007 (0.3098)	-0.0037 (-0.6205)	0.0028 * (1.5044)	0.0061 ** (2.3762)	0.0054 (1.196)
lnP	0.9993 *** (4.3418)	0.2238 (0.6450)	-2.9529 (-0.6644)	0.6814 ** (2.2237)	-0.0152 (-0.0339)	1.2824 (1.3219)
lnSize	-0.0505 (-0.2207)	0.1783 (0.5166)	3.3685 (0.7537)	0.1389 (0.452)	0.3735 (0.8254)	-0.769 (-0.7807)
lnAnalysts	0.1742 *** (4.8886)	0.2426 *** (4.3534)	0.4363 *** (2.6768)	0.3796 *** (9.6474)	0.0607 (1.0705)	0.2887 *** (2.9876)
lnTurnover	-0.2123 (-0.9384)	0.07960 (0.2335)	2.9786 (0.6735)	-0.0324 (-0.1072)	0.2925 (0.6569)	-0.8392 (-0.8539)
lnVolume	0.2430 (1.0600)	-0.1201 (0.3474)	-3.3609 (-0.7519)	-0.1057 (-0.3468)	-0.3508 (-0.7808)	0.8461 (0.8595)

自变量	因变量（股票价值信息指标）					
	牛市行情（2016. q1 ~ 2017. q1）			熊市行情（2012. q1 ~ 2013. q3）		
	ln*EPS*	ln*ROE*	ln*D*	ln*EPS*	ln*ROE*	ln*D*
*Hold*1	0. 0048 **	0. 0020	0. 0091	0. 0029	0. 0084 **	− 0. 0166 **
	（2. 3454）	（0. 6546）	（1. 0000）	（1. 0968）	（ − 2. 2266）	（ − 2. 2887）
*Hold*10	0. 0008	− 0. 0011	0. 0063	− 0. 0079 ***	0. 0091 **	0. 0152 **
	（0. 3293）	（ − 0. 2972）	（0. 6414）	（ − 2. 8625）	（2. 3441）	（2. 1193）
ln*Lev*	0. 2040 ***	0. 089	− 0. 2750	0. 0693	− 0. 09071	− 0. 5027 ***
	（4. 6102）	（1. 2956）	（1. 3394）	（1. 3164）	（ − 1. 2571）	（ − 3. 8912）
C	− 8. 3334 ***	− 0. 5074	13. 1783	− 3. 2737 ***	1. 9225	− 7. 4148 *
	（ − 6. 7729）	（ − 0. 2705）	（0. 6356）	（ − 2. 1443）	（0. 8639）	（ − 1. 5593）
Adjusted R^2	0. 6141	0. 1800	0. 4224	0. 6317	0. 1642	0. 458
N	753	725	85	555	525	101

注：（ ）内的数值为 t 值的统计量，* 、** 、*** 分别代表在 10%、5% 和 1% 的显著性水平上显著。

5.4.3　基于企业性质的实证检验

在上市公司中，有国有企业、民营企业及中外合资企业。前人的文献研究认为，由于不同企业有各自的性质，其盈利能力等会有一定的异质性特征。基于这样的考虑，表 5 - 5 中将样本企业分为国有企业、民营企业及外资企业。表 5 - 5 的回归结果显示，在国有企业和外资企业的样本回归中，财务指标对滞后期 QFII 持仓项目的回归结果不显著，而在民营企业的样本回归中，财务指标对滞后期 QFII 持仓项目的回归系数为正值，且在 10% 的显著性水平上显著。出现这样的异质性的原因是，在中国上市的国有企业产权不清晰，其盈利能力也比较低。而外资上市公司的数量在交易所中所占比例较低，而且 QFII 对外资企业的关注度不高，所以国内的外资企业对于 QFII 来说不具有选择优势。

民营企业的市场化程度相对较高，产权比较明晰，所以盈利能力相对较高。而 Morck 等（2000）的文献也证明了在发展中国家，由于具有较低的产权保护力度，与发达国家相比，发展中国家股票市场的定价效率较低。而 Jin 和 Myers（2006）研究认为公司的透明度也会影响企业的定价效率。民营企业和国有企业相比，由于监管压力及市场主导权较低，为了更好地在市场中获取竞争能力，民营企业上市公司的信息透明度在理论上会高于国有企业。在有效市场领域中，关于小公司效应的解读，也能解释表 5-5 的异质性特征。民营企业相对于国有企业，其市场关注度较低，较多的私有信息没有被市场使用，因此投资民营经济的小企业存在因为信息不对称带来的较高的风险。较高的风险也要求这类企业应该具有较高的收益率，加之 QFII 构造有效投资组合的逻辑，QFII 会调入小公司进行证券交易。QFII 的投资比例与小公司的收益率也显示了 QFII 基于信息金融资产的特质进行交易的基本特征。

5.4.4 基于融资融券制度、国内机构投资者与 QFII 相互影响机制下的回归

融资融券制度是中国为了提高国内股票市场定价效率而推出的一项有效制度。在市场中，交易者通过融资交易，向市场释放利多的信息，通过融券交易向市场传递利空消息。融资融券交易提高了市场的流动性，而流动性又是信息交易的基础。外国机构投资者被认为有条件成为信息交易者，因为外国机构投资者具有资金优势、专业优势以及与投资银行、上市公司具有商业关系。在回归分析中，我们将要证明机构投资者的参与水平是否会提高市场的信息交易水平，降低市场的噪音交易水平。表 5-6 就是基于融资融券业务及国内机构投资者作用机制思考 QFII 在股票市场中对信息交易的影响。表 5-6 中，我们选择上市公司 lnEPS 作为财务指标代表，回归结果显示，在 lnEPS 对 $QFII_{t-1}$、$Dinst$、$Short\_sale$ 的回归中，回归系数分别为 0.0416、0.0028、0.2541，回归系数都为正值，且 3 个回归系数分别在 1%、5%、1% 的显著性水平上显著，结论证明了我们的预期。为了验证在融资融券业务和国内机构投资者的作用下，QFII 的信息交易显著，我们接下来进行 $QFII_{t-1}$ 与 $Short\_sale$、$QFII_{t-1}$ 与 $Dinst$ 的交叉项回归。表 5-6 的第（2）列的回归结果显示，$QFII_{t-1}$ 与 $Dinst$ 相互作用，明显提了信息交易。表 5-6 的第（3）列显示在融资融券业务的作用下，股票市场信息交易增加，QFII 的投资提高了市场的信息交易水平。表 5-6 的第（4）列显示，在既考虑融资融券业务也考虑国内机构投资者的作用下，QFII 与其分别进行交叉回归的结果显示，$QFII_{t-1}$ 与 $Short\_sale$ 的交叉项回归系数为 0.0004，$QFII_{t-1}$ 与 $Dinst$ 的交叉项回归系数为 0.0695，且分别在 5%、1% 的

表 5－5 基于不同企业性质的回归结果

自变量	因变量（股票价值信息指标）								
	国有企业			民营企业			外资企业		
	lnEPS	lnROE	lnD	lnEPS	lnROE	lnD	lnEPS	lnROE	lnD
$QFII_{t-1}$	0.0286 (0.8494)	0.0497 (1.0000)	0.1531 (1.3613)	0.0016 (0.1302)	0.04027* (1.9439)	0.0816* (1.9496)	0.01560 (1.3843)	-0.0230 (-0.6834)	-0.0146 (-0.2549)
Dinst	-0.0016 (-0.8179)	-0.0018 (-0.6148)	0.0037 (0.9851)	0.0044*** (3.8180)	0.0046** (2.4421)	0.0024 (0.7002)	-0.0009 (-0.5714)	0.0049 (0.9652)	0.0186*** (2.6017)
lnP	0.7439*** (2.8429)	0.9409** (2.4667)	1.2668* (1.8825)	0.7846*** (5.4902)	0.4707** (2.0188)	0.3954 (0.4492)	0.5204*** (3.6850)	1.1694*** (2.8413)	0.5451 (0.7008)
lnSize	-0.1018 (-0.3986)	-0.4542 (-1.2202)	-0.7112 (-1.0910)	0.4199 (0.2945)	-0.2844 (-1.2196)	-0.1900 (-0.2147)	-0.0025 (-0.0187)	-0.6537* (-1.664)	0.1520 (0.1877)
lnAnalysts	0.4805*** (12.4547)	0.05779 (0.9692)	0.2305** (2.5036)	0.3123*** (10.2606)	0.1880*** (3.8699)	0.2336*** (2.6466)	0.3483*** (7.0718)	0.3025** (2.1162)	0.7866*** (4.8677)
lnTurnover	-0.0520 (-0.2066)	-0.5713* (-1.5607)	-0.7381 (-1.1307)	-0.025 (-0.1754)	-0.2646 (-1.1328)	-0.2508 (-0.2826)	-2.4848** (-2.1763)	-0.5962* (-1.5778)	-0.2584 (-0.3138)
lnVolume	0.0179 (0.0698)	0.4715 (1.2626)	0.7104 (1.0819)	-0.02865 (-0.1997)	0.3728* (1.5891)	0.1976 (0.2211)	0.2839** (2.0929)	0.7610* (1.9356)	0.2993 (0.3779)
Hold1	0.0019 (0.7087)	-0.0065* (-1.5569)	0.0019 (0.3198)	0.0058*** (2.9301)	0.0041 (1.3063)	0.0062 (1.0297)	-0.0121*** (-5.5738)	-0.0121* (-1.8359)	-0.0270*** (-3.071)
Hold10	0.0096*** (3.1661)	0.0085* (1.8594)	0.0074 (1.1677)	-0.0084 (-3.735)	0.0042 (1.1696)	0.0025 (0.3722)	0.0236*** (7.7823)	0.01329 (1.3951)	0.0229* (1.8598)

续表

自变量	因变量(股票价值信息指标)								
	国有企业			民营企业			外资企业		
	lnEPS	lnROE	lnD	lnEPS	lnROE	lnD	lnEPS	lnROE	lnD
lnLev	0.05296 (0.9787)	0.0908 (1.1140)	-0.2630** (-2.2776)	0.0815** (2.3530)	0.0689 (1.2245)	-0.2844*** (-2.8427)	0.0497 (0.8381)	0.0690 (0.3902)	-0.4872** (-2.3845)
C	-3.333*** (-2.4278)	-2.2565 (-1.1181)	-7.0130** (-2.1286)	-3.814*** (-4.6844)	-3.3244*** (-2.5120)	-3.4790 (-0.7781)	-8.3425*** (-9.0811)	-6.2766** (-2.2424)	-11.480*** (-2.8558)
Adjusted R^2	0.5271	0.1086	0.3396	0.5366	0.1833	0.1200	0.8156	0.2238	0.8703
N	2769	2769	1762	946	923	234	128	121	28

注：（ ）内的数值为 t 值的统计量，*、**、*** 分别代表在 10%、5% 和 1% 的显著性水平上显著。

显著性水平上显著，结论证明了我们的预期。融资融券业务增加了市场的交易量，提高了市场信息交易水平，机构投资者具有信息优势，可以相互影响，提高市场信息交易水平。

表 5 - 6　基于融资融券业务及国内机构投资者作用机制的回归结果

自变量	因变量（股票价值信息指标）			
	lnEPS			
	（1）	（2）	（3）	（4）
$QFII_{t-1}$	0.0416 ***	0.0236 *	0.0011	− 0.0266 *
	（5.9463）	（1.6676）	（0.1140）	（− 1.5685）
Dinst	0.0028 **		0.0036 ***	
	（2.3558）		（4.4787）	
Short_sale	0.2541 ***	0.0688 **		
	（4.9126）	（2.008）		
$Short\_sale \times QFII_{t-1}$			0.0695 ***	0.0004 **
			（6.6089）	（2.0248）
$Dinst \times QFII_{t-1}$		0.0006 ***		0.0695 ***
		（2.5346）		（6.5694）
lnP	0.6276 ***	0.8979 ***	0.8697 ***	0.8468 ***
	（3.7896）	（8.0855）	（7.8836）	（7.6621）
lnSize	− 0.2687 *	− 0.0249	− 0.0162	0.0166
	（− 1.6239）	（− 0.2252）	（− 0.1482）	（0.1517）
lnAnalysts	0.0888 ***	0.2573 ***	0.2996 ***	0.2668 ***
	（3.1425）	（13.7737）	（14.7293）	（14.5216）
lnTurnover	− 0.2619 *	− 0.1687 *	− 0.1114	− 0.1105
	（− 1.6056）	（− 1.5404）	（− 1.0245）	（− 1.0134）
lnVolume	0.2619 *	0.1273	0.0842	0.0631
	（1.5891）	（1.1530）	（0.7666）	（0.5737）
Hold1	− 0.0023	0.0027 **	0.0025 **	0.0030 ***
	（− 1.4428）	（2.4889）	（2.3104）	（2.8387）
Hold10	0.0052 ***	− 0.0007	− 0.001	− 4.9632
	（2.8316）	（− 0.5827）	（− 0.8692）	（− 0.4129）
lnLev	0.0432	0.1387 ***	0.1236 ***	0.1293 ***
	（1.2308）	（5.9115）	（5.3068）	（5.5570）
C	− 1.3685 *	− 5.9379 ***	− 5.4233 ***	− 5.3138 ***
	（− 1.5807）	（− 10.2459）	（− 9.4033）	（− 9.1934）
Adjusted R^2	0.1537	0.6129	0.3211	0.6187
N	2484	2585	2858	2585

注：（）内的数值为 t 值的统计量，* 、** 、*** 分别代表在 10%、5% 和 1% 的显著性水平上显著。

本部分在回归的检验过程中，使用了 QFII 的滞后项，已经克服了回归中所出现的内生性问题，因此没有再进行内生性检验。在稳健性检验的过程中，可以通过构建个股信息水平的指标来进一步检验 QFII 的投资行为是否基于信息交易。但是考虑到信息水平测度的难度，本部分以财务指标作为代理指标，后续研究会在这个领域做进一步探讨。

5.5 本章小结

本章运用投资组合理论及成本收益的选择模型，演绎了 QFII 基于信息交易投资中国股票市场的可能性。为了进一步验证研究假说，本章通过构建上市公司财务指标作为公司特质性信息交易的代理变量，以 2011～2017 年沪深两市的上市公司为考察对象，运用混合截面数据和回归分析方法，实证检验了 QFII 与上市公司盈利能力指标之间的关系。研究发现，QFII 对上市公司盈利能力具有明显的促进作用。分类回归结果发现，在熊市行情中，QFII 对上市公司盈利能力影响更大；民营企业的显著性水平明显高于国有企业和外资企业。因此 QFII 对中国股票市场定价效率的影响具有一定的异质性。本章经过研究还发现，QFII 对上市公司业绩的影响可以通过国内机构投资者和融资融券制度来实现。本章在资产定价领域有所贡献，在 Morck 等（2000）关于股票价格同步性的研究之后，进一步论证了在中国股票市场上较低的 R^2 代表公司特质性信息进行价值投资。而关于 QFII 与公司特质性信息的研究中，我们认为 QFII 在中国基于公司特质性信息进行价值投资，并从开放的视角，为中国资本市场效率建设提供了思路。

6 QFII 投资对股票市场定价效率影响的实证检验

6.1 引言

本章运用实证的方法来验证外国机构投资者是否能够提高中国股票市场的定价效率，在指标选择上，主要是运用股票价格同步性指标。股票价格同步性代表股票特质性的信息含量。为了检验其稳健程度，借鉴 Bae 等（2012）的研究，用价格迟滞指标（Delay）代表股票价格对信息的反应速度进行稳健性检验，从信息包含和信息反应速度两方面实证检验 QFII 对中国股票市场定价效率的影响。虽然关于股票价格同步性指标和价格迟滞指标能否代表股票市场定价效率有一些争论，但是主流研究对此方法均表示支持，而且在第 5 章中我们也验证了外国机构投资者在中国是基于基本信息进行证券交易的。股票同涨同跌反映了公司同质化的市场特征，导致市场资源优化配置的功能丧失。降低股价同涨同跌的属性，对于股票市场的效率建设具有重要的意义。而关于价格迟滞指标，其构造原理是基于尤金·法玛的有效市场理论，其具有稳定的理论基础，体现了股票价格对市场信息的反应速度，价格迟滞指标的使用是对股票价格同步性指标的有力补充。

本章的研究的主要贡献是：第一，运用股票价格同步性与价格迟滞两个关于定价效率的指标，分别从信息包含和信息反应两个角度讨论了外国机构投资者对中国股票市场的定价效率的影响；第二，通过行业数据和个股数据检验了外国机构投资者在中国股票市场上的效率表现；第三，根据经济周期类型、企业性质类型及上市公司上市板块进行样本数据分类，实证研究发现，牛市行情相对于熊市行情定价效率略低，QFII 对国有企业的定价效率的影响低于民营企业；第四，本章检验了外国机构投资者与股票市场定价效率之间的非线性关系。

本章具体内容安排如下：6.2 进行研究假说推导；6.3 为模型构建及变量说明；6.4 是基于股票价格同步性指标进行稳健性检验，检验 QFII 投资对股票市场信息含量的影响；6.5 是基于信息反应速度等指标，进行系列稳健性检验；考虑到文章可能存在内生性问题，6.6 进行了系列内生性检验；6.7 为本章内容的总结。

6.2 逻辑研究假说

资本市场是现代市场经济高度发展的产物，资本市场在经济增长、融集资金、资源优化配置、促进国有经济改革及发展中国特色社会主义市场经济中起着重要作用，因此，建立高效的资本市场，意义重大。股票价格能否引导资源实现优化配置取决于其反映企业真实信息的能力的大小，即定价能力，而这种能力是衡量一个国家证券市场运行效率的重要标志（黄俊和郭照蕊，2014）。各方一直积极努力建设具有高效定价机制的股票市场，QFII 制度是其中的一项重要措施。QFII 诞生于成熟型的资本市场，通常坚守价值投资理念，注重挖掘公司特有价值信息。从信息搜索和甄别来看，相对于投资散户，QFII 更易获取信息，常被认为是市场的知情交易者。QFII 能够发挥规模经济的作用，以较低成本拥有专业的职业分析师团队，其获取信息及处理信息的能力远胜自然人投资者（邓川和孙金金，2014）。在信息的传递方面，被 QFII 持股的企业很可能向市场传递其盈利能力强、公司治理好的信号。凭借其价值投资理念以及其获取信息和处理信息的能力，QFII 可以对股票真实和潜在发生的一些信息进行充分反应，对国内市场的各项资本市场元素产生正向引导作用，从而提高股票市场的定价效率。通过以上分析，我们认为，QFII 提高股票市场定价效率的第一个方式是通过交易向市场传递有效的信息，Bae 等（2012）研究发现，QFII 具有较高的国际投资眼光和金融素养，能够更娴熟地处理和使用各种信息，通过交易的方式将所掌握的私有信息传递到股票价格上。

QFII 进入中国后，通过资本输入和交易行为来影响国内股票市场定价效率。QFII 进入中国对国内股票市场定价效率的影响还体现在：通过市场机制作用来影响市场主体行为，从而促进市场参与主体的优化，进而提高定价效率。市场主体主要包括上市公司、国内机构投资者、政府等。QFII 可以通过市场机制（竞争机制、技术示范、人员流动、产业链关联）促使市场参与主体优化。就上市公司而言，QFII 积极主动参与上市公司的治理，约束内部股东的行为，甚至可以通过为上市公司发展建言献策等方式促进上市公司主体优化，QFII 也可以通过市场的方式选择未来有发展前景的上市公司，从而实现资源的优化配置。就国内机构投资者而言，资产定价的理论前提是买方市场投资主体的理性、买方主体的专业技术门槛，只有具备这些条件时，国内机构投资者才有可能构建最优投资组合，才有可能发现市场的套利机会，这些特质对从需求端思考股票市场定价效率具有启迪作用。在引入 QFII 以后，基于竞争机制、技术示范等市场机制实现国内机构投资者的专业技术升级，从而为最优投资组合的构建准备了条件。就政府制度建设而言，在引入 QFII 以后，QFII 在成熟资本市场中的投资习惯和要求会推动国内资本市场的制度建设，包括法律的颁布、会计准则的修订以及交易制度的完善，从而为资本市场的成熟发展准备了制度条件。因此可以总结：QFII 通过股权的持有博弈，实现对上市公司的制衡；通过较高水平的投资技术实现对其他投资者的示范作用等，提高股票市场的定价效率。基于以上两个角度的讨论我们可以推导出假说 1。

假说 1：引入 QFII 为中国资本市场带来了资金和技术，QFII 通过资金交易向市场传递更多的私有信息，通过专业投资技术促进了市场主体的优化，进而提高了股票市场的定价效率。

中国股票市场起步较晚，市场发展一直比较缓慢，股票市场的功能没有得到较好的发挥，股票价格波动剧烈。QFII 投资中国，难免会受到这些情况的影响。此外，中国上市公司治理结构还有待规范，金融诚信生态系统还不够完善，QFII 在中国持股具有一定的优势以后，其风险敞口就会暴露。在信息渠道方面，与国内机构投资者相比，QFII 不具备明显优势，所以一旦市场行情不清晰，QFII 就会针对国内机构投资者采取跟随动作，形成羊群效应（许年行等，2013）。假设国内机构投资者持股比例较高，监管机构经常会在非常时期采取一些行政管制的措施来抑制金融风险的爆发，但是对于 QFII 而言，可能会存在政府监管不到位和监管不灵的情况。我们通过研究文献发现，QFII 持仓水平和中国股票市场定价效率之间不是线性关系，其持股超过一定比例后会降低股票市场的定价效率（Lim et al.，2016），导致金融市场风险的暴露。

在中国资本市场开放初期，因为政府对待外来投资者相对比较谨慎，对其监管较为严格，通过层层筛选，选择的 QFII 都是国外的成熟金融机构，这些金融机构经营都比较稳健，倡导价值投资和长期投资。在资产组合配置方面，初期国外金融资产组合在中国股票市场中的配置比例相比全球资产配置比例较低，即使中国资本市场发生大幅波动或其他不确定性事件，对国外金融机构的冲击相对有限，所以 QFII 在中国的投资组合会比较稳定。随着中国金融市场开放力度的加大，除较大型、较为稳健型的投资机构进入中国投资外，一些中小型 QFII 也开始纷纷登陆中国资本市场，这样，中国资本市场上的 QFII 主体身份发生了较大变化。这时，QFII 在中国的资产组合占全世界的资产组合的比例开始上升，中国股票价格的波动，会对其整个资产组合产生重大的冲击，这种情况会加大其对中国资本市场的关注，增加中国资本市场波动的弹性。另外，在 QFII 眼中，一直认为中国股票市场发展不成熟，中国实体经济还不是纯粹的市场经济，在中国具有较大的政策性风险。中国股票市场的规模居世界前列，一旦 QFII 在中国的持仓增加到一定比例，QFII 对中国股票市场的关注程度上升，加之中国资本市场发展的不成熟及政策的不确定性、全世界股票市场的竞争性发展、国际汇率水平的波动等因素交织影响，就会导致国际资金大幅流入与流出，带来市场的波动，甚至对股票市场的稳定产生巨大的冲击，股票市场定价功能就会遭到破坏。

基于逆向选择的逻辑角度，在资本市场开放初期，国家监管力度较大，这样能够进入国内的 QFII，大多资质较好、规模较大、投资风格较为稳健以及坚守价值投资和长期投资。所以其进入中国后，会遵守中国政府的制度，延续其在成熟资本市场上的投资行为，因此在市场上发挥正向作用。随着金融自由化程度的不断提高，一些资质较差、规模较小的 QFII 会陆续进入中国，这样市场上泥沙俱下。加之国内机构投资者对 QFII 的投资品种的关注度不断提高，当优秀的 QFII 投入成本对投资标的进行积极的价值挖掘时，其他资质较差的 QFII 及国内机构投资者就会模仿跟随，并在短期内将股票价格推到较高的位置，导致积极进行价值挖掘和判断的优秀的 QFII 的收益率下降，这种"搭便车"的行为，最终导致更多的 QFII 降低其价值挖掘的积极性，股票市场定价效率开始下降。基于以上的分析我们得出假说 2。

假说 2：QFII 投资中国股票市场的规模与中国股票市场的定价效率之间不是纯粹的单调递增关系，而是在其投资规模达到一定比例后，会导致股票市场定价效率下降。

研究美国股票市场会发现，美国股票价格指数总体上呈现价格黏性上涨的趋势，难道美国股票价格指数不进行调整吗？通过大量文献实证研究发现，美国股票市场的调整不是通过价格下降来实现，而是通过每股收益上涨来挤压市场。因此，华尔街市场上价值投资大行其道。反观中国股票价格指数，牛市和熊市交替出现，价格变化长期来看呈现横盘性趋势，市场行情总是在暴涨暴跌中交替进行。中国股票市场通过价格的大幅度调整来实现价值发现，市场经常呈现大幅波动，破坏了市场稳定，影响了资本市场服务实体经济的功能发挥。基于这样的事实，QFII 投资中国，在牛市和熊市投资过程中对股票市场的定价效率的影响是否都是永恒的？在牛市行情里，市场交易量活跃，交易噪声较大，价格呈现明显的同步性（饶育蕾等，2013），所有股票均呈现不同程度的上涨趋势，而一些资质较差的上市公司，在资金大量涌入后，其股票价格更多的是基于资金的推动而上涨，而人们此时已经忽略市场所面对的利空信息，市场出现狂热状态，资质较差的公司搭了资质较好的公司的"便车"，市场资产定价功能下降。作为机构投资者，公司特有型信息在噪声过多的交易中被掩盖，由于价格的趋势性上涨，QFII 也会跟随价格指数买入股票，使市场价格更加背离价值，市场并不能通过价格来区分优秀的上市公司和劣质的上市公司，因而资产定价功能下降。而在熊市的行情里，价格不断下跌，甚至会出现一些极端行情，如中国股票市场历史上曾出现的 998 点和 1664 点，这时很多股票的价格已经严重低于其内在价值，市场出现大量的价值洼地，而机构投资者，特别是 QFII，因为其价值理念以及在成熟资本市场的投资经历，这时其相对于个人投资者来说具有有限理性，这时进行仓位建设，成本较低，在长期的投资策略中，会实现稳定的收益率。资本市场从实践上看也遵守价格围绕价值上下波动的内在规律，市场需要一个具有修复性的行情，因此在熊市行情时 QFII 加仓买入股票，这一特征可依靠国家外汇管理局公布的 QFII 每季度的投资额度来佐证。在熊市行情中，QFII 的投资稳定了市场，对市场价格进行了矫正，减少了股票市场的同步性。在熊市行情中，很多投资者因为恐慌，开始撤离市场，市场交易量的大幅下降更多是因为系统性的风险及流动性的紧张，市场定价功能丧失，QFII 制度是中国政府的一项制度建设，在这时，中国政府经常会通过实施宽松的货币政策，向市场注入资金，包括在熊市行情时政府会放松对 QFII 资金流入的审批，鼓励更多的国外流动性资本流入中国，虽然市场有一定的风险，但 QFII 考虑到长期投资，会利用这个机会申请投资额度进入中国市场。在 QFII 的眼中，中国经济增长的事实是存在的，只是政策管制导致其不能大幅度进入市场。因此在经济周期的背景下，QFII 投资中国股票市场是否具有一定的异质性，值得进一步进行实证检验，由此可以得出两个对立性质的命题。

假说 3a：在牛市行情中 QFII 投资对股票市场定价效率影响不显著，在熊市行情中，QFII 的投资会提高股票市场的定价效率，减少股票价格同步性。在牛市与熊市行情中，QFII 对股票市场定价效率的影响具有一定的异质性。

假说 3b：不论是在牛市行情中，还是在熊市行情中，QFII 都能影响中国股票市场定价效率，减少股票价格同步性。

中国证券监管部门一直致力于建立多层次的资本市场，为中国各个层次的企业提供金融支持。在中国存在主板市场、中小板市场以及创业板市场，三个板块的市场对企业的上市要求有一定的差异。其中在主板市场上市的企业主要是大市值的国有企业，在中小板市场上市的企业则是中型市值的国企、集体企业及民营企业，而在创业板市场上市的企业则主要是中小微类型的民营企业。

对于主板市场上的大型国有企业来说，国有企业在中国不是纯粹的企业生产者，国有企业除了赢利以外，还担负着促进中国经济转型发展、政治稳定、社会就业等重要的经济责任、政治责任、社会责任。此外，国有企业政企产权不清晰、运营效率较低、产业发展及升级速度较慢，这些特征都严重限制了中国经济高速发展的步伐。国有企业市值较大，与国民经济发展相关度极高，市场信息的透明度较高，QFII 对待国有企业的态度是怎样的呢？

能否通过投资交易来提高国有企业的定价效率呢？能否通过实现市场主体优化的路径来降低国有企业的股票价格同步性呢？

　　而对中小微企业来说，其特征是：在社会上缺乏政治资源支持，要想在市场中生存，唯有将产品和服务做好，才能得到市场的认可，所以其在经营过程中，会尽可能地完全按照生产者的角色运行。另外，中小微企业都是在改革开放后期建立起来的，具有新经济的特征，中小微企业所做的产业处于产业发展的初创期和发展期，所以这些企业的特质性较强，而国有企业所从事的行业都是成熟稳定型行业。同行业下的国企，每家经营的能力和商业发展模式高度相似；同行业下的中小微企业，各企业间可能具有较为明显的盈利模式的区别。QFII 选股时主要是基于企业的发展和盈利能力进行筛选。QFII 在中国缺乏政治资源的优势，在中国不存在和产业间的商业利益关系，会将市场中具有产业发展前景及盈利能力强的企业筛选出来，从而降低股票价格同步性，提高了资产价格的定价效率。据此我们提出以下两个假说。

　　假说 4a：不论是主板市场还是中小板市场，不论是国有企业还是民营企业，QFII 投资均能提高股票市场的定价效率。

　　假说 4b：对于主板市场上的国有企业，QFII 投资对股票市场定价效率的影响不显著；对于中小板市场上的民营企业，QFII 投资能够降低其股票价格同步性，提高股票市场定价效率。

6.3　模型、数据及描述性统计

6.3.1　模型

　　本节的基本假设是，QFII 制度是我国资本市场中的一项开放创新性制度，有利于发挥中国股票市场价格发现的功能，提高资本市场资产定价的效率，QFII 持仓与中国股票市场定价效率的关系基于前文的假说推断，可能存在非线性关系。参考李志生等（2015）的模型设定方法，我们构建本节的研究模型：

$$Efficiency_{i,t} = \alpha_0 + \gamma_1 \times QFII_{i,t} + \gamma_2 \times QFII_{i,t}^2 + \gamma_3 \times Controls_{i,t} + \varepsilon_{i,t} \quad (6-1)$$

模型中的 i 和 t 分别代表了研究样本个体和时间，$Efficiency_{i,t}$ 表示 t 时刻股票 i 的定价效率，解释变量 $QFII$ 为 QFII 持仓市值占行业流通股比例，解释变量 $QFII^2$ 为 QFII 持仓市值占行业流通股比例的平方项目，$Controls$ 为系列控制变量。

为了检验 QFII 与股票市场定价效率的非线性关系，模型（6-1）中设置了二次项，根据导数关系，则存在：$\dfrac{\partial Efficiency}{QFII} = \gamma_1 + 2\gamma_2 QFII$。根据研究的预期假设，QFII 投资如果能够降低股票价格同步性，且存在非线性关系，则预期 $\gamma_1 < 0$，$\gamma_2 > 0$。根据二次项求导的结果，可以确定，拐点的位置是：

$$\frac{\partial Efficiency}{QFII} = \gamma_1 + 2\gamma_2 QFII = 0$$

$$QFII = \frac{-\gamma_1}{2\gamma_2}$$

6.3.2 变量选择

1. 目标变量——股票市场定价效率

①价格同步性指标

价格同步性指标是借鉴 Roll（1988）的 R^2 的方法以及 Mork 等（2000）的研究，采用 CAPM 模型，获得市场对个股的解释能力的指标 R^2，具体过程为：

$$r_{i,t} = \alpha_i + \beta_{i,t} r_{mar,t} + \varepsilon_{i,t} \tag{6-2}$$

模型（6-2）中，$r_{i,t}$ 是所研究的样本个股在 t 期间的周收益率，由于中国个股红利分配较少，所以周收益率只考虑股票价格波动所带来的收益率。$r_{mar,t}$ 为市场指数加权周收益率，本节采用的是中国资本市场中具有代表性的指数——沪深 300 指数，代表市场收益率。根据计量经济学原理，R^2 在模型（6-2）的回归中，其含义是市场收益率对个股收益率的解释程度。因此 R^2 越大代表股价波动被市场解释的程度越深，市场波动的同步性就越强。股票表现出同市场大盘同涨同跌的特征。根据模型回归的 R^2，为了保证变量服从于正态分布，对其进行对数转换变为：

$$Synchronicity = \ln\left(\frac{R^2}{1-R^2}\right) \tag{6-3}$$

模型（6-3）为价格同步性指标，价格同步性指标越大，代表股票市场定价效率越低，相反，则定价效率越高。在一些文献中，研究者也经常使用价格非同步性指标，价格非同步性指标为价格同步性指标的相反数，可以表示为：

$$idio = \ln\left(\frac{1 - R^2}{R^2}\right) \tag{6-4}$$

②价格迟滞指标

Hou 和 Moskowitz（2005）认为可以利用股票的价格对市场信息的反应速度来测度定价效率的一个特征，其方法是构建市场收益率滞后指标（Bae et al.，2012）。如果单一股票收益率能够对当期市场收益率产生充分反应，则认为股票价格对信息反应速度快，资产定价效率高；如果单一股票收益率不能对市场当期收益率产生充分反应，而是在后续的时间里充分吸收反应，从而形成反应的滞后特征。这种特征可以通过滞后阶的单因素模型扩展形式来体现（Bae et al.，2012）。

$$r_{i,t} = \alpha_i + \sum_{k=0}^{n} \delta_{i,k} r_{mar,t-k} + \sum_{k=0}^{n} \beta_{i,k} r_{ind,t-k} + \varepsilon_{i,t} \tag{6-5}$$

Bae 等（2012）认为用股票价格对信息的反应速度来体现股票市场的定价效率，便于操作和验证。假如股票价格能够对市场信息迅速反应，则在模型（6-5）中，市场和行业股票指数收益率的滞后期系数接近于0，也就说是股票价格主要取决于当期市场的信息，当期市场的信息占股票定价的权重比较大，市场对当期市场的信息产生了迅速反应，股票市场的定价效率就高。相反，模型（6-5）中，股票 i 的收益率不仅取决于当期市场和行业股票指数的收益率，还受制于市场及行业历史滞后期的收益率，所以在此模型里，市场和行业股票指数收益率的滞后期系数就不显著为0，偏离0的绝对值越大，就意味着股票对市场信息的反应速度越慢，股票市场的定价效率越低。基于 Bae 等（2012）的观点和判断，对模型（6-5）进行回归后，构建两个不同的价格迟滞指标来测度股票市场的定价效率。根据需要，本节构建如下两个约束模型。

$$r_{i,t} = \alpha_i + \beta_{i,t} r_{mar,t} + \varepsilon_{i,t} \tag{6-6}$$

$$r_{i,t} = \alpha_i + \beta_{i,t} r_{mar,t} + \sum_{k=0}^{n} \beta_{i,t-k} r_{mar,t-k} + \varepsilon_{i,t} \tag{6-7}$$

利用 2006～2017 年的数据，对模型（6-7）进行总体回归得到可决系数 R^2_-，然后令市场收益率滞后项数值为 0，即得到模型（6-6），对模型（6-6）进行回归得到 R^2_u。借鉴 Hou 和 Moskowitz（2005）测度价格迟滞的方法，我们构造模型（6-8），这就是价格迟滞的变量表达式。直观上看 Delay 值越小，说明股票收益率对历史的市场信息的依赖程度越低，股票价格用来吸收市场信息所需的时间越短，从而定价效率越高。

$$Delay = 1 - \frac{R^2_u}{R^2_-} \qquad (6-8)$$

2. 解释变量

①关键解释变量

关键解释变量为 QFII 持仓市值占行业流通股比例及其平方项目，上市公司每个财务报告期都会报告投资者的类型。上市公司财务报告也会报告上市公司前十大股东的持仓，沪深交易所在其信息披露中会定期公布 QFII 持仓股票数额的变动情况。

关键解释变量利用持仓数据，显示了 QFII 对其投资标的的看法。关键解释变量还可利用上市公司交易的数据比例。但是考虑到投资的长期性，QFII 的持仓比例比上市公司的交易数据比例更能显示其投资的长期性和稳定性。交易数据可能受到一些市场的随机扰动因素的影响，而持仓数据能更好地体现投资基于的基本信息，但是持仓数据可能会过滤掉一些对信息的反应，考虑到研究的价值属性，本节运用持仓比例来代表关键解释变量。

②控制变量

为了考察 QFII 对股票市场定价效率的影响，必须控制一些影响股票市场定价效率的其他变量。一些标准的实证研究主要集中于交易领域，交易领域的一些细节会影响信息与股票价格之间的融合程度。交易领域的一些制约因素为：短期卖空限制、股票二级市场交易量、市场较高的交易成本。还有一些实证研究结果认为，交易者的特征也会影响股票价格对基本面信息的反应速度，这些投资者主要包括本地的自然人投资者、保险证券基金机构投资者和 QFII，这些投资者对信息的反应速度是不同的。

为了考察这些控制变量的影响，本章的控制变量包括上市公司流通市值

Size、股票价格水平 *P*、国内构投资者的持仓比例 *Dinst*、股票评级机构的家数 *Analysts*、交易量 *Volume*、换手率 *Turnover*、上市公司第一大股东持股比例 *Hold*1、上市公司前十大股东持股比例 *Hold*10、上市公司资产负债率 *Lev* 和股票加权平均市盈率 *PE*。

首先考虑上市公司规模，根据李志生等（2015）的研究，上市公司规模会影响股票价格及其波动性，较大市值的上市公司具有较大的影响力，市场关注度也会较高，本节所考察的公司规模用流通股票的市值的自然对数来代表。其次，国内外实证研究发现，证券的交易量和股票市场定价效率具有很强的相关关系。较低的交易量预示有较高的交易摩擦，从而会阻碍信息拥有者进行证券交易，相反，流动性充裕的证券市场，信息拥有者会进行积极的交易从而实现价格发现的功能，提高证券市场定价效率。因此本节选取股票个股交易量和股票换手率两个指标作为控制变量。再次，国内机构投资者的行为也会对定价效率产生影响，所以我们引入国内机构投资者的持仓比例及股票评级机构的家数作为控制变量。最后，我们引入市场中能反映股票基本价值信息的指标，如股票加权平均市盈率、上市公司资产负债率、上市公司股东持股比例等指标，这些指标在价值分析中经常备受关注，引入这些指标，可以增加模型的完整性。有学者研究发现卖空机制有利于提高股票市场的定价效率。李志生等（2015）通过面板实证分析发现，中国推出融资融券制度改变了中国股票市场价格发现机制，提高了股票市场的定价效率，定价效率与融资融券的数量呈正相关关系。本节在控制变量中引入了融资融券这一虚拟变量，但是后文将在稳健性检验中使用行业指数进行实证，为了保持和基本回归数据模型的一致性，所以暂时不考虑融资融券指标，这一问题将在下一章的研究中进行阐释。表 6-1 对本章所用的变量做了简要整理，后文的研究将针对这些变量进行实证分析。

6.3.3 数据来源及统计描述

1. 混合截面个股数据描述性统计

本节以沪深两市被 QFII 持仓的股票作为研究样本，市场范围为：2013年第一季度到 2017 年第一季度的 3576 个观测样本数据，并对一些数据进行

表 6 - 1　变量定义

类别	变量	定义
被解释变量	$Synchronicity$	根据公式(6 - 2)、(6 - 3)计算所得
	$idio$	根据公式(6 - 2)、(6 - 4)计算所得
	$Delay$	根据公式(6 - 5)、(6 - 6)、(6 - 7)、(6 - 8)计算所得
解释变量	$QFII$	QFII 持仓市值占行业流通股比例
	$QFII^2$	QFII 持仓市值占行业流通股比例的平方项目
控制变量	$Dinst$	国内机构投资者的持仓比例
	$lnSize$	上市公司流通市值的自然对数
	$lnVolume$	股票个股交易量的自然对数
	$lnAnalysts$	股票评级机构的家数的自然对数
	$lnTurnover$	股票换手率的自然对数
	$Hold1$	上市公司第一大股东持股比例
	$Hold10$	上市公司前十大股东持股比例
	$lnLev$	上市公司资产负债率的自然对数
	lnP	股票价格水平的自然对数
	PE	股票加权平均市盈率

剔除：（1）剔除 QFII 持仓时间较短的数据，因为这些数据说明 QFII 只是在某个时段偶尔持仓，数据缺乏代表性，所以我们在研究中将其剔除；（2）剔除停牌及被交易所特别处理的股票。样本数据主要通过 Wind 获得，不能在 Wind 中搜集到的数据，则通过 CSMAR 数据库进行搜集整理。

表 6 - 2 是对所有变量进行的描述性统计，可以发现，QFII 对中国股票的持仓比例的平均值为 1.70%，中间值为 0.97%，最大值为 18.86%，最小值为 0.01%。可以看出，目前 QFII 在中国股票市场的持仓比例总体还不高，这是由于政府的审批额度的限制。观察股票价格同步性指标和价格迟滞指标，我们发现股票价格同步性指标的平均值为 -1.22，中间值为 -0.98，价格迟滞指标的平均值为 -1.55，中间值为 -0.25。描述性统计总体显示数据平稳。

2. 平衡面板行业持股数据描述性统计

本章在稳健性检验中，考虑到基于最小二乘法的混合数据的回归可能存在的遗漏问题，因此用行业数据进行了面板数据模型的检验。基于 QFII 持仓的稳健性检验，本章所使用的数据主要来源于中国证券登记结算有限公司、

表 6-2 所有变量描述性统计

	QFII	QFII²	Dinst	lnP	lnSize	lnAnalysts	lnTurnover	lnVolume
平均值	1.70	8.91	46.76	2.64	13.63	2.06	4.49	20.06
中间值	0.97	0.95	48.94	2.55	13.45	2.20	4.53	20.02
最大值	18.86	355.57	102.76	6.14	18.75	3.56	7.28	25.39
最小值	0.01	0.00	0.24	0.97	8.78	0.00	-0.95	12.86
标准差	2.45	34.08	24.37	0.68	1.49	0.88	1.04	1.19
偏度	3.91	5.96	-0.17	0.84	0.54	-0.76	-0.56	0.23
峰度	20.30	40.58	2.14	5.52	3.59	2.86	4.48	4.44
观测数	3576	3576	3576	3576	3576	3196	3524	3524
	Hold1	Hold10	lnLev	PE	Short_sale	Synchronicity	Delay	
平均值	38.81	61.29	3.61	72.95	0.48	-1.22	-1.55	
中间值	37.12	62.49	3.73	31.50	0.00	-0.98	-0.25	
最大值	89.41	98.55	6.74	800.00	1.00	1.62	0.00	
最小值	3.55	8.00	-0.09	-115.65	0.00	-8.91	-447.16	
标准差	16.75	15.95	0.64	1410.71	0.50	1.34	11.74	
偏度	0.43	-0.18	-0.93	56.68	0.06	-1.28	-23.80	
峰度	2.61	2.63	4.21	3342.33	1.00	5.65	750.55	
观测数	3576	3539	3576	3576	3576	3393	3393	

上海证券交易所和深圳证券交易所，经 Wind 整理后形成，时间跨度为 2006年第一季度到 2015 年第四季度，频率为季度面板数据。选择季度数据是因为监管当局及数据统计机构每个季度公布 1 次 QFII 的投资情况。之所以选择时间界限从 2006 年开始，是因为中国从 2003 年开始，推出跨境证券资本流动的制度，即 QFII 制度，开始引入国外的证券投资者。从 2003 年到 2006年，QFII 在中国的投资额度相对较小，股票市场真正的发展是从 2005 年股权分置改革及中国汇率改革之后，股权分置改革和汇率改革促进了金融市场化的发展，其影响和作用也很大，由于篇幅限制，本节不对此问题进行专门讨论。在 2006 年之后，QFII 的投资额度也开始显著增加。我们在回归中运用的是 QFII 投资股票的行业数据进行稳健性检验，以保证我们运用平衡面板数据进行回归。

表 6-3 给出了本节研究所用到的所有变量的描述性统计，我们采用季

度调整数据，样本观测数为 1120 个，样本的截面数为 28 个申万一级行业。从描述性统计结果发现，价格迟滞指标的平均值为 0.2125，而李志生等（2015）的数据研究发现，中国股票市场的个股的平均价格迟滞水平为 0.3367。这一对比说明中国股票的行业价格指数的迟滞水平较低，也就是说中国股票的行业价格指数的定价效率比个股的定价效率要高。表 6 - 3 中，*QFII* 的平均值为 1.971，这一数值很小，但考虑到中国资本市场目前还未完全开放，虽然其数值很小，但是 QFII 投资中国股票市场会产生示范效应，其他机构投资者可能会跟风模仿，所以实际上其起到的作用要远远大于数据所显示的水平。其他控制变量数据显示良好，后文将利用这些数据进行实证分析。

表 6 - 3　行业数据变量描述性统计

	Delay	*QFII*	ln*Turnover*	ln*Volume*	ln*Size*	*PE*
平均值	0.2125	1.971	0.7361	19.9559	25.9951	103.9661
中间值	0.1439	1.340	0.7832	19.8901	26.3621	77.2800
最大值	0.9993	16.060	2.2976	23.5426	29.7121	9016.6700
最小值	0.0001	0.000	-1.7720	17.1247	22.0384	-8700.0000
标准差	0.2139	2.136	0.6446	0.9684	1.7802	435.8175
观测数	1120	1120	1120	1120	1120	1120
样本截面数	28	28	28	28	28	28

3. 面板单位根检验

由于本章使用平衡面板数据，为了保证面板数据的平稳性，本章对数据进行了单位根检验，主要运用了 IPS、Breitung、LLC 三种方法进行检验。其中 Breitung 检验和 LLC 检验都是在相同根情形下的单位根检验，而 IPS 检验是在不同根情形下的单位根检验。三种检验方法的原理都基本相同，将检验的值与临界值进行比较，若大于临界值就拒绝原假设，认为数据不存在单位根。

表 6 - 4 对本章主要的变量进行了三种单位根检验，检验结果显示，*QFII*、*QFII*² 、*Delay* 的 IPS、Breitung、LLC 的检验值都很大，都明显大于各自的临界值，数据不存在面板单位根，我们可以对数据直接进行实证。由于篇幅限制，其他变量的单位根检验未给出。

表 6 – 4　面板单位根检验

面板单位根检验方法	$QFII$	$QFII^2$	$Delay$
IPS 检验	– 19. 5752 ***	– 19. 5725 ***	– 28. 8755 ***
Breitung 检验	– 17. 7267 ***	– 17. 7234 ***	– 22. 3378 ***
LLC 检验	– 23. 563 ***	– 23. 5568 ***	– 30. 5751 ***

注：* 、** 、*** 分别表示在 10% 、5% 和 1% 的显著性水平上显著。

6.4　回归结果分析

在本节回归分析中，考虑到不同研究个体在市场中的作用，我们采用了混合截面数据的截面加权广义最小二乘法（EGLS），以克服异方差和自相关的非球形假设。

我们使用这种方法是基于 QFII 投资的个股数据进行回归，并且根据不同的分类做了相应的实证检验。

6.4.1　基于全样本基准回归

表 6 – 5 为全样本 EGLS 基准回归结果。表 6 – 5 中第（1）～（4）列分组回归结果均显示，QFII 的投资对股票价格同步性的影响系数为负数，$QFII^2$ 的回归系数为正值，而且均在 1% 的显著性水平上显著。回归结果验证了前文的假说 1 和假说 2，即 QFII 在中国投资降低了股票市场的价格同步性，提高了股票市场定价效率，但是随着 QFII 投资规模达到一定比例后，会导致股票市场定价效率下降，QFII 投资与股票市场定价效率之间存在"倒 U"形关系。表 6 – 5 中第（1）列只是考虑价格同步性对 $QFII$ 及 $QFII^2$ 的回归；表 6 – 5 中第（2）列在回归中加入了体现股票市场技术交易指标的变量，包括国内机构投资者的持仓比例 $Dinst$、上市公司流通市值的自然对数 $lnSize$、股票换手率的自然对数 $lnTurnover$ 以及股票评级机构家数的自然对数 $lnAnalysts$；表 6 – 5 中第（3）列加入上市公司基本面的部分指标，包括上市公司第一大股东持股比例 $Hold1$、上市公司前十大股东持股比例 $Hold10$、股票加权平均市盈率 PE 及上市公司资产负债率的自然对数 $lnLev$；

表 6 - 5 中第（4）列是基于全体解释变量的回归。基于分组回归结果，我们发现控制变量在对股票市场定价效率的影响方面，国内机构投资者持股能够显著降低股票价格同步性，说明机构投资者在市场上扮演着理性投资人的角色；股票评级机构家数、股票换手率指标也显著降低了股票价格同步性，说明被股票评级机构关注的股票市场定价效率会提高，而换手率较高的股票意味着市场私有信息活跃，人们基于私有信息进行交易。上市公司流通市值、上市公司资产负债率指标及上市公司第一大股东持股比例对股票价格同步性影响为正数，说明上市公司规模越大、上市公司资产负债率越高的股票及上市公司第一大股东持股越集中的股票，股票价格同步性就越高，定价效率就越低。

以表 6 - 5 中第（1）列为例，QFII 持股比例每上升 1 个单位，会导致股票价格同步性下降 0.0657 个单位。二次项拐点位置是：$QFII = \dfrac{0.0657}{2 \times 0.0098} = 3.35$。在 QFII 持股比例达到 3.35% 后，外资继续持股将会导致股票价格同步性上升。

表 6 - 5　全样本 EGLS 基准回归结果

	Synchronicity			
	（1）	（2）	（3）	（4）
QFII	- 0.0657 *** (- 29.9731)	- 0.0411 *** (- 17.2905)	- 0.0207 *** (- 4.4862)	- 0.02961 *** (- 5.0461)
$QFII^2$	0.0098 *** (29.7775)	0.0059 *** (42.6965)	0.0006 *** (15.0789)	0.0052 *** (12.5270)
Dinst		- 0.0060 *** (- 25.2571)		- 0.0063 *** (- 14.2925)
lnSize		0.2521 *** (44.9510)		0.2393 *** (35.1523)
lnAnalysts		- 0.08710 *** (- 22.9849)		- 0.0886 *** (- 10.0191)
lnTurnover		- 0.2042 *** (- 31.3642)		- 0.2178 *** (- 26.4236)
Hold1			0.0059 *** (15.8659)	0.0030 *** (5.7951)

	Synchronicity			
	（1）	（2）	（3）	（4）
Hold10			− 0. 0009 ***	− 0. 0035 ***
			（ − 2. 8352）	（ − 7. 0781）
lnLev			0. 2725 ***	0. 1021 ***
			（30. 8286）	（14. 1635）
PE			8. 0523 ***	− 0. 0003 ***
			（2. 3521）	（ − 4. 3954）
C	− 1. 1996 ***	− 3. 2607 ***	− 2. 4027 ***	− 3. 2743 ***
	（ − 92. 7235）	（ − 37. 4065）	（ − 54. 0551）	（ − 40. 2882）
R^2	0. 2278	0. 2879	0. 4644	0. 6690
N	3393	3102	3358	2978

注：（ ）内的数值为 t 值的统计量，＊、＊＊、＊＊＊分别代表在 10%、5% 和 1% 的显著性水平上显著。

6.4.2 基于股票市场行情周期分类回归

资本市场存在牛市与熊市交替的过程。而在中国资本市场上，呈现熊长牛短的格局。在不同的股票经济周期中，资本市场会表现出异质性的特征，特别是针对机构投资者的大量研究文献发现，机构投资在牛市、熊市不同行情中有不同的投资表现和策略。那么 QFII 在中国股票市场的牛市与熊市行情中表现如何？这是本分类中所要关注的重点。表 6 – 6 和表 6 – 7 的回归结果显示，不论是牛市行情，还是熊市行情，QFII 投资均降低了股票价格同步性，而且都在较高的显著性水平上显著。而通过对 $QFII^2$ 的考察，我们发现 $QFII^2$ 的回归系数也均为正值，且具有较高的显著性水平。因此可以认为，不论是在牛市行情中还是在熊市行情中 QFII 均能够提高股票市场定价效率，QFII 对股票市场定价效率的影响均是非线性的，呈"倒 U"形，也就是说在牛市和熊市行情中，QFII 对股票市场的影响在达到一定临界值后会导致股票市场定价效率下降。根据二次项计算公式，以表 6 – 6 中的第（1）列的回归数据进行 QFII 持仓拐点的计算，$QFII = \dfrac{0.0796}{2 \times 0.0109} = 3.65$，即，在熊市行情下，QFII 持仓比例达到 3.65% 后，股票价格同步性开始上升。以表 6 – 7 中第（1）列的回归数据计算，QFII 的持仓拐点是：$QFII = \dfrac{0.0527}{2 \times 0.0089} = 2.96$。

表 6 – 6　熊市行情样本 EGLS 回归（2015. q3 ~ 2017. q1）

	Synchronicity			
	（1）	（2）	（3）	（4）
QFII	− 0. 0796 *** (− 12. 5902)	− 0. 0481 *** (− 5. 4661)	− 0. 0257 *** (− 4. 8588)	− 0. 0252 *** (− 2. 4804)
QFII²	0. 0109 *** (12. 9007)	0. 0075 *** (10. 1668)	0. 0067 *** (9. 2199)	0. 006 *** (− 7. 5143)
Dinst		− 0. 0008 *** (− 2. 5854)		− 0. 0013 *** (− 3. 8441)
lnP		− 0. 2748 *** (− 34. 8202)		− 0. 255 *** (− 21. 7009)
lnSize				
lnAnalysts		0. 1011 *** (12. 1320)		0. 0934 *** (− 9. 2821)
lnTurnover		− 0. 3032 *** (− 22. 4222)		− 0. 3133 *** (− 33. 8780)
lnVolume				
Hold1			0. 0087 *** (17. 5861)	0. 0051 *** (9. 2407)
Hold10			− 0. 0021 *** (− 5. 6461)	− 0. 0061 *** (− 8. 4093)
lnLev			0. 3039 *** (13. 4352)	0. 1786 *** (15. 3104)
PE			7. 8345 *** (4. 0586)	6. 5145 *** (0. 7186)
Short_sale				
C	− 1. 1960 *** (− 40. 4954)	0. 7013 *** (8. 7887)	− 2. 5762 *** (− 24. 4743)	0. 2263 *** (2. 7438)
R^2	0. 1228	0. 8638	0. 9898	0. 7878
N	1337	1187	1323	1173

注：（ ）内的数值为 t 值的统计量，＊、＊＊、＊＊＊分别代表在 10% 、5% 和 1% 的显著性水平上显著。

进一步研究发现，在熊市行情中，QFII 的回归系数的绝对值明显大于在牛市行情中 QFII 的回归系数的绝对值。这说明，尽管在牛市、熊市行情中，QFII 均能促进股票市场定价效率的提高，但是在熊市行情中对股票市场定价效率的作用更大。而 $QFII^2$ 的计算结果表明，其在熊市行情时出现的拐点要比在牛市行情时出现的拐点晚一些。这对我国外汇股票监管工作有很大的启发作用，在熊市行情中可以鼓励 QFII 进行股票投资，而在牛市行情中应尽可能向 QFII 提示风险，减少其对市场的破坏作用。实证检验可知，QFII 投资中国股票，不论是在牛市行情中，还是在熊市行情中，都会对中国股票市场定价效率产生影响，都存在非线性关系，实证验证了假说 3b。

表 6 - 7　牛市行情样本 EGLS 回归（2013. q1 ~ 2015. q2）

	Synchronicity			
	（1）	（2）	（3）	（4）
QFII	- 0. 0527 ***	- 0. 0428 ***	- 0. 0330 ***	- 0. 0087 **
	（ - 21. 9756）	（ - 8. 1076）	（ - 5. 5321）	（ - 1. 9342）
$QFII^2$	0. 0089 ***	0. 0069 ***	0. 0071 ***	0. 0046 ***
	（28. 0013）	（19. 1297）	（15. 5008）	（12. 3091）
Dinst		- 0. 0025 ***		- 0. 0005 *
		（ - 7. 2582）		（ - 1. 4764）
lnP		- 0. 3298 ***		- 0. 3331 ***
		（ - 50. 9491）		（ - 35. 8138）
lnSize				
lnAnalysts		0. 1541 ***		0. 1366 ***
		（26. 2590）		（18. 6564）
lnTurnover		- 0. 3677 ***		- 0. 3655 ***
		（ - 38. 4448）		（ - 58. 9815）
lnVolume				
Hold1			0. 0003 ***	0. 0024 ***
			（6. 0524）	（6. 3183）
Hold10			0. 0004 ***	- 0. 0079 ***
			（1. 0389）	（ - 12. 8892）
lnLev			0. 2232 ***	0. 0722 ***
			（33. 0975）	（7. 1061）
PE			- 0. 0002 ***	- 0. 00002 ***
			（ - 7. 2783）	（ - 2. 8578）
C	- 1. 2026 ***	1. 1725 ***	- 2. 1702 ***	1. 2026 ***
	（ - 44. 7913）	（18. 8949）	（ - 55. 0513）	（15. 3501）
R^2	0. 2797	0. 9510	0. 6726	0. 9912
N	2056	1825	2035	1805

注：（）内的数值为 t 值的统计量，*、**、*** 分别代表在 10%、5% 和 1% 的显著性水平上显著。

通过全样本回归分析和分经济周期的回归分析，我们可以推断，QFII 持股中国股票市场，对中国股票市场定价效率影响的临界值在4%左右。

6.4.3 基于不同性质的企业回归

在中国的上市公司中，国有企业所占的融资规模比例较高，民营企业及外资企业的融资规模比例远低于国有企业。中国不同性质的企业在经营和盈利能力方面有着显著性差异。考虑到国有企业和民营企业的性质区别，我们对其进行回归对比。表6-8 和表6-9 的回归结果显示，在国有企业样本的回归中，第（1）列 QFII 的回归结果不显著，第（3）列 QFII 的回归结果也不显著，而在民营企业样本的回归中，QFII 的回归系数均为负数，且回归结果均显著。这样的结果说明，在中国资本市场的发展中，关键的问题是国有企业，因为国有企业规模较大，在资本市场中具有举足轻重的作用。而基于回归结果的分析，可以认为，QFII 对国有企业的定价效率影响不显著，可能是因为国有企业规模过大，QFII 在国有企业中的投资比例较低。大量研究文献也发现，QFII 在中国的股票选择方面，对国有企业性质的股票配置比例较低，这是因为国有企业本身存在体制性的顽疾，以及在中国存在很多非市场化的因素阻碍国有企业的运行。根据回归结果，我们试图从国有企业改革的视角，为我国资本市场建设提供建议。

表6-8　国有企业样本 EGLS 回归

	Synchronicity			
	（1）	（2）	（3）	（4）
QFII	− 0.0034 （− 0.1786）	− 0.0592 *** （− 3.4172）	− 0.0056 （− 0.6066）	− 0.0451 *** （− 2.8789）
$QFII^2$	0.0043 *** （2.4563）	0.0064 *** （3.8492）	0.0038 *** （3.0983）	0.0045 *** （3.1019）
Dinst		− 0.0052 *** （− 6.3960）		− 0.0044 *** （− 4.9644）
lnSize		0.1247 *** （8.9235）		0.1454 *** （14.8486）
lnAnalysts		0.0023 （0.1455）		0.0126 （1.1821）

	Synchronicity			
	（1）	（2）	（3）	（4）
ln*Turnover*		− 0. 2619 *** （ − 20. 3315）		− 0. 2402 *** （ − 28. 4823）
*Hold*1			− 0. 0015 （ − 1. 3146）	− 0. 0027 *** （ − 2. 8206）
*Hold*10			0. 0081 *** （5. 7509）	− 0. 00002 （ − 0. 2831）
ln*Lev*			0. 1010 *** （5. 5817）	0. 0372 * （1. 7589）
PE			7. 5765 （0. 5856）	− 0. 0004 *** （ − 5. 3224）
C	− 0. 9587 *** （ − 48. 8346）	− 1. 2204 *** （ − 5. 7524）	− 1. 7738 *** （ − 18. 7590）	− 1. 6899 *** （ − 10. 5291）
R^2	0. 1318	0. 4842	0. 8667	0. 8264
N	1643	1457	1621	1436

注：（　）内的数值为 t 值的统计量，*、**、*** 分别代表在 10%、5% 和 1% 的显著性水平上显著。

通过观察 *QFII*[2] 的回归结果，可知不论是国有企业还是民营企业，在中国都存在"倒 U"形的规律，而且在 1% 的显著性水平上显著。

表 6 - 9　民营企业样本 EGLS 回归

	Synchronicity			
	（1）	（2）	（3）	（4）
QFII	− 0. 0342 *** （ − 7. 1939）	− 0. 0290 *** （ − 2. 0579）	− 0. 0139 * （ − 1. 6535）	− 0. 0176 * （ − 1. 6066）
QFII[2]	0. 0056 *** （5. 4446）	0. 0063 *** （6. 3061）	0. 0043 *** （4. 0639）	0. 0052 *** （5. 5542）
Dinst		− 0. 0078 *** （ − 18. 7847）		− 0. 0085 *** （ − 17. 11）
ln*Size*		0. 2371 *** （27. 7055）		0. 2403 *** （28. 1035）

续表

	Synchronicity			
	(1)	(2)	(3)	(4)
ln*Analysts*		− 0. 1344 *** (− 7. 9252)		− 0. 1274 *** (− 7. 9225)
ln*Turnover*		− 0. 1915 *** (− 14. 5675)		− 0. 1947 *** (− 11. 8886)
*Hold*1			0. 0043 *** (15. 3052)	0. 0040 *** (4. 4953)
*Hold*10			− 0. 0048 *** (− 11. 7716)	− 0. 0023 ** (− 2. 4852)
ln*Lev*			0. 0927 *** − 19. 5932	− 0. 0382 *** (− 3. 5141)
PE			− 8. 5343 *** (− 5. 0575)	− 9. 2556 (− 0. 7795)
C	− 1. 5433 *** (− 38. 6500)	− 3. 1015 *** (− 27. 4374)	− 1. 7326 *** (− 40. 5100)	− 2. 9877 *** (− 17. 3786)
R^2	0. 5166	0. 5870	0. 4650	0. 8475
N	1366	1199	1360	1193

注:( ) 内的数值为 t 值的统计量，＊、＊＊、＊＊＊分别代表在 10%、5% 和 1% 的显著性水平上显著。

国有企业相对于民营企业来说，其市值较大，在社会生活中受到的关注度较高，从逻辑上看，国有企业的信息效率应该更高一些。但是实证检验结果显示，QFII 对国有企业定价效率的影响是不显著的，具有不稳定性，因此可以验证假说 4b。

6.4.4 基于市场不同层次分类回归

中国监管机构致力于建立多层次的资本市场，更好地为不同级别的企业进行金融服务。在中国有主板市场、中小板市场以及创业板市场。我们根据上市公司的板块分布进行分类，分为主板市场和中小创市场，并对不同板块上市的企业进行实证研究。

表 6 - 10 的实证结果表明，在主板市场上，QFII 对价格同步性的影响

不稳定。在第（1）列中，*QFII* 的系数为负数，但是显著性不高，在第（3）列中，*QFII* 的系数为负数，但是完全不显著；只有在第（2）列和第（4）列中显著。这说明，QFII 在主板市场上，对股票市场定价效率的影响不稳定。在表 6-11 中，通过对中小创市场的考察，我们发现 *QFII* 系数为负数，且非常显著，QFII 在中小创市场对股票市场定价效率有着很稳定的促进作用，也进一步验证了假说 4b。

表 6-10　主板市场样本 EGLS 回归

	Synchronicity			
	（1）	（2）	（3）	（4）
QFII	- 0. 0162 *	- 0. 04176 ***	- 0. 0101	- 0. 0351 ***
	（- 1. 6147）	（- 8. 8487）	（- 1. 3514）	（- 3. 7152）
QFII^2	0. 0058 ***	0. 0057 ***	0. 0052 ***	0. 0048 ***
	（7. 4434）	（9. 6301）	（8. 1463）	（6. 1151）
Dinst		- 0. 0053 ***		- 0. 0051 ***
		（- 40. 5186）		（- 7. 8226）
ln*Size*		0. 1981 ***		0. 1749 ***
		（39. 7093）		（20. 9345）
ln*Analysts*		- 0. 0477 ***		- 0. 03673 ***
		（- 12. 0072）		（- 5. 1535）
ln*Turnover*		- 0. 1992 ***		- 0. 2144 ***
		（- 32. 6461）		（- 25. 2886）
*Hold*1			0. 0017 **	- 0. 0011 *
			（2. 2796）	（- 1. 8366）
*Hold*10			0. 0046 ***	- 0. 0001
			（5. 1535）	（- 0. 2048）
ln*Lev*			0. 1495 ***	0. 1174 ***
			（9. 2547）	（6. 4337）
PE			3. 3012	- 0. 0002 *
			（0. 3106）	（- 1. 6968）
C	- 1. 0408		- 1. 9471 ***	- 2. 5291 ***
	（- 11. 9816）		（- 28. 5078）	（- 22. 3928）
R^2	0. 1806		0. 2062	0. 6518
N	2197		2162	1928

注：（ ）内的数值为 t 值的统计量，* 、** 、*** 分别代表在 10% 、5% 和 1% 的显著性水平上显著。

在对 $QFII^2$ 的回归中发现，不论是在主板市场，还是在中小创市场，QFII 对股票市场定价效率的影响都是非线性的，具有"倒 U"形特征。在这方面的实证结果和前文的研究高度一致，这说明在中国引入 QFII 确实可以提高股票市场定价效率。但是其促进作用具有一定门槛效应，QFII 投资规模超过一定的临界值之后，对股票市场定价效率将会起抑制性作用。

表 6 - 11   中小创市场样本 EGLS 回归

	Synchronicity			
	（1）	（2）	（3）	（4）
QFII	- 0. 0488 *** (- 8. 6326)	- 0. 0284 *** (- 3. 1301)	- 0. 0442 *** (- 3. 9324)	- 0. 0284 ** (- 2. 0987)
$QFII^2$	0. 0098 *** (26. 7990)	0. 0077 *** (13. 2739)	0. 0094 *** (14. 4716)	0. 0075 *** (8. 8479)
Dinst		- 0. 0081 *** (- 16. 0028)		- 0. 0091 *** (- 16. 0952)
lnSize		0. 1870 *** (21. 6477)		0. 2113 *** (21. 7165)
lnAnalysts		- 0. 0784 *** (- 11. 1096)		- 0. 1101 *** (- 7. 1590)
lnTurnover		- 0. 2116 *** (- 21. 2381)		- 0. 2283 *** (- 13. 5693)
Hold1			0. 0016 * (1. 4869)	0. 0005 (0. 5426)
Hold10			- 0. 0046 *** (- 4. 7162)	0. 0027 ** (2. 3620)
lnLev			0. 0695 *** (5. 2773)	- 0. 0326 * (- 1. 9457)
PE			- 1. 6234 (- 0. 030)	- 0. 0001 (- 1. 2568)
C	- 1. 6059 *** (- 16. 5671)	- 2. 5401 *** (- 23. 4599)	- 1. 5882 *** (- 23. 7066)	- 2. 7217 *** (- 14. 7263)
R^2	0. 6917	0. 6092	0. 8776	0. 7810
N	1196	1050	1196	1050

注：（ ）内的数值为 t 值的统计量，＊、＊＊、＊＊＊分别代表在 10%、5% 和 1% 的显著性水平上显著。

实证结果表明，QFII 投资非国有企业、非主板市场的上市公司，更能够降低股票价格同步性。这说明，这些类型的企业具有较大的异质性特征，更需要有专业素养的理性机构投资者来进行选择，以此来实现市场的优胜劣汰。

6.5 稳健性检验

6.5.1 混合截面数据结构下的稳健性检验

根据前文的研究，股票价格同步性基于 R^2 转化所得，股票价格同步性指标反映的是股票的特有信息含量，是定价效率测度的一种方法。根据 Hou 和 Moskowitz（2005）的研究，可以构造价格迟滞指标 $Delay$，用来衡量股票价格对信息的反应速度，这一指标值越大代表历史市场信息对当前股票价格的贡献越多，这一指标值越小，代表当前市场信息对股票价格的贡献越多。价格迟滞指标 $Delay$ 与股票价格同步性指标 $Synchronicity$ 的区别是：$Synchronicity$ 反映的是股票同涨同跌的无差异属性，而 $Delay$ 反映的是股票价格对当期市场收益率的反应速度。当期市场收益率对个股收益率解释程度越高，说明股票对信息的反应速度越快。通过对不带有滞后项的市场收益率及带有滞后项的市场收益率分别进行回归，根据不同的回归结果所得的 R^2 构造出 $Delay$。$Delay$ 值越小，说明股票收益率对历史的市场信息的依赖程度越低，股票价格用来吸收市场信息所需的时间越短，股票市场定价效率越高。我们使用混合截面的个股数据，用 $Delay$ 置换被解释变量 $Synchronicity$，来检验是否与回归结果具有一致性，判断研究逻辑关系的稳健性。

通过表 6 - 12 与表 6 - 5 的对比发现，在表 6 - 12 中，QFII 对 $Delay$ 的影响方向也为负向，而且都十分显著，也就是说，QFII 的投资降低了股票价格迟滞性，提高了股票市场定价效率。而 $Delay$ 对 $QFII^2$ 的回归中，$QFII^2$ 的系数全部为正数，且显著性水平很高，或者说 $Delay$ 和 QFII 的关系不是单调递减的，而具有非线性特征，在 QFII 投资达到一定比例后，QFII 的投资会增加股票价格迟滞性，定价效率由上升转为下降趋势。换用价格迟滞指标 $Delay$ 之后，回归结果与表 6 - 5 一致，这样的实证结果进一步验证了假说 1 和假说 2。

表 6 - 12　混合截面稳健性检验（EGLS）

	Delay			
	（1）	（2）	（3）	（4）
QFII	− 0. 01906 *** （ − 2. 8831）	− 0. 0511 *** （ − 10. 9875）	− 0. 0107 * （ − 1. 5720）	− 0. 0243 *** （ − 26. 6791）
$QFII^2$	0. 0019 *** （4. 3944）	0. 0033 *** （9. 4917）	0. 0079 * （1. 7210）	0. 0090 *** （12. 7145）
Dinst	− 0. 0011 ** （ − 2. 4576）		− 0. 0081 ** （ − 2. 4321）	− 0. 0015 ** （ − 2. 3215）
lnP	− 0. 2729 ** （ − 2. 0020）			
lnSize	0. 1711 （1. 2647）		0. 2247 *** （3. 8117）	
lnAnalysts	0. 1403 *** （11. 0934）		0. 04497 （0. 5873）	
lnTurnover	− 0. 3033 ** （ − 2. 2505）		− 0. 1546 * （ − 1. 8650）	
lnVolume	0. 1186 （0. 8788）			
Hold1	0. 0067 *** （12. 2933）			0. 0275 *** （24. 0939）
Hold10	− 0. 0157 *** （ − 25. 3269）			− 0. 03022 *** （ − 26. 4038）
lnLev	− 0. 1478 *** （ − 9. 3379）			− 0. 0287 （ − 1. 4628）
PE	− 0. 0001 （ − 1. 1253）			1. 0523 *** （2. 6114）
C	− 2. 5602 *** （ − 4. 0807）		− 2. 8192 *** （ − 2. 8327）	− 0. 6035 *** （ − 6. 7045）
R^2	0. 7745	0. 2002	0. 1492	0. 6732
N	2978	3933	3012	3358

注：（）内的数值为 t 值的统计量，＊、＊＊、＊＊＊分别代表在 10%、5% 和 1% 的显著性水平上显著。

　　在控制变量方面，表 6 - 12 回归结果与表 6 - 5 高度一致。说明不管是用股票价格同步性指标，还是用价格迟滞指标，都显示了 QFII 对股票市场定价效率的正向影响及其影响的非单调性特征。

6.5.2 基于平衡面板数据的稳健性检验

前文的实证研究，是基于混合截面数据进行的检验，考虑到样本的异质性可能会影响研究结论的稳健性，本部分进行平衡面板数据检验。在选择平衡面板数据时，由于QFII每期持仓样本变化较大，所以为了提高研究的可靠性，本节采用行业持仓数据来验证所研究的假说。我们选择市场上具有代表性的申万一级行业指数作为样本，QFII投资个股时，源于时间周期的影响，在不同的时点上，其持仓经常有一些较大的变化，行业收益率的选择能有效克服样本在不同时点上的非异质性。

1. 基于申万一级行业指数的总体回归

基于前文的准备，利用2006～2015年中国A股市场季度平衡面板数据，使用固定效应、随机效应和混合市场OLS的方法对目标模型进行回归估计，以此来确定QFII持仓与中国股票市场定价效率的关系。

表6－13展示了申万一级行业总体数据的模型回归结果，我们进行了针对 Delay 的混合OLS回归、固定效应回归和随机效应回归。三种回归结果表明，QFII 与 Delay 之间负向相关，且显著性水平较高，说明QFII持仓会促进行业价格指数的定价效率的提高，在中国引入QFII有利于提高中国股票市场的信息传递速度和定价效率。但是通过对 $QFII^2$ 的值进行回归，我们发现其系数为正，$QFII^2$ 的值增加会导致价格迟滞值变大。对比 QFII 的回归分析，我们认为 QFII 与 Delay 之间存在不单调的关系，也就说 QFII 的持仓比例的增加会导致股票市场定价效率提高，但是 QFII 持仓达到股票市值的一定比例后，定价效率值不但不会提高反而还会下降，这样的结论值得我们深思，本结论验证了假说1和假说2。至于QFII持仓的临界值是多少，由于中国目前的QFII持仓在现实中还没达到这个临界值，所以无法提供数据进行验证。Lim 等（2016）通过研究马来西亚股票市场发现，在马来西亚股票市场，当外资投资该国股票市场的市值不足30.51%时，随着外国投资的增加，该国的股票市场的定价效率会不断提高，但是当外国投资的比例超过30.51%时，该国股票市场的定价效率会下降。基于中国目前证券账户还没有完全开放，外资投资中国股票市场还没达到临界值，所以还无法做详细的实证研究。在表6－13的回归中，在控制变量方面，股票换手率 Turnover、

股票个股交易量 *Volume*、上市公司流通市值 *Size* 的系数总体表现显著。通过表 6-13 可知，股票换手率与股票市场定价效率正相关，也就说股票换手率越高，股票市场定价效率越低，股票个股交易量、上市公司流通市值与股票市场定价效率负相关，这说明，成交量和股票行业市值越大，股票市场定价效率越高，这一结果显示，随着成交量和股票行业市值不断增加，交易者参与度提高，市场信息含量会增加。上市公司的大市值股票对信息反应充分，源于大市值的股票交易者比较多、股东比较分散，从而提高了股票市场定价效率。

表 6-13　申万一级行业总体数据的模型回归结果

	Delay		
	混合 OLS	固定效应	随机效应
QFII	-0.0138 * (-1.9543)	-0.0199 ** (-2.5620)	-0.0178 ** (-2.4531)
$QFII^2$	0.0017 ** (2.4522)	0.0016 ** (1.9731)	0.0016 ** (2.1101)
ln*Turnover*	0.0411 ** (2.1759)	0.0218 (0.8632)	0.0338 * (1.9056)
ln*Volume*	-0.0321 ** (-2.4831)	0.0098 (0.4950)	-0.0150 (-1.0854)
ln*Size*	-0.0166 * (-1.9499)	-0.0219 (-1.5353)	-0.0146 * (-1.9493)
PE	-0.2112 *** -6.5336	-0.1152 ** (-2.0236)	-0.1351 ** (-2.4009)
C	1.2679 *** (4.3203)	0.5969 * (1.8508)	0.8881 ** (2.5797)
N	1120	1120	1120
Adjusted R^2	0.0469	0.3354	0.0129

注：( ) 内的数字为 t 值的统计量，*、**、*** 分别代表在 10%、5% 和 1% 的显著性水平上显著。

2. 基于不同行情下 QFII 持仓对行业指数的定价效率的检验

通过表 6-13 的回归我们得出 QFII 持仓与股票市场定价效率的关系，现在需要检验我们的结论在不同的股市行情中是否具有一致性，表 6-14、

表 6 - 15 分别研究了在牛市行情下和熊市行情下 QFII 的投资行为对股票市场定价效率的影响。我们以总体样本中一波大级别连续的牛市行情和大级别连续的熊市行情作为样本,运用申万一级行业指标进行实证分析。结果显示价格迟滞指标不论是在牛市行情中还是在熊市行情中,都与 QFII 之间负相关,与 $QFII^2$ 之间正相关,这一结论与表 6 - 13 的回归结果一致。

根据表 6 - 14 牛市行情下的实证结果,我们发现在牛市行情里,QFII 与股票市场定价效率的系数为负数,$QFII^2$ 与股票市场定价效率的系数为正数,但是实证的回归结果不显著,可靠程度不高。出现这一现象的原因是我们选择的时间段的数据样本相对较小。另外一个可能的原因是在牛市行情中,QFII 更多是扮演"崩盘加速器"的角色,而不是"市场稳定器"的角色(许年行等,2013),因此,在牛市行情中国家监管部门对 QFII 投资额度的审批较为严格,通过实施控制其流入的政策来减少热钱对中国股票市场的冲击。

表 6 - 14　牛市行情下的回归结果 (2006. q1 ~ 2007. q4、2014. q2 ~ 2015. q2)

	Delay		
	混合 OLS	固定效应	随机效应
$QFII$	- 0.0159 (- 1.1130)	- 0.0222 (- 1.6290)	- 0.0185 * (- 1.6880)
$QFII^2$	0.0002 (0.1394)	0.0007 (0.4968)	0.0004 (0.2940)
ln*Turnover*	- 0.0250 (- 1.0758)	0.0614 (1.1659)	0.0459 (1.5327)
ln*Volume*	- 0.0308 *** (- 2.8146)	- 0.0162 (- 0.3582)	- 0.0314 (- 1.5384)
ln*Size*	- 0.0058 (- 0.9058)	- 0.0281 (- 0.9038)	- 0.0109 (- 0.7373)
PE	- 0.1156 (- 0.6940)	- 0.1364 *** (- 2.9322)	- 0.1754 *** (- 4.3904)
C	1.0836 *** (3.5795)	1.2708 ** (2.3626)	1.1558 ** (1.9669)
N	364	364	364
Adjusted R^2	0.0276	0.2530	0.0230

注:( ) 内的数字为 t 值的统计量,t 值统计量是根据 White 方法估计的稳健系数协方差计算得到的, *、**、*** 分别代表在 10%、5% 和 1% 的显著性水平上显著。

表 6 - 15 是利用中国股票市场熊市时期的数据进行的回归分析, 结果与表 6 - 13 的分析结论一致, 也就是说在熊市时期, QFII 投资提高了中国股票市场定价效率, 回归结果非常显著, 不论是 *QFII* 还是 *QFII*^{2}, 其系数的显著性水平较高。且在熊市行情下, *QFII* 和 *QFII*^{2} 的系数绝对值都明显大于基准回归和牛市行情回归下的系数的绝对值。通过研究国外的投资机构, 我们发现 QFII 习惯于价值投资, 在熊市行情中会出现大量股票超卖的现象, 大量的股票价值被严重低估, 所以从基本面上分析, 这些股票具有极高的投资价值。再加上在熊市行情中, 国家监管部门会放松对 QFII 的审批, 鼓励外国资本投资中国股票市场。在这两方面的作用下, QFII 在熊市行情中投资中国股票会有利于中国股票市场的效率建设。

表 6 - 15　熊市行情下的回归结果 (2010. q4 ~ 2014. q1)

	Delay		
	混合 OLS	固定效应	随机效应
QFII	- 0.0193 ** (- 2.3279)	- 0.0575 ** (- 2.5859)	- 0.0302 *** (- 2.6535)
QFII^2	0.0032 *** (4.5737)	0.0050 *** (2.9971)	0.0038 *** (3.6196)
ln*Turnover*	0.0469 *** (2.8293)	0.1176 *** (4.2086)	0.0782 ** (2.1664)
ln*Volume*	- 0.0452 *** (- 3.1924)	- 0.0444 ** (- 2.3993)	- 0.0209 (- 0.7277)
ln*Size*	- 0.0180 *** (- 2.6255)	- 0.0280 *** (- 4.1154)	- 0.0195 * (- 1.7176)
PE	2.1801 (1.3259)	2.5071 (1.1176)	2.3506 (0.9810)
C	1.5262 *** (4.6491)	1.8217 *** (4.3635)	1.1060 * (1.6950)
N	392	392	392
Adjusted R^2	0.1228	0.3030	0.0360

注:( ) 内的数字为 t 值的统计量, t 值是根据 White 方法估计的稳健系数协方差计算得到的, *、**、***分别代表在 10%、5% 和 1% 的显著性水平上显著。

在牛市行情下和熊市行情下的研究结果表明，在行业平衡面板回归中，QFII在牛市和熊市的行情中，对股票市场定价效率的影响有一定的异质性，即验证假说3。基于牛市和熊市行情的回归结果，建议国家金融规制部门在不同时期应该坚持不同的准入数量，在牛市行情中严控QFII过分流入国内资本市场；在熊市行情中应多鼓励QFII进入中国股票市场，从而实现宏观审慎监管，有效化解金融风险。

3. 基于 QFII 重仓行业的回归

QFII在中国的投资额度总体上比例较小，导致其对股票市场定价效率的影响显得不那么重要。为了克服源于小数据问题出现的过度解释的疑虑，本部分对QFII在中国的重仓行业进行了回归，以研究重仓行业下股票市场定价效率影响的稳健程度。

QFII投资中国股票，其筹码的分配是不均衡的，根据Wind的统计分析，我们结合历年QFII投资中国股票市场的数据，并做综合加权排序，发现QFII在中国投资权重排名前五的行业分别是银行、家用家电、医药生物、食品饮料及计算机行业。我们将这五个行业从总体数据中单独提出并针对这五个行业的数据进行实证分析，分析结果如表6-16所示。我们发现显著性水平明显提高，在混合OLS面板回归和随机效应回归中，$QFII$的系数均在1%的显著性水平上显著，而$QFII^2$的系数的显著性水平也较高。这一结果进一步证明了QFII投资额度的增加会导致股票市场定价效率提高，但不具有线性特征。根据这样的分析，我们认为目前外资参与中国资本市场的程度还远远不够，应该进一步鼓励外资投资中国股票市场，加快市场的开放步伐。

表6-16 重仓行业的回归实证

	Delay		
	混合 OLS	固定效应	随机效应
$QFII$	-0.0462 ***	-0.0482 **	-0.0491 ***
	(-2.6386)	(-2.5142)	(-2.9720)
$QFII^2$	0.0031 **	0.0030 **	0.0033 ***
	(2.4162)	(2.1213)	(2.6206)
ln$Turnover$	0.0010	-0.0269	-0.0106
	(0.0353)	(-0.5351)	(-0.3380)

续表

	Delay		
	混合 OLS	固定效应	随机效应
ln$Volume$	−0.0114 (−0.6185)	0.0795 (1.4901)	0.0045 (0.2022)
ln$Size$	−0.0018 (−0.1581)	−0.0862*** (−2.6332)	−0.0054 (−0.3768)
PE	−0.5118 (−0.1321)	1.8783 (0.4150)	2.0152 (0.5445)
C	0.6303 (1.3448)	1.0518 (1.0708)	0.4022 (0.7957)
N	200	200	200
Adjusted R^2	0.0052	0.2860	0.0250

注:( ) 内的数字为 t 值的统计量,*、**、*** 分别代表在 10%、5% 和 1% 的显著性水平上显著。

6.6　内生性检验

考虑到 QFII 在投资时可能根据过往的行业股票市场定价效率值来选择高效率的行业进行投资,即 QFII 投资的行业本来就是高效率定价的行业,或者说,QFII 在选择投资标的时,更多地选择那些信息透明度较高、具有较高信息含量的股票进行投资,由此可能会引发内生性问题。为了克服这一内生性问题,我们参考计量学中处理内生性的方法,采用滞后期的 QFII 数据来解决这一问题,将滞后期的 QFII 投资作为工具变量来处理内生性问题,通过两阶段最小二乘法来取得一致的估计量。

在平衡面板数据结构下,回归结果如表 6 - 17 所示,其结果和之前的回归结果保持一致,QFII 与股票市场定价效率的回归系数为负数,$QFII^2$ 与股票市场定价效率的回归系数为正数,且回归结果非常显著,调整的 R^2 分别是 0.1877、0.3111、0.0149,变量系数正、负号方向与基准回归结果保持一致,说明基础回归研究中不存在内生性。

表 6－17　两阶段最小二乘法的估计结果（总体数据）

| | Delay | | |
	混合 OLS	固定效率	随机效应
$QFII$	－0.0460 *** （－4.4453）	－0.0609 *** （－2.7309）	－0.0529 * （－1.6617）
$QFII^2$	0.0053 *** （4.5895）	0.0064 *** （3.0220）	0.0057 * （1.8243）
$\ln Turnover$	0.0501 *** （7.0545）	0.0183 （0.9823）	0.0396 ** （2.2327）
$\ln Volume$	－0.0329 *** （－8.8564）	0.0046 （0.2568）	－0.0213 （－1.3548）
$\ln Size$	－0.0126 *** （－4.4374）	－0.0177 （－1.4513）	－0.0176 * （－1.9425）
PE	－0.0712 （－0.6049）	0.0773 （0.3376）	0.0367 （0.1671）
C	1.1964 *** 12.1028	0.6295 * （1.8151）	1.1194 *** （3.3329）
N	1064	1064	1064
Adjusted R^2	0.1877	0.3111	0.0149

注：（）内的数值为 t 值的统计量，*、**、*** 分别代表在 10%、5% 和 1% 的显著性水平上显著。

在混合截面数据中，我们仍然采取关键解释变量滞后一期作为工具变量，采取两阶段最小二乘法，回归结果与前文非平衡面板数据的回归结果一致，表明模型不具有内生性。

6.7　本章小结

本章基于信息包含与信息反应的视角，利用 QFII 投资中国股票市场的数据，实证检验了 QFII 与中国股票市场定价效率之间的关系，结果显示：QFII 能够降低中国股票价格同步性，提高股票市场定价效率。但是源于逆向选择、QFII 的忧虑以及中国资本市场的政策性风险，QFII 与中国股票市场定价效率之间存在非线性的关系。本章经过实证研究还认为，QFII 对股票市场定价效率的影响，在熊市期间比在牛市期间更显著，对中小创市场中的民营企业比对主板市场中的国有企业影响更显著。研究结论对我国资本市场的效率建设有一定的指导性启示。

7 QFII 影响中国股票市场定价
效率的路径检验

7.1 引言

前文研究发现，随着中国资本市场的开放，外国机构投资者的引入能够降低股票价格同步性、降低股票价格迟滞性，提高股票市场定价效率，这将有助于中国资本市场发挥资源优化配置的作用，更好地发挥资本市场服务实体经济的功能。外国机构投资者是信息交易型的机构投资者，在提高股票市场定价效率的过程中，通过对上市公司、政府政策以及经济的运行趋势的把握，从中找出影响股票市场发展的潜在性规律，进行最优资产配置，并通过其证券交易行为，向市场传递股票特质性私有信息。交易行为是影响股票市场定价效率的具体表现方式，外国机构投资者在交易的过程中可能会产生技术溢出效应，具有一定的外部性。外国机构投资者对股票市场定价效率影响的路径值得深入探究。本章基于这样的疑问，准备以外国机构投资者对国内股票市场定价效率影响的具体路径为切入点进行深入研究。

外国机构投资者的典型特征是信息交易型的机构投资者（Grossman and Stiglitz，1980），资本市场是市场经济发展到一定程度的高级产物。市场机制是资本市场发展的内生性机制，而市场机制的发展，主要通过市场主体优化的方式来实现。因此，外国机构投资者在中国股票市场进行证券投资，主要是通过促进市场主体的优化，从而推动市场机制的不断完善。外国机构投资者本身就是市场的主体之一，具有信息及技术优势的外国机构投资者，能够利用市场的信息和交易规则参与资本市场，提高定价效率。但是我们看到的交易行为只是外国机构投资者参与资本市场的具体方式，其交易行为的影响路径值得深入研究。本章拟从市场主体优化及市场机制等角度来研究这种影响路径。具体的路径包括四条。路径一：外国机构投资者通过推动制度建设的方式来实现中国资本市场定价效率的提高，具体的制度建设以融资融券制度为代表。路径二：外国机构投资者通过价值投资，选择有经济增长前景的上市公司来实现价值创造，实现资本市场的优胜劣汰。路径三：外国机构投资者通过对国内机构投资者的示范性及竞争性的影响机制，实现市场主体的优化。路径四：上市公司大股东持股情况也会影响上市公司的信息透明度，外国机构投资者可以通过影响上市公司持股，让上市公司股东持股相对分散，从而提高股票市场信息效率。

正如前文研究发现，外国机构投资者虽然会提高中国股票市场定价效率，但是其影响是非线性的。本章也对这种非线性关系进行了路径上的实证检验。在具体的影响路径中，对这种非线性的逻辑机理进行了理论的讨论和实证的检验。

本章的写作方法是：基于经济学逻辑推导关系，构建影响上市公司的约束逻辑模型、机构投资者动量效应模型、制度优化逻辑模型，阐述外国机构投资者对股票市场定价效率的影响路径，并运用混合截面数据，对研究的目标变量进行实证检验。在具体的方法上，本章运用外国机构投资者持仓市值规模与所研究的路径变量进行交叉项回归。

在关于外国机构投资者对国内股票市场定价效率影响路径的研究文献中，已有研究主要是探讨外国机构投资者作为价值投资者，会实现市场的价值投资，价值投资者是基于上市公司的基本价值选择目标股票，价值投资者进行的是长期化持仓策略，从而实现了资源的优化配置，长期内保持了股票市场的稳定发展，最终结果是提高了定价效率。而对提高定价效率的具体路径则少有研究。在定价效率实现路径方面，本章从制度建设角度讨论了政府在市场的推动下，优化交易制度，提高了中国金融可得性。本章从上市公司角度，讨论了外国机构投资者对股权集中度不同的上市公司的影响，这有利于加强集体选择，防止大股东对中小股东的侵害，实现市场主体公平、公开、公正的目标。关于外国机构投资者对国内机构投资者的影响，本章发现了外国机构投资者投资对国内机构投资者影响的短期动量效应。

在关于外国机构投资者对股票市场定价效率的非线性研究中，大量文献讨论了外国机构投资者会加剧中国股票市场的波动性，使中国资本市场出现羊群效应，加大了资本市场的金融风险。而本章从制度建设、上市公司价值投资、上市公司角度、国内机构投资者角度具体讨论了这种非线性的逻辑路径。这为防范中国股票市场金融风险提供了明晰的监控目标。

此外，外国机构投资者除了通过信息机制和技术溢出的方式来提高市场定价效率外，还通过声誉机制影响市场，所以本章进一步检验了外国机构投资者的声誉机制：动量效应及反转效应。

7.2 数据、模型及描述性统计

7.2.1 样本选取及数据来源

本节研究的样本为 2013 ~ 2017 年沪深交易所外国机构投资者持仓的季度数据，根据研究的需要，对所研究的样本数据进行了如下剔除：（1）由于股票价格同步性指标是基于历史数据捕捉所得，因此剔除新上市的公司样本，新上市的公司缺少过去的历史数据，导致股票价格同步性指标不能被构建；（2）剔除停牌的上市公司及 ST 股票样本，这些样本会导致研究回归结果不可靠；（3）剔除证监会在此期间警告、问询的企业及交易异常的公司样本。本节的数据主要来源于 Wind 和国泰安数据库，部分数据在 Wind 及国泰安数据库不能获取的，通过沪深交易所及同花顺交易系统整理。

7.2.2 模型设定

基于第 6 章的研究框架，加入国内机构投资者的持仓比例、上市公司第一大股东持股比例和前十大股东持股比例以及股票加权平均市盈率、政府制度建设代表变量，模型设定如下：

$$Efficiency_{i,t} = \alpha_0 + \gamma_1 \times QFII_{i,t} + \gamma_2 \times QFII_{i,t}^2 + \gamma_3 QFII_{i,t} \times Dinst_{i,t} + \lambda Controls_{i,t} + \varepsilon_{i,t}$$

$$Efficiency_{i,t} = \alpha_0 + \gamma_1 \times QFII_{i,t} + \gamma_2 \times QFII_{i,t}^2 + \gamma_3 QFII_{i,t} \times Hold1_{i,t} + \lambda Controls_{i,t} + \varepsilon_{i,t}$$

$$Efficiency_{i,t} = \alpha_0 + \gamma_1 \times QFII_{i,t} + \gamma_2 \times QFII_{i,t}^2 + \gamma_3 QFII_{i,t} \times Hold10_{i,t} + \lambda Controls_{i,t} + \varepsilon_{i,t}$$

$$Efficiency_{i,t} = \alpha_0 + \gamma_1 \times QFII_{i,t} + \gamma_2 \times QFII_{i,t}^2 + \gamma_3 QFII_{i,t} \times PE_{i,t} + \lambda Controls_{i,t} + \varepsilon_{i,t}$$

$$Efficiency_{i,t} = \alpha_0 + \gamma_1 \times QFII_{i,t} + \gamma_2 \times QFII_{i,t}^2 + \gamma_3 QFII_{i,t} \times Short\_sale_{i,t} + \lambda Controls_{i,t} + \varepsilon_{i,t}$$

$$(7-1)$$

模型（7－1）中 *Dinst* 为国内机构投资者的持仓市值占总市值的比例变量；*Hold*1 和 *Hold*10 为上市公司第一大股东和前十大股东持股所占总市值的比例，其比例越高，说明上市公司股权集中度越高，外部股东对上市公司大股东监督的权力就越小；*PE* 为股票加权平均市盈率指标，是上市公司价值估值中最常用的，用 *PE* 来衡量股票的价值；*Short_sale* 是虚拟变量，如果所选择的样本股票是双融股票，取值为 1，否则取值为 0，用这一指标代表中国资本市场政府的制度建设，在本章以融资融券为代表进行讨论。其他的变量设定含义和第 6 章相同，具体参考第 6 章的解释。

为了进一步研究外国机构投资者对股票市场定价效率影响的溢出路径，我们构建了受外国机构投资者影响的目标中介变量的模型。

7.3 QFII 投资、上市公司主体优化与股票市场定价效率

上市公司是市场上的融资主体，股票市场效率建设，一方面体现为市场的融资能力，但是市场的发育程度不只是以融资能力来衡量，大规模的融资是以市场融资主体的优化为前提的。在资本市场发展过程中，通过市场的方法把一些优秀的公司选拔出来，让其在市场上融资，而公司一旦上市，怎样才能确保其按照人们的预期不断发展成长，防止其恶意的圈钱行为，这一问题一直受到研究者的关注。从机构投资者的约束角度解决上市公司道德风险，是市场中应该长期坚持的方法。外国机构投资者作为市场上优质的投资机构，根据其在成熟资本市场发展中所积累的经验和本身所拥有的投资能力，可以在市场上选择出具有成长性的优秀上市公司，并对所选择的上市公司进行约束和监督，给予其一定的信任，从而促使上市公司主体得到优化。本节基于上市公司主体优化进行研究，讨论外国机构投资者如何约束国内机构投资者，研究其对国内股票市场定价效率的影响。

7.3.1 研究假说

外国机构投资者通过投资上市公司来影响股票市场定价效率，其内在的经济逻辑主要体现在一级市场和二级市场上。一级市场发行股票时，外国机构投资者作为市场上主要的询价主体，通过对项目的筛选和甄别从而找到有

发展前景的上市公司，其价值选择的能力来源于成熟资本市场投资经历的训练。拥有成熟资本市场的国家的产业发展模式，很大概率上就会成为未来新兴发展中国家的经济产业发展模式，所以在产业发展阶段的不同步及外国机构投资者投资经历的指引下，外国机构投资者能够在市场上把较为优秀的上市公司筛选出来，并通过一级市场报价的方式，为市场上有前途的上市公司进行定价，从而引领市场的价值选择的方向。本节的研究主要是定位于二级市场，所讨论的是已经上市的公司，外国机构投资者对已经上市的公司的优化，主要通过激励与约束两种方式来实现。

在激励方面，上市公司的经营目标是实现股东利益最大化，或是实现上市公司利润最大化，因此，在市场融资时，面对市场各种类型的投资者，特别是外国机构投资者，一旦被投资和持股，上市公司在激励机制的作用下，就会产生被信任感，而对于那些真正有前景的上市公司，会在信任感的激励下，努力地发展生产，实现上市公司盈利能力的提高，市场融资主体也得到了一定程度的优化。而市场上难免也有一些滥竽充数的上市公司，即使被外国机构投资者所持股，一定程度上可能会激励其主体实现优化，但是源于其本质是没有发展前景的上市公司，所以一定意义上代表了外国机构投资者价值选择的失误。但是市场是一个重复博弈的市场，而作为聪明的、学习能力较强的外国机构投资者，会不断更新其持股对象，在市场交易过程中，不断实现对其所持股上市公司的优化。

外国机构投资者对上市公司产生影响的另外一种方式是约束。源于外国机构投资者的持股比例及其在市场上的影响力，外国机构投资者是站在外部投资者的角度，参加上市公司股东大会，对上市公司发展提出建设性意见，并对上市公司损害外部股东的行为进行约束。因此在这种情景下，外部股东的股权持股比例会直接影响股东之间的利益制衡，而如果内部股东持股过于集中，则将不利于股东之间利益的制衡。因此从股权结构上看，外部股东持股比例越高，对内部股东的利益制衡就越大。在西方资本市场，投资者持股的收益主要源于两部分：一部分是源于股票价格波动所带来的收益；另一部分来源于上市公司的红利。因此外国机构投资者参与股票市场，会积极维护股东的利益，促进上市公司分红政策的实行，引导市场投资具有真正盈利能力的上市公司以及能够持续分红的上市公司，在市场上形成长期的价值投资。

基于 Steven（1977）的研究模型，本书设定机构投资者（包括 QFII）具有信息优势，在上市公司的股份比例为 a，其余投资者为信息的不完全知情者或不知情者。假定投资者的偏好为：

$$u = \theta s - p$$

模型中，$s = 1$ 时，表示上市公司为优质投资项目，此时，上市公司的经营成本为 $c_1 > 0$；如果 $s = 0$ 时，表示上市公司为劣质投资项目，则上市公司的经营成本为 $c_0 \in (0, 1)$。当 $\theta > c_1$ 时，优质的上市公司是投资者所需要的。

对于 a 这部分比例的投资者，当他们发现 $s = 1$ 时，就愿意以价格 $p = \theta$ 去购买该上市公司的股票；当他们发现 $s = 0$ 时，就不会购买该上市公司的股票。另外 $(1 - a)$ 比例的投资者，因为他们是无信息者，所以，他们只有购买了上市公司的股票后，基于购买后上市公司的表现，他们才会知道该上市公司的情况。

对于拥有信息的投资者特别是 QFII，只有知道 $s = 1$ 时，他们才会购买上市公司的股票，假定上市公司融资方市场期望索要的价格是 $p \in [0, \theta]$，如果持有信息的 a 这部分比例的投资者购买了上市公司的股票，那么一定代表该上市公司是优质项目，所以成本 $c = c_1$，上市公司从 a 比例的机构投资者处获取的利润为 $a (p_1 - c_1)$。

现在再考察没有信息的 $(1 - a)$ 比例的投资者的行为，观察他们的购买策略。首先假设他们不买股票，于是上市公司融资方只是从 a 这部分比例的投资者处获取利润。上市公司的最终选择当然是提高上市公司的经营质量 $(s = 1)$，$p > c_1$，否则无人购买上市公司的股票，上市公司将不会融到资金。既然上市公司必定提供 $s = 1$，那么没有信息的投资者就应该期望上市公司为优秀项目才符合逻辑，这与无信息投资者不购买股票的假设相矛盾。

因此没有信息的 $(1 - a)$ 比例的投资者也购买股票，则上市公司的利润为：

如果上市公司为优质上市公司：$a(p - c_1) + (1 - a)(p - c_1) = p - c_1$

如果上市公司为劣质上市公司：$(1 - a)(p - c_0)$

当且仅当 $p - c_1 > (1 - a)(p - c_0)$，变形整理为：

$$ap \geq c_1 - (1 - a)c_0$$

也就是说当 $ap \geq c_1 - (1 - a)c_0$ 时，上市公司才会改进上市公司质量，使 $s = 1$。

从以上的公式推导中，可以得出结论，如果 a 越高，上市公司就越有可能提供优质的项目，也就是说提高投资者对上市公司信息的普及率，可以防止劣质上市公司在市场上的恶意圈钱行为。这也是各国监管机构积极督促上市公司进行信息披露的原因。因为提高 a 比例的机构投资者，不但有利于拥有信息的投资者，而且还抑制了上市公司弄虚作假的企图。这便是外国机构投资者的正外部性。

命题：作为信息知情者的外国机构投资者投资比例的增加，能够激励上市公司提供优质的项目，改善上市公司的经营业绩，通过投资未来具有较高业绩的上市公司来实现市场的优胜劣汰，从而达到定价效率的提高。

7.3.2 实证分析

1. QFII 投资、财务估值与定价效率

表 7 - 1 描述的是外国机构投资者通过上市公司财务估值指标来实现股票市场的价值选择及价值创造。财务估值指标包括市盈率、市净率、每股收益、每股净资产、净利润增长率等，其中，国内外学术界及实业界最为常用的估值指标就是市盈率估值，市盈率 = 股票价格/每股收益，这一指标的含义一方面反映了市场是否存在估值的洼地，是否存在价值投资，另一方面反映了企业的未来的成长能力。在表 7 - 1 的第（1）~（3）列中，被解释变量是股票价格同步性 *Synchronicity*，回归结果显示在 *QFII* × *PE* 的三组分类回归实证中，回归系数均为负数，且 t 值的绝对值均很大，均在 1% 的显著性水平上显著；在表 7 - 1 的第（4）~（6）列的回归中，被解释变量为价格迟滞指标 *Delay*，回归系数也都为负数，且均在 1% 的显著性水平上显著。

表 7 - 1　基于上市公司估值的回归分析

	Synchronicity			Delay		
	（1）	（2）	（3）	（4）	（5）	（6）
$QFII \times PE$	- 0. 0004 *** （ - 56. 0651 ）	- 0. 0002 *** （ - 3. 3411 ）	- 0. 0004 *** （ - 4. 8189 ）	- 0. 0006 *** （ - 15. 8672 ）	- 0. 0021 *** （ - 2. 9388 ）	- 0. 0024 *** （ - 30. 2427 ）
$QFII$			0. 0553 *** （ 6. 504 ）			0. 0921 *** （ 10. 6645 ）
$QFII^2$		0. 0033 *** （ 64. 9792 ）	0. 0003 （ 0. 5368 ）		0. 0026 （ 0. 8396 ）	- 0. 0034 *** （ - 5. 3246 ）
$Dinst$		- 0. 0048 *** （ - 13. 017 ）	- 0. 0049 *** （ - 15. 8019 ）		- 0. 0009 （ - 0. 1337 ）	0. 0017 *** （ 4. 8481 ）
$\ln P$		0. 1666 *** （ 5. 0621 ）	0. 1319 *** （ 3. 6602 ）		0. 1744 （ 0. 1944 ）	- 0. 6779 *** （ - 5. 1226 ）
$\ln Size$		- 0. 2785 *** （ - 8. 4587 ）	- 0. 2466 *** （ - 6. 4710 ）		- 0. 3904 （ - 0. 4401 ）	0. 5392 *** （ 4. 1566 ）
$\ln Analysts$		0. 0106 （ 1. 3166 ）	0. 0056 （ 0. 6662 ）		0. 3079 ** （ 2. 0493 ）	0. 1384 *** （ 11. 0809 ）
$\ln Turnover$		- 0. 7249 *** （ - 23. 7584 ）	- 0. 7027 *** （ - 19. 4083 ）		- 0. 8934 （ - 1. 0213 ）	0. 0013 （ 0. 0100 ）
$\ln Volume$		0. 5707 *** （ 18. 0691 ）	0. 5487 *** （ 14. 8974 ）		0. 6874 （ 0. 7758 ）	- 0. 2283 * （ - 1. 7558 ）
$Hold1$		0. 0010 ** （ 2. 0226 ）	0. 0015 *** （ 2. 9497 ）		0. 0042 （ 0. 4633 ）	0. 0013 ** （ 2. 1189 ）
$Hold10$		- 0. 0011 ** （ - 2. 3310 ）	- 0. 0015 *** （ - 3. 1867 ）		- 0. 0144 （ - 1. 3730 ）	- 0. 0167 *** （ - 31. 5567 ）
$\ln Lev$		- 0. 1114 （ - 1. 1201 ）	- 0. 0205 ** （ - 1. 8439 ）		- 0. 1723 （ - 0. 8871 ）	- 0. 3155 *** （ - 22. 7799 ）
PE			0. 0002 *** （ 3. 2989 ）			0. 0013 *** （ 7. 1648 ）
$Short\_sale$		- 0. 0310 ** （ - 2. 1427 ）	- 0. 0148 （ - 1. 0285 ）		0. 0254 （ 0. 0876 ）	- 0. 0925 *** （ - 5. 0832 ）
C		- 5. 7891 *** （ - 33. 1144 ）	- 5. 8099 *** （ - 31. 1671 ）		- 5. 2786 （ - 1. 0939 ）	- 0. 2126 （ - 0. 3381 ）
R^2	0. 2402	0. 9580	0. 8831	0. 5299	0. 1716	0. 9795
N	3393	2978	2978	3393	2978	2978

注：（）内的数值为 t 值的统计量，* 、** 、*** 分别代表在 10%、5% 和 1% 的显著性水平上显著。

正如前文描述的，较高的市盈率代表两种含义：一是市场被高估；二是预期股票未来具有较高的成长性。实证回归结果显示，QFII 投资越高，市盈率越高，未来股票价格同步性及股票价格迟滞指标就越低，也就是说，股票的定价效率就越高，从中可以看出，QFII 投资的股票，市盈率越高，其定价效率越高，这是因为，外国机构投资者在价值选择时，不是关注上市公司已经发生的财务指标，而是关注其未来的成长性，正如经典投资学所讨论的，股票的价值决定于未来的现金流，所以较高的市盈率代表市场看好公司未来股票的成长性。通过研究国外投资者在国外成熟的资本市场上的投资习惯，我们可以发现，当外国机构投资者通过对宏观环境、产业的研究对上市公司进行投资后，其认为未来上市公司将会有较高的现金流，即未来的每股收益将会上升，一旦产生这样的预期和行为，外国机构投资者就会将股票的价格推到未来能产生较高的现金流的位置上，而短期内上市公司还未创造出现金流，所以短期内股票的市盈率会大幅提高。如果长期与外国机构投资者预期一致，未来股票的每股收益会慢慢上升，股票的市盈率将会回归，市场泡沫得到了有效的消化，在成熟的资本市场中，股票就是以这种方式不断繁荣发展的。外国机构投资者进入中国后，其投资方法难免受其在海外投资方法的影响，所以在中国股票市场选择投资标的时，其更习惯于投资那些未来有成长性预期的上市公司。外国机构投资者通过投资具有较高市盈率的上市公司，来实现股票市场的价值选择。

市盈率较高的公司预示着未来将会有较高额度的现金流，体现了外国机构投资者的选择能力，被选择的上市公司在这样的行为活动中，发现自己在市场中被外国机构投资者投资、被其信任，如果市场机制健全的话，这些上市公司就会积极努力地发展生产，最终实现价值创造。因为市场是重复博弈的过程，而被外国机构投资者错误选择的上市公司，最终会随着市场的变化而被淘汰。外国机构投资者不断学习更新理念，最终实现最优选择。

2. 基于股权结构来实现市场的有效约束和制衡

股权结构指标中包括上市公司第一大股东持股比例指标、上市公司前十大股东持股比例指标。这些指标均反映了上市公司股权结构、股权的集中程度。本部分所选择的股权集中度指标是上市公司第一大股东持股比例，因为在中国上市公司中，国有企业较多，国有企业的大股东主要是财政部及地方财政部门，所以通过研究上市公司第一大股东持股比例来研究中国上市公司的市场化程度具有典型的意义。

表 7 - 2 回归显示，股票价格同步性及价格迟滞两个反映定价效率的指标，分别对外国机构投资者与上市公司第一大股东持股比例的指标进行交叉项回归，回归结果显示二者交叉项都是正数，且第（1）、第（2）、第（5）列组合回归在 1% 的显著性水平上显著，第（3）、第（4）、第（6）列在 10% 的显著性水平上显著。

表 7 - 2　基于上市公司大股东的回归分析

	Synchronicity			Delay		
	(1)	(2)	(3)	(4)	(5)	(6)
$QFII \times Hold1$	0. 0008 ***	0. 0002 ***	1. 4223 *	0. 0026 *	0. 0008 ***	0. 0008 *
	(3. 3074)	(2. 2678)	(1. 5602)	(1. 5132)	(6. 0939)	(1. 5406)
$QFII$			0. 0286 **			- 0. 0290 **
			(2. 0500)			(- 2. 8833)
$QFII^2$		0. 0030 ***	0. 0016 **		0. 0045 ***	0. 0023 ***
		(11. 2946)	(2. 3421)		(3. 6244)	(5. 6082)
$Dinst$		- 0. 0046 ***	- 0. 0046 ***		0. 0025 ***	- 0. 0048
		(- 11. 6306)	(- 13. 0701)		(4. 6656)	(- 0. 9862)
$\ln P$		0. 1406 ***	0. 1456 ***		- 0. 4258 ***	- 0. 2877 **
		(4. 3813)	(3. 8052)		(- 3. 0057)	(- 2. 1391)
$\ln Size$		- 0. 2583 ***	- 0. 2596 ***		0. 2061	0. 1823
		(- 7. 4691)	(- 6. 2875)		(1. 4704)	(1. 3652)
$\ln Analysts$		0. 0165 **	0. 0099		0. 3048 ***	0. 1371 ***
		(2. 2202)	(1. 1572)		(25. 8961)	(10. 7982)
$\ln Turnover$		- 0. 7112 ***	- 0. 7129 ***		- 0. 2358 *	- 0. 3031 ***
		(- 23. 1746)	(- 18. 3887)		(- 1. 6877)	(- 2. 7744)
$\ln Volume$		0. 5620 ***	0. 5672 ***		0. 0502	0. 1190
		(16. 8808)	(14. 3406)		(0. 3584)	(0. 8920)
$Hold1$			0. 0013 **			0. 0062 ***
			(2. 0089)			(9. 0452)
$Hold10$		- 0. 0010 ***	- 0. 0017 ***		- 0. 0136 ***	- 0. 1629 ***
		(- 2. 5843)	(- 3. 2057)		(- 22. 719)	(- 25. 7192)
$\ln Lev$		- 0. 0020	- 0. 0155		- 0. 1323 **	- 0. 1545 ***
		(- 0. 2143)	(- 1. 4480)		(- 2. 2877)	(- 9. 2539)

	Synchronicity			Delay		
	(1)	(2)	(3)	(4)	(5)	(6)
PE		- 6. 7023 (- 0. 8078)	- 7. 7403 (- 0. 9042)		- 0. 0007 *** (- 4. 6379)	- 0. 0002 (- 1. 3687)
Short_sale		- 0. 0462 *** (- 3. 3830)	- 0. 0131 ** (- 2. 1909)		0. 0413 * (1. 6366)	- 0. 1071 *** (- 4. 5318)
C	- 1. 2775 *** (- 45. 6467)	- 5. 9191 *** (- 32. 9002)	- 5. 9900 *** (- 30. 8095)		- 2. 1232 *** (- 3. 2447)	- 2. 5432 *** (- 4. 0846)
R^2	0. 3246	0. 9086	0. 8584	0. 3645	0. 8818	0. 76499
N	3393	2978	2978	3393	2978	2. 9778

注：( ) 内的数值为 t 值的统计量，＊、＊＊、＊＊＊ 分别代表在 10%、5% 和 1% 的显著性水平上显著。

这样的回归结果的含义是：随着上市公司第一大股东持股比例的减少，股票市场的定价效率会提高；随着上市公司第一大股东持股比例的增加，定价效率会降低。股权结构制约着大小股东之间的利益关系，集中度较高的股权结构会导致内部股东对外部股东的侵害。QFII 的投资作用表现为，在股权集中度较高的上市公司，其股票的定价效率不会被提高，QFII 只有投资股权集中程度较低的上市公司，才能降低其股票价格同步性，降低价格迟滞指标。这样的路径结果是源于在中国股票市场上外部股东对内部股东制衡关系的逻辑，当内部股东持股比例过于集中时，外部股东制衡的功能就会丧失，上市公司的治理水平就会下降。在成熟资本市场中，股东参与资本市场，其收益来源于价格的波动及股票的红利，因此上市公司的股东在资本市场上会关心上市公司股票价格波动的因素，会关注上市公司未来的盈利能力。特别是外部股东，对这些因素更加注重，这样外部股东有更强烈的动机获得公司的信息知情权，有更强烈的愿望获得红利的分配权。而这些权利需要通过股东大会上的提案权来实现，如果一个上市公司股权过多集中到大股东手中，大股东因此会不愿意将有利的信息与外部股东分享，而是独吞私有信息，利用私有信息为个人谋私利。这样市场信息透明度明显降低，影响股票市场定价效率。而对于红利的发放，大股东会组织市场红利的发放，在这种情况下，优秀的上市公司在价值投资方面的功能就会慢慢丧失。另外，上市公司大股东进行财务盈余管理，导致财务信息失真，市场进入恶性野蛮生长的状态，资本市场定价效率功能完全丧失。从本节的实证结果来看，适当增加外部股东的持股比例，特别是机构投资者及外国机构投资者的持股比例，可以降低股票集中度，积极有效地实现集体选择的功能，提高上市公司的公司治理水平，最终实现市场良性发展。

从外国机构投资者的持仓特征也可以看出，外国机构投资者进入中国股票市场，更偏好于投资股权集中度比较低的上市公司，就是因为投资股权集中度较低的上市公司能够实现公司治理，能够制衡大股东的非正规行为。这一假说验证了，外国机构投资者通过约束的形式来提高股票市场定价效率的命题。同理，外国机构投资者与上市公司前十大股东持股比例交叉相乘的回归结果与之类似，本书在这里不再进行叙述。

本节基于股权结构的实证检验，为中国资本市场进行混合所有制改革提供了证据。在中国，上市公司的大股东适时减持国有股份，一方面可以改变股权结构，发挥上市公司的激励与约束机制的作用，另一方面也是做大做强国企的路径选择。混合所有制改革是中国未来资本市场建设的重要一环，通过混合所有制改革，降低国有资本持股比例，一方面可以做强国企，让国企更好地代表中国经济，另一方面可以实现资本市场自身的优化，使各种功能得到充分发挥。

而关于外国机构投资者的投资行为是否影响上市公司的财务业绩，本书在第五章做过讨论，外国机构投资者在中国确实具有较高的价值选择能力，能够影响上市公司的财务系列指标，对上市公司业绩与 QFII 持仓的检验结果，说明外国机构投资者确实会影响上市公司的业绩，上市公司各项制度的优化最终都是通过财务结果来诠释的。

7.4　QFII 投资、国内机构投资者持仓与股票市场定价效率

从机构投资者角度讨论股票市场定价效率是现代投资学的研究焦点，因为机构投资者具备资金优势、专业优势、信息优势等，机构投资者持有的是资产组合，随着专业化的发展，机构投资者都试图去组建最优的投资组合。

市场如果出现超额收益率，在套利行为的影响下，最终会丧失超额收益，在这样的情境下，所有机构投资者都构造最优的投资组合，所有个人投资者都持有最优投资组合份额，市场会形成竞争性均衡，这从投资者角度为股票市场效率建设提供了思路。目前在中国资本市场上，机构投资者分为国内机构投资者和外国机构投资者。国内机构投资者具体包括：公募基金、保险资金、社保资金、信托资金、企业年金、私募资金、一般法人资金、券商集合理财资金等。在中国，在资本金融账户没有实现可自由兑换的背景下，外国机构投资者投资中国股票会受到一些限制，加之中国资本市场的不规范发展，外国机构投资者在中国股票市场投资市值所占比例远远低于国内机构投资者持仓市值比例。截至 2017 年底，外国机构投资者持仓中国股票市场市值为 975 亿美元，国内机构投资者所持中国股票市值为 21 万亿元人民币，从数据中我们应该反思，外国机构投资者所持股票市值的份额何以影响到资本市场呢？本节将揭示出外国机构投资者通过哪些路径影响国内机构投资者，实现国内股票市场的定价效率的提高。

7.4.1　研究假说

外国机构投资者在西方坚持价值投资，具有良好的信息挖掘和处理能力（唐跃军和宋渊洋，2010），国内机构投资者由于诞生较晚，没有经历过市场长时间的训练和洗礼，所以在投资经验及投资技术方面欠佳。但是外国机构投资者进入中国股票市场后，随着其投资规模的不断变大，行业内人员在各类机构投资者之间相互流动，外国机构投资者投资技能及投资风格将会对国内机构投资者产生影响，从而使国内机构投资者模仿学习，这一过程称为示范效应（徐寿福，2015）。这种现象出现后，会让国内机构投资者的专业能力和投资技能得到锻炼，提高了整个市场投资者的金融可得性。股票市场的成熟一定程度上要求市场参与者的成熟，中国投资者以散户为主，随着专业化程度不断提高，其对投资者的要求也会提高，就像西方资本市场所经历的那样，最终个人投资者逐渐退出市场，而是以持有资产组合的方式参与资本市场。而市场上投资者都是机构投资者，这样市场会形成竞争性均衡，因为市场投资者之间相互学习、相互模仿的能力增强。在这时，久经历练的外国机构投资者的投资技能和专业知识，就会被国内机构投资者学习和吸收，使整个市场的投资者的能力得到不断提升。

此外，信息也具有传递性特征，外国机构投资者根据掌握的信息进行股票交易，在经历一段时间后，国内机构投资者会有所发现和察觉，会跟进外国机构投资者所持有的股票。鉴于外国机构投资者在中国投资比例的限制，外国机构投资者独自买卖股票的规模可能不足以充分反映市场的信息，而通过其投资行为来引领国内机构投资者进行证券交易，会促使信息得到充分释放。外国机构投资者在中国股票市场上进行投资，虽然市值比例较低，但是通过信息共享的方式，让国内其他机构投资者跟随其投资，会放大其投资的影响力。

基于以上分析，我们可以认为，虽然外国机构投资者所持股份比例不高，但是可以通过影响国内机构投资者的路径实现股票市场定价效率的提高。

7.4.2　实证分析结果

表 7-3 考察了在外国机构投资者与国内机构投资者交互作用下，股票市场定价效率的反应，回归组第（1）列和第（4）列是基于交叉项的单变量回归，回归系数为负数，且具有显著性。回归结果显示，在外国机构投资者与国内机构投资者交互影响下，能够降低股票价格同步性、价格迟滞水平，实现定价效率的提高。但是回归结果的第（2）、第（3）、第（5）、第（6）列加入系列控制变量后，$QFII$ 与 $Dinst$ 的交叉项系数为正数，且在 1% 的显著性水平上显著，又证明了在外国机构投资者与国内机构投资者的交互影响下，不能降低股票价格同步性，不能降低价格的迟滞水平。而在系列回归中，我们发现，$QFII$、$Dinst$ 的回归系数为负数，$QFII^2$ 除第（5）列以外，系数都为正数，与第 6 章研究结论一致。我们对这一结果的解释有以下两点。第一，外国机构投资者与国内机构投资者相互影响，定价效率为负数，主要的原因是，在中国我们讨论的国内机构投资者包括公募基金、保险资金、社保资金、券商投资计划等，这些国内机构的资产配置、行业配置和个股配置相似度极高，大多配置国有大型上市公司的股票，而且资产配置比较集中，在这样的状态下，外国机构投资者与国内机构投资者相互影响，无疑会加剧国内股票市场的同步性。另外，国内机构投资者被监管机构严格监管，很多时候其资金的配置方式和比例也要受到政策的引导，导致投资模式

同质化现象严重。在中国，国内机构投资者的目标函数不是单纯为份额持有赚取利润，很多时候还担负着社会和资本市场稳定的责任，这些一系列的因素，导致国内机构投资者与 QFII 交互影响下，国内机构投资者持股比例越高的股票，其价格的同步性就越高。可以判断，外国机构投资者在中国投资通过投资国内机构投资者持有比例较低的股票来使定价效率提升。第二，国内机构投资者、外国机构投资者作为专业的机构投资者，毕竟有一定的技术优势和信息优势，所以对于上市公司的投资，总是有一定的、特有的判断，因此，单独研究这些机构投资者的行为，能够降低股票价格同步性。而 $QFII^2$ 的系数为正数，论证了定价效率的非单调特征。

从理论上看，在外国机构投资者和国内机构投资者的共同作用下，会影响定价效率，实证检验结果却发现，二者持仓比例的交叉项对股票价格同步性的影响为正向，这是因为外国机构投资者和国内机构投资者都是市场中较大的市场主体，其持仓比例有一定的影响力。当二者共同作用时，统计上会产生竞争性的敌意行为，从而显示交叉项为正数。

通过本节的研究，我们认为，外国机构投资者对国内股票市场定价效率的影响，从国内机构投资者角度路径上看，应该是行业人员素质的提高、专业素养的训练，但源于中国机构投资者本身的投资风格，在短期内这种影响还不能通过信息交易模式来实现。

表 7 – 3　基于机构投资者的回归分析

	Synchronicity			Delay		
	(1)	(2)	(3)	(4)	(5)	(6)
$QFII \times Dinst$	− 0.00274 *** (− 15.1114)	0.0004 *** (3.6762)	0.0013 *** (10.6878)	− 0.0028 ** (− 2.3035)	0.0021 *** (34.5643)	0.0046 *** (23.4705)
$QFII$			− 0.0253 *** (− 3.7613)			− 0.2885 *** (− 17.1582)
$QFII^2$		0.0017 *** (4.9735)	0.0002 *** (0.5274)		− 0.0069 *** (− 24.0467)	0.0021 *** (3.5586)
$Dinst$			− 0.0071 *** (− 12.1205)			− 0.0006 (− 0.8927)
$\ln P$		0.1134 ** (2.0771)	0.1246 *** (2.5067)		− 0.5567 *** (− 4.0552)	− 0.4412 *** (− 3.2789)

续表

	Synchronicity			Delay		
	(1)	(2)	(3)	(4)	(5)	(6)
ln*Size*		−0.2598 *** (−4.4787)	−0.2554 *** (−5.0534)		0.2821 * (2.0669)	0.3404 *** (2.5517)
ln*Analysts*		0.0314 *** (4.1149)	0.0115 (1.4240)		0.2110 *** (13.5993)	0.1178 *** (8.3874)
ln*Turnover*		−0.6705 *** (−11.4587)	−0.7183 *** (−14.5572)		−0.2037 * (−1.5015)	−0.1466 (−1.1037)
ln*Volume*		0.5422 *** (9.6987)	0.5591 *** (11.3134)		0.0424 (0.3126)	−0.0261 (−0.1966)
*Hold*1		3.9344 (0.0813)	0.0016 *** (2.9466)		0.0070 *** (18.1467)	−0.0001 (−0.2367)
*Hold*10		−0.0038 *** (−7.9328)	−0.0014 ** (−2.2130)		−0.0211 *** (−45.0636)	−0.1906 *** (−32.0041)
ln*Lev*		−0.0188 * (−1.6077)	−0.0112 (−0.9788)		−0.1581 *** (−11.3711)	−0.2070 *** (−18.0092)
PE		−0.0023 *** (−2.5150)	−0.0001 ** (−2.0757)		−0.0001 (−0.9173)	−0.0003 * (−1.8784)
Short_sale		−0.0874 *** (−6.2789)	−0.0269 * (−1.8485)		0.0124 (0.5108)	−0.1504 *** (−6.9337)
C		−5.6060 *** (−22.6357)	−5.7332 *** (−24.2730)		−2.3575 *** (−3.6838)	−1.3190 ** (−2.0962)
R^2	0.7189	0.9625	0.7548	0.1583	0.9737	0.9112
N	3393	2978	2978	3393	2978	2978

注：（ ）内的数值为 t 值的统计量，＊、＊＊、＊＊＊分别代表在 10%、5% 和 1% 的显著性水平上显著。

7.4.3 QFII 与国内机构投资者持仓之间的 VAR 模型分析

上节研究中涉及两个主要的机构投资者，且都是需求端的投资者，在研究此问题时，我们认为 QFII 投资行为可能会影响到国内机构投资者，通过影响国内机构投资者的持仓比例及技术溢出的方式，影响股票市场定价效率。因此本部分将根据外国机构投资者对国内机构投资者持仓行为的影响进行回归验证。

我们在研究中怀疑二者之间是否会相互影响，或者说 QFII 的持仓行为是否会影响国内机构投资者的持仓行为？为了验证此问题，本部分借鉴向量自回归模型，对此进行验证。

在理论上，成功者容易受到关注和模仿，在第 3 章的研究中，我们发现在外国机构投资者投资中国的具体案例中，他们都持有当时收益率较高的标的，加之外国机构投资者的投资经验和在成熟的资本市场上的历练，所以理论上，外国机构投资者在市场中容易被关注和模仿。另外，外国机构投资者在中国由于不具有商业关系的资源，在投资中国时，是否会通过观察研究我们国内机构投资者的行为来学习信息？基于这样的考虑，我们怀疑二者之间会存在相互影响的行为，这样的相互影响行为，最终会体现在二者的持仓关系上。因此本部分运用向量自回归模型来验证这一猜想。

在进行模型回归之前，我们对所使用的数据进行了单位根检验，我们使用的数据是比例数据和对数数据，三种检验的结果均显示，向量自回归所使用的样本数据均平稳，具体数据结果见表 7-4。

表 7-4 单位根检验

单位根检验方法	*QFII*	*Dinst*	ln*P*
LLC 检验	-88.9405 ***	-200.541 ***	-50.546 ***
IPS 检验	-29.422 ***	-34.6089 ***	-26.066 ***
ADF － Fisher Chi－square	1443.05 ***	1475.75 ***	1422.18 ***

注：*、**、*** 分别代表在 10%、5% 和 1% 的显著性水平上显著。

格兰杰因果检验主要用来考量变量之间的因果关系。因此，本部分进一步用这一方法来验证所研究变量之间的关系，通过表 7-5 的结果，我们发现 QFII 没有引起国内机构投资者的持仓变化的原假设遭到了拒绝，而国内机构投资者没有引起 QFII 持仓变化的原假设被接受，从而验证了外国机构投资者确实影响国内机构投资者的持仓变化，而国内机构投资者的持仓没有影响外国机构投资者的持仓。因此我们推断，QFII 在中国的投资选择中处于引领的地位。外国机构投资者、国内机构投资者与股票价格之间的格兰杰因果关系检验结果如表 7-5 所示。

表 7-5　格兰杰因果检验

原假设	观测值	P 值	是否接受
QFII 不是引起 Dinst 变动的原因	1803	0.0445	拒绝原假设
Dinst 不是引起 QFII 变动的原因		0.8362	接受原假设
QFII 不是引起 lnP 变动的原因	1803	0.0001	拒绝原假设
lnP 不是引起 QFII 变动的原因		0.9021	接受原假设
Dinst 不是引起 lnP 变动的原因	1803	0.0320	拒绝原假设
lnP 不是引起 Dinst 变动的原因		0.1541	接受原假设

　　表 7-6 是外国机构投资者、国内机构投资者及股票价格之间的向量自回归实证检验结果，根据 AIC、LogL、LR、FPE、AIC、SC、HQ 等法则的检验，坚持少数服从多数的原则，我们确定向量之后期数为 2，具体测度检验结果受篇幅所限不再给出。表 7-6 的实证结果显示，在国内机构投资者对外国机构投资者持仓比例的回归中，滞后一期的外国机构投资者持仓正向影响国内机构投资者的持仓，且在 5% 的显著性水平上显著，滞后二期的外国机构投资者持仓负向影响国内机构投资者持仓，但是在统计意义上不显著。这样的回归结果预示着，在短期中，外国机构投资者的投资行为确实影响了国内机构投资者的持仓行为；在长期中，由于投资的时效性，外国机构投资者的持仓行为在统计意义上是否影响国内机构投资者行为的规律不稳定。在表 7-6 中，从外国机构投资者对国内机构投资者持仓行为的回归中，我们发现，不论是滞后一期的国内机构投资者持仓还是滞后二期的国内机构投资者持仓，在统计上均不存在稳定的影响关系，这一检验结果预示着，在中国，外国机构投资者与国内机构投资者之间不存在双向的影响关系，而是外国机构投资者单向影响国内机构投资者的持仓。

　　从价格变动对两种类型的机构投资者的回归结果中可知，外国机构投资者和国内机构投资者对股票价格的影响是负向的，特别是外国机构投资者对股票价格的影响不但是负向的，而且在统计意义上显著，这说明两种类型的机构投资者在中国没有基于市场行情进行追涨杀跌，二者都在中国资本市场的变化中起到稳定市场的作用。

表 7 - 6　VAR 回归结果

	Dinst	lnP	QFII
Dinst(- 1)	0. 179695 *** (0. 02366) [7. 59409]	- 0. 000563 (0. 00069) [- 0. 81587]	0. 001406 (0. 00242) [0. 58191]
Dinst(- 2)	0. 194414 *** (0. 02351) [8. 26992]	- 0. 001293 * (0. 00069) [- 1. 88583]	- 0. 000867 (0. 00240) [- 0. 36141]
lnP(- 1)	- 1. 097283 (0. 81536) [- 1. 34576]	0. 045853 * (0. 02378) [1. 92799]	- 0. 036911 (0. 08325) [- 0. 44338]
lnP(- 2)	- 1. 125578 (0. 81581) [- 1. 37971]	0. 072541 *** (0. 02380) [3. 04852]	- 0. 016443 * (0. 08329) [- 0. 19741]
QFII(- 1)	0. 482422 ** (0. 22241) [2. 16903]	- 0. 016562 *** (0. 00649) [- 2. 55295]	0. 058000 *** (0. 02271) [2. 55413]
QFII(- 2)	- 0. 340500 (0. 22745) [- 1. 49705]	- 0. 019487 *** (0. 00663) [- 2. 93740]	- 0. 009831 (0. 02322) [- 0. 42333]
C	34. 70114 *** (3. 20214) [10. 8369]	2. 465111 *** (0. 09340) [26. 3930]	1. 718868 *** (0. 32693) [5. 25752]

注：＊、＊＊、＊＊＊分别代表在10%、5%和1%的显著性水平上显著。

7.5　QFII、双融机制与股票市场定价效率

7.5.1　中国资本市场制度建设概说

中国资本市场的效率建设也是一部政府制度建设优化的发展史。中国资本市场发展是中国在"新兴加转轨"的历史背景下发展社会主义市场经济的需要，"新兴加转轨"决定着中国股票市场先天畸形、后天营养不良的属性特征。在这样的格局下，对中国资本市场的制度改革和优化成为资本市场

走向效率建设的路径选择。中国资本市场制度建设主要分为以下几个阶段。

第一阶段：交易所及监管机构的成立。20 世纪 90 年代初期，中国成立证券交易所，标志着中国开始有了真正规范意义上的股票交易市场。但是当时市场没有像样的法律规范，更多是一些管理办法，股票市场由中国人民银行直属部门管理。1992 年成立中国证监会，预示着资本市场被纳入国家监管体系，资本市场被纳入统一监管由区域性试点推向全国，全国性资本市场开始形成并逐步发展。

第二阶段：为了促进问题解决，2004 年 1 月 31 日发布的《国务院关于推进资本市场改革开放和稳定发展的若干意见》（以下简称《若干意见》），将发展中国资本市场提升到国家战略任务的高度，为资本市场的进一步改革与发展奠定了坚实的基础。《若干意见》的主要内容包括：大力发展资本市场是一项重要的战略任务，它有利于完善社会主义市场经济体制，更大程度地发挥资本市场优化资源配置的功能，将社会资金有效转化为长期投资；有利于国有经济的结构调整和战略性改组，加快非国有经济发展；有利于提高直接融资比例，完善金融市场结构，提高金融市场效率，维护金融安全。

《若干意见》指出，资本市场发展应遵循"公开、公平、公正"的原则和"法制、监管、自律、规范"的方针；坚持依法治市，保护投资者特别是社会公众投资者的合法权益；坚持资本市场改革的市场化取向，充分发挥市场机制的作用；坚持用发展的办法解决前进中的问题；坚持循序渐进，不断提高对外开放水平。

《若干意见》提出了资本市场改革开放和稳定发展的任务：以扩大直接融资、更大程度地发挥市场在资源配置中的基础性作用为目标，建设透明高效、结构合理、机制健全、功能完善、运行安全的资本市场，并逐步建立满足不同类型企业融资需求的多层次资本市场体系。

第三阶段：立法阶段。这一阶段制定颁布的法律主要有《中华人民共和国公司法》、《中华人民共和国基金法》以及《中华人民共和国证券法》。相关领域的法律体系的建设让资本市场在法律轨道上不断成长。

第四阶段：2005～2009 年中国股权分置改革。股权分置问题是历史的遗留问题，当时为了解决国有企业上市的问题，认为股权分置制度在发展过程中已经严重影响了资本市场的效率建设，加之人们对社会主义经济认识的不断提高，股权分置改革逐渐被提上议事日程。股权分置改革的基本思想是实现同股同权，建设全流通的资本市场。股权分置改革是中国资本市场完善市场基础制度和运行机制的重要变革，也是前所未有的重大创新，其意义不仅在于解决了历史遗留问题，还在于为资本市场其他各项改革和制度创新积累了经验、创造了条件。

第五阶段：2009 年至今，中国资本市场致力于建设多层次的资本市场，在交易制度、发行制度方面进行系列的制度建设。这些制度包括推出创业板市场、建立股指期货市场、推出融资融券制度，以及后期积极推行的注册制发行体制改革。

本部分考虑到制度建设在股票市场的定价效率中的作用，所以在系列制度建设中，选取融资融券制度为代表，考察外国机构投资者是否通过持有融资融券股影响股票市场的定价效率。融资融券制度是指证券投资人可以通过向证券商融集资金进行杠杆化交易，也可以向证券商借入股票进行卖空交易。之所以选择融资融券制度，主要是因为融资融券制度是一种杠杆交易，可以在看多时融资，在看空时融券。这样的制度，能够让市场实现利多信息的迅速释放和利空信息的快速暴露，增加股票市场的信息含量。而这一制度在西方资本市场又是常规制度。融资融券制度建设能够提高市场的交易量，让市场价格发现的功能得到实现。

7.5.2　实证分析

表 7 - 7 的回归结果显示，外国机构投资者投资有融资融券制度的股票比投资没有融资融券制度的股票更能降低股票价格同步性，降低价格的迟滞水平。股票市场是一个充满多空信息的市场，在一个只有单项做多的市场中，投资者的行为只能是卖出自己手中的股票，但是在市场低迷时，很多投资者手中没有股票，但是市场又充满利空信息，这时市场只能以低交易量的形式展现。但是如果有卖空制度，市场还可以通过价格下跌的形式来反映市场的利空信息。因此融资融券制度能够使市场信息得到更有效的释放。另外，卖空除了反映市场信息外，还可以对政策以及政府政策的得失进行反映。如果市场的政策制度建设有问题，投资人也会利用卖空机制在市场上卖出股票，提示政府进行政策的积极补救。投资人用手中的筹码来提示政策制

定者进行制度的补救，从而实现对资本市场的建设。融资融券制度是一项重要的股票市场交易机制，这一制度理论上可以降低市场的信息不对称问题。如果外国机构投资者具有利好的私有信息，那么他们就可能会采取融资的方式不断买入股票，导致股价上升，股价上升使股票价格获得更准确的定价。如果外国机构投资者拥有利空的私有信息，则即使他们并没有持有公司的股票，也可以用融券的方法卖出股份，促使股价趋向于真实价值（郝项超等，2018）。外国机构投资者相比国内机构投资者，更熟悉卖空交易制度及杠杆交易制度，所以作为聪明的投资人，他们会时时刻刻关注市场的机会。实证结果显示，外国机构投资者通过融资融券交易可以向市场释放更多的私有信息。

我们在以融资融券制度作为中国政府制度建设的代表时，应谨慎得出结论：在中国资本市场的制度建设中，一部分制度是中国监管机构本身的自上而下的改革；另一部分制度是在市场化、国际化的过程中形成的。通过融资融券制度，外国机构投资者确实能够降低股票价格同步性。

表 7 - 7　基于资本市场制度建设的路径（以融资融券制度为例）

	Synchronicity			Delay		
	(1)	(2)	(3)	(1)	(2)	(3)
$QFII \times Short\_sale$	-0.0796 *** (-13.8197)	-0.01773 *** (-3.6162)	-0.0291 *** (-4.7732)	-0.08482 *** (-99.0943)	-0.0733 *** (-13.6004)	-0.1367 *** (-9.5429)
$QFII$			0.0406 *** (5.2769)			0.09267 *** (6.3216)
$QFII^2$		0.0042 *** (15.9544)	0.0025 *** (4.6681)		0.0054 *** (15.3594)	0.0033 *** (8.7852)
$Dinst$		-0.0046 *** (-12.2646)	-0.0050 *** (-16.7800)		-0.0010 *** (-2.4106)	-0.0007 *** (-1.7065)
$\ln P$		0.1726 *** (5.9431)	0.0937 *** (2.7895)		-0.1412 (-1.0407)	-0.3220 ** (-2.4346)
$\ln Size$		-0.2807 *** (-8.9521)	-0.2068 *** (-5.5096)		0.0501 (0.3727)	0.2371 * (1.8070)
$\ln Analysts$		0.0082 (1.0060)	0.0059 (0.6563)		0.1540 *** (11.4600)	0.1245 *** (10.3198)

	Synchronicity			Delay		
	（1）	（2）	（3）	（1）	（2）	（3）
lnTurnover		− 0.7265 *** （ − 26.0767）	− 0.6672 *** （ − 19.1339）		− 0.4758 *** （ − 3.5693）	− 0.2657 ** （ − 2.0332）
lnVolume		0.5761 *** （19.9062）	0.5144 *** （14.3488）		0.2756 ** （2.0548）	0.08196 （0.6250）
Hold1		0.0011 ** （2.2490）	0.0017 *** （3.2053）		0.0104 *** （20.8627）	0.0072 *** （15.3502）
Hold10		− 0.0017 *** （ − 3.7030）	− 0.0020 *** （3.7865）		− 0.0213 *** （ − 33.5706）	− 0.0175 *** （ − 29.3952）
lnLev		− 0.0092 （ − 1.0843）	− 0.01466 （ − 1.2525）		− 0.1973 *** （ − 11.8322）	− 0.1970 *** （ − 13.1476）
PE		− 7.9123 （ − 0.9372）	− 4.6543 （ − 0.5261）		− 0.0002 * （ − 1.6705）	− 0.0003 ** （ − 2.2205）
Short_sale			0.0273 * （1.5259）			0.04378 * （1.5763）
C		− 5.8686 *** （ − 39.5473）	− 5.7222 *** （ − 31.4604）		− 3.2884 *** （ − 5.2067）	− 2.5178 *** （ − 4.0917）
R^2	0.02396	0.9842	0.8717	0.5406	0.8878	0.8352
N	3393	2978	2978	3393	2978	2978

注：（）内的数值为 t 值的统计量，＊、＊＊、＊＊＊分别代表在 10％、5％ 和 1％ 的显著水平上显著。

7.6 QFII 持仓、声誉机制与股票价格同步性

随着股票价格同步性及价格迟滞指标的广泛运用，人们进一步研究发现，市场中由于存在示范效应，明星机构投资者或是明星分析师通过声誉机制对其他投资者起着放大作用，这种作用反映在市场中，股票价格在短期中将呈现动量效应，在长期中存在反转效应。其中 Hou 和 Moskowitz（2005）以及周铭山等（2016）通过研究明星分析师和非明星分析师，发

现明星分析师的预测与股票价格同步性之间存在声誉机制。而本书在研究
外国机构投资者时发现，其模式与明星分析师的模式相仿，因为外国机构
投资者在海外作为成功的投资典范，在国内被业界广泛关注，并进行积极
模仿。我们怀疑外国机构投资者对国内股票市场的影响，除了通过信息机
制及溢出效应提高股票市场定价效率外，还有可能通过声誉机制的方式影
响股票市场。因此本部分验证外国机构投资者是否通过声誉机制影响股票
市场的定价效率？如果是声誉机制在起作用，则是否存在短期价格的动量
效应和中长期价格的反转效应？

7.6.1 外国机构投资者、声誉机制与股票市场定价效率

为了检验外国机构投资者通过声誉机制影响股票价格同步性这一假说，
本节的检验方法是通过对外国机构投资者持仓较低的组进行最小二乘法的检
验，若持仓较低的组在降低股票价格同步性上与总体数据具有同质性的特
征，我们就大胆怀疑外国机构投资者除了通过信息机制影响股票市场定价效
率外，声誉机制也在起作用。

根据 QFII 持仓的比例进行分类，我们将 QFII 持仓规模低于 5% 的上市
公司样本作为实证研究对象，通过最小二乘法进行回归，以此来观察 QFII
持仓比例的系数大小及显著水平。若 QFII 的回归系数与总体样本回归系数
大小及显著性水平一致，则我们可以推测在较低持仓水平下外国机构投资者
影响股票市场定价效率，可能是由于其他机制的作用，也就是说外国机构投
资者通过声誉机制来影响股票市场定价效率。表 7 - 8 的实证结果显示，在
分组回归中，QFII 持仓比例分别为 - 0.3855% 、 - 0.2971% 、 - 0.2597% 、
- 0.2299% ，且均在 1% 的显著性水平上显著。通过与第 6 章的总体数据回
归结果比较发现，QFII 回归系数绝对值比总体样本回归系数绝对值还要大，
符号均相同。这也说明 QFII 投资中国股票市场存在非线性关系，会出现定
价效率先提高后降低的趋势。此外在持仓低于 5% 的比例下，定价效率比全
样本下的定价效率高，这说明，通过 QFII 持仓降低股票价格同步性，除了
信息机制以外，还有其他机制在起作用，这种机制根据相似文献的研究，可
能是声誉机制下的动量效应在发挥作用。

表7-8 低于5%持仓水平的QFII

	Synchronicity			
	（1）	（2）	（3）	（4）
QFII	-0.3855 ***	-0.2971 ***	-0.2597 ***	-0.2299 ***
	（-5.1010）	（-3.8083）	（-3.2585）	（-2.8250）
$QFII^2$	0.0826 ***	0.0559 ***	0.0584 ***	0.0461 **
	（4.3053）	（2.9384）	（2.9248）	（2.3461）
Dinst		-0.0028 **		-0.0034 **
		（-2.2143）		（-2.4101）
lnP		-0.2956 ***		-0.2867 ***
		（-7.7688）		（-7.4249）
lnSize				
lnAnalysts		0.1501 ***		0.0886 ***
		（5.0021）		（2.7729）
lnTurnover		-0.3456 ***		-0.3397 ***
		（-11.6072）		（-11.1896）
lnVolume				
Hold1			0.0054 ***	0.0024 *
			（2.6580）	（1.6911）
Hold10			-0.0003	-0.0052 **
			（-0.1894）	（-2.3305）
lnLev			0.2288 ***	-0.0804 *
			（5.9892）	（-1.9953）
PE			4.8716	-7.6015
			（0.3086）	（-0.3905）
Short_sale				0.2939 ***
				（5.4735）
C	-0.9995 ***	1.146 ***	-2.1171 ***	0.9711 ***
	（-17.8991）	（5.6479）	（-11.3340）	（3.3216）
R^2	0.0826	0.1067	0.1237	0.1123
N	3240	2828	3173	2799

注：（ ）内的数值为t值的统计量，＊、＊＊、＊＊＊分别代表在10%、5%和1%的显著性水平上显著。

有学者的研究认为分析师推荐跟踪股票有助于投资者知晓上市公司股票的信息及机构持仓情况，在中国分析师在推荐股票时既会分析上市公司的财务信息，也会报告机构持仓情况。基于此，本书认为，如果上市公司股票被 QFII 持仓，又有分析师分析评级推荐，QFII 所持股票的声誉就会变高。

在表 7 - 9 的回归结果中，第（1）列是 *Synchronicity* 对 *QFII* 及 *QFII*^{2} 进行的回归，回归结果与预期方向一致。第（2）列是加入股票评级机构的家数指标的回归，回归结果显示股票评级机构的家数并没有影响股票价格同步性，这是因为在机构荐股过程中，大部分投资者没有选择能力，不能区分评级正确的公司和评级错误的公司，造成大家同时采取相同的投资策略，结果出现了较高的股票价格同步性。但是在第（3）列中，研究发现，如果既有股票评级机构的评级分析，又有 QFII 持仓，那么股票价格同步性能被显著降低，这说明在 QFII 和股票评级机构共同影响下，大家能够对上市公司的优劣做出明显的区分，从而提高股票市场的定价效率。

表 7 - 9　基于股票评级机构评价与 QFII 持仓交叉项的定价效率

	Synchronicity		
	（1）	（2）	（3）
QFII	- 0. 6765 *** （ - 2. 6）	- 0. 1127 *** （ - 4. 2）	- 0. 080 * （ - 1. 81）
QFII^2	0. 0994 *** （5. 34）	0. 1228 *** （6. 5）	0. 1306 *** （6. 28）
ln*Analysts*		0. 1487 *** （5. 31）	0. 1710 *** （4. 57）
QFII × ln*Analysts*			- 0. 1655 * （ - 1. 90）
C	- 1. 1996 *** （ - 32. 25）	- 1. 4091 *** （ - 21. 96）	- 1. 4512 ** （ - 18. 27）
R^2	0. 0218	0. 0334	0. 0336
N	3393		3047

注：（ ）内的数值为 t 值的统计量，* 、** 、*** 分别代表在 10% 、5% 和 1% 的显著性水平上显著。

研究结果一方面表明 QFII 投资的非线性特征的存在，另一方面展示了 QFII 在中国股票市场上除了通过信息机制，还通过声誉机制在起作用。在中国，投资者金融素养还比较低，所以外国机构投资者在中国的声誉机制起着不可忽视的作用。因此基于其影响力,中国政府在引入外国机构投资者时应该谨慎,引导其发挥积极的影响,限制其消极的影响,从而更好地为中国资本市场服务。

在第 6 章的研究中,通过回归结果的计算,我们可知 QFII 投资中国股票市场,股票价格同步性由下降转为上升的拐点位置,主要是集中在 4% 左右。

通过图 7−1 可以发现,QFII 持仓比例低于 4% 时,股票价格同步性更多都低于 0,而且呈现较为标准的正态分布。当 QFII 持仓比例超过 4% 时,股票价格同步性开始上升,而且呈现向右偏离的状态。通过图 7−1 的研究也可以推测,QFII 投资中国股票市场存在非线性特征,同时也存在声誉机制,而且在低于 4% 的持仓水平下,定价效率更高。

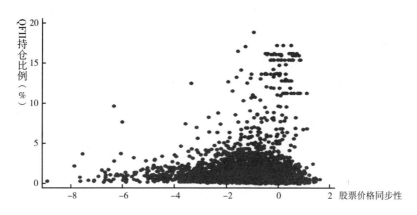

图 7−1 股票价格同步性与 QFII 持仓比例之间的散点图

既然 QFII 投资中国股票市场存在声誉机制,那么在较低和较高的持仓比例下,声誉机制理论上都会存在。为什么在较低的持仓比例下,定价效率会比较高呢?这一逻辑源于第 6 章所讨论的逆向选择及市场"搭便车"的原理。理论上讲,在较低和较高比例的持仓水平下,都会存在声誉机制。只是在较低比例下,市场知情人比例低,市场上动量效应小,股票个性化信息会转化为较高的收益率,当 QFII 持仓超过 4% 时,市场上动量效应变大,声誉机制效能变大,市场上参与 QFII 持仓股票的投资者变多,这时股票市场收益率开始下降,导致 QFII 积极挖掘个股特质性信息的意愿下降,从而市场会呈现非理性投资行为。这样的逻辑分析预示着，动量效应与 QFII 持仓比例将呈现正相关关系，在较低的动量效应下，会弥补因为 QFII 持仓比例过低而产生的信息释放效应；在较高的 QFII 持仓比例下，动量效应会导致市场对信息反应过度，甚至会出现羊群效应，使市场定价效率下降。

7.6.2　机构投资者投资与市场反应：动量效应与反转效应检验

若是声誉机制起作用，则根据 Hou 和 Moskowitz（2005）的理论研究，外国机构投资者持仓的股票在短期中存在动量效应，在长期中存在反转效应。为了检验这两种效应，本章根据动量效应及反转效应的检验方法，对 QFII 持仓的股票价格指数进行检验，QFII 持仓的股票价格指数由申万等券商编制而成，数据从 2006 年 1 月到 2018 年 5 月，研究 t 期股票市场价格收益率和未来 1 期到 35 期的累计收益率以及时点收益率的关系，若存在一致的变动方向，则认为其具有动量效应，反之则认为存在反转效应。我们之所以选择 35 个月是考虑到长期因素。在研究中，我们将期限在 12 个月以内的界定为短期，12 个月及以上的界定为中长期。

图 7－2 是 QFII 持仓的股票的价格表现，从该图可以发现，QFII 持仓股票所构造的价格指数明显不同于沪深 300 指数，QFII 持仓股票指数呈现黏性上涨的局面，这一特征与美国股票价格指数相仿，这也说明了 QFII 将

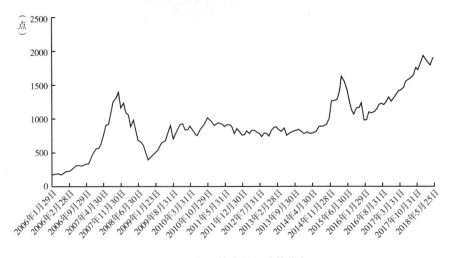

图 7－2　QFII 持仓股票价格指数

国外的投资理念引入中国股票市场，也显示了 QFII 具有较强的投资选股能力。

表 7 - 10 检验的是 QFII 持仓股票指数 t 期收益率与滞后期累计收益率的回归结果，以此来检验当期收益率与未来累计收益率的关系，数据频率为月度数据。回归结果显示，t 期收益率与未来 1 期到 35 期的累计收益率均为同向变动，且非常显著。这说明 QFII 持仓股票的价格指数不论是在短期还是在中长期都具有动量效应，长期中不存在反转效应。

表 7 - 10　QFII 持仓股票指数收益率对指数未来累计收益率的动量效应及反转效应测度

	r(0:1)	r(0:2)	r(0:3)	r(0:11)	r(0:23)	r(0:35)
QFII	0.5002 *** (15.69)	0.2801 *** (10.1147)	0.2239 *** (9.3301)	0.07032 *** (4.9329)	0.0316 *** (2.3248)	0.0611 *** (3.5620)

注：( ) 内的数值为 t 值的统计量，* 、**、*** 分别代表在 10%、5% 和 1% 的显著性水平上显著。

表 7 - 11 是 QFII 持仓股票 t 期收益率与未来 1 期到 35 期的每个时点上的相关关系的回归，结果显示 1 到 3 个月每期的收益率与 t 期收益率为同向变动，一年以后的月收益率与 t 期收益率也为同向变动，但是在统计意义上不显著。这说明，QFII 持仓股票收益率在短期和长期中都存在动量效应，在长期中不存在反转效应，但是在长期中的动量效应不显著。

表 7 - 11　QFII 持仓股票指数收益率对未来收益率的动量效应及反转效应测度

	r(t+1)	r(t+2)	r(t+3)	r(t+11)	r(t+23)	r(t+35)
QFII	0.2334 *** (2.9610)	0.1157 (1.4340)	0.1892 ** (2.3646)	0.0339 (0.3996)	0.055 (0.5673)	0.1163 (1.0911)

注：( ) 内的数值为 t 值的统计量，* 、**、*** 分别代表在 10%、5% 和 1% 的显著性水平上显著。

我们基于以上的实证检验，可以推断，QFII 在中国具有较高的投资选股能力，主要体现为动量效应，特别是在短期条件下其动量效应明显，在长期条件下也存在动量效应，但是在长期条件下动量效应不显著。

7.7 本章小结

本部分研究了 QFII 投资中国股票市场定价效率的影响路径。实证结果显示，QFII 通过三种路径来实现定价效率的溢出：一是通过影响上市公司的估值来提高上市公司股票的定价效率；二是通过优化上市公司主体来提高定价效率；三是通过影响政府制度建设来提高定价效率。在研究 QFII 与国内机构投资者持仓交叉影响时，发现在 QFII 与国内机构投资者共同作用下没能提高定价效率，这可能源于国内机构投资者复杂的目标函数，但是 QFII 的投资行为确实可以通过影响国内机构投资者来提高国内股票市场的定价效率，比如证券投资技术水平、分析判断证券运行规律的方法等。

本章为了验证 QFII 是否通过声誉机制影响股票市场的定价效率，对较低持仓比例的 QFII 数据进行了检验，发现具有 QFII 较低持仓比例的股票也具有较低的股票价格同步性，这验证了 QFII 可能通过声誉机制在影响股票价格同步性。为了验证这种声誉机制的具体表现形式，本章最后对被 QFII 持仓股票进行了动量效应和反转效应检验，发现 QFII 持仓的股票短期内具有明显的动量效应，长期内没有反转效应。

8 结论、政策建议及研究展望

8.1 研究结论

本书从外国机构投资者角度讨论了中国资本市场定价效率，为中国资本市场加强效率建设提供了方法。通过对已有文献的梳理，我们构建外国机构投资者与股票市场定价效率的逻辑框架，并利用外国机构投资者投资中国股票市场的持仓数据对股票价格同步性和价格迟滞指标进行回归，检验了外国机构投资者与定价效率的逻辑关系。本书研究的结论归纳如下。

（1）随着中国资本市场的开放，外国机构投资者能够影响中国股票市场定价效率。外国机构投资者在已有研究中，是理性的投资者，是具有信息优势的投资者。相比国内的机构投资者，外国机构投资者的目标函数就是实现份额持有人的利益最大化；国内机构投资者的目标函数除实现份额持有人的利益最大化外，还要肩负维护中国资本市场稳定的重任。外国机构投资者在影响股票市场定价效率时，主要是通过证券持仓交易，向所投资的目标股票传递了更多的私有信息，在证券交易的过程中实现私有信息的释放，使股票价格能够具有更加个性化的特征。在实证分析中，本书检验了外国机构投资者与股票市场定价效率的逻辑关系，并根据对样本的分类，分别检验了外国机构投资者对股票定价效率影响的异质性。根据经济周期分类进行回归发现，无论是牛市周期还是熊市周期，外国机构投资者都能够提高股票市场的定价效率，但是在熊市行情中，其影响更大、更显著；根据企业性质分类进行回归发现，外国机构投资者对中小板市场的影响要高于主板市场，对民营企业的影响要大于国有企业，这样的结论表明，外国机构投资者更偏好于投资市场化程度较高的企业，这体现了股票市场价格发现的功能。本书在检验

183

外国机构投资者对股票市场定价效率的影响时，将定价效率指标分为信息反应和信息包含两类，这样的分类是对尤金·法玛和 Hou 等研究的继承和发展，细分定价效率的影响指标，能更好地检验外国机构投资者对股票市场定价效率的影响。为了保持研究的稳健性，本书分别使用了平衡面板数据和混合截面数据，两种数据结果均验证了研究结论。为了克服内生性问题，即外国机构投资者选择的股票本身就有很高的定价效率，具有较高定价效率的股票吸引了外国机构投资者的投资，本书运用两阶段最小二乘法和滞后变量的方法。

（2）外国机构投资者对股票市场定价效率的影响具有非线性特征。这一结论的发现，为中国引入外国机构投资者发展资本市场提供了启示。本书在理论和实证研究中发现，外国机构投资者对股票市场的定价效率的影响不是单调递增的，在初期，他们会增加股票的信息含量，有外国机构投资者参与的股票，其信息释放速度更快。但是实证结果显示，外国机构投资者持仓市值占行业流通股比例的平方项目是正数，和外资持股变量符号相反，说明外国机构投资者对股票市场定价效率的影响具有非线性特征，初期是提高定价效率，在增加到一定程度后，会导致定价效率下降。运用回归系数计算发现，外国机构投资者对股票市场定价效率的影响，其拐点的位置出现在其持股比例为4%的水平附近。进一步分析发现，其内在的机理有以下两点。第一，股票市场存在"搭便车"和逆向选择行为。在股票市场不断开放的过程中，外国机构投资者的投资行为会被不断放大和被察觉到，在这种情况下，市场上存在一部分"搭便车"者，他们没有进行成本投入而直接获取进行信息生产的外国机构投资者的信息，使进行信息生产的外国机构投资者的收益降低。随着大量的"搭便车"者的出现，外国机构投资者也开始"搭便车"，不进行私有信息生产，这样股票市场定价效率开始下降。第二，在引入外国机构投资者的过程中，在初期，监管机构批准进入的外国机构投资者，都是一些有着悠久历史、良好业绩及信誉较高的跨国金融集团，随着开放进程的加快，一些小型金融机构开始被引入，市场上的外国机构投资者身份具有多元化的特征，这样股票市场定价效率开始发生异质性变化。加之在初期，外国机构投资者因为经营较为稳健，其在中国市场的资产配置比例低于其在全球市场的资产配置比例，所以即便中国股票市场有波动，外国机构投资者的焦虑程度也较低。随着其在中国股票市场资产配置比例的增加，外国机构投资者开始焦虑，当市场发生波动时，难免会出现一些非理性行为，不能基于市场私有信息进行理性投资。外国机构投资者的这种行为也见于大量文献研究中。研究发现外国机构投资者在新兴国家有时起着反作用，也具有羊群效应。外国机构投资者的这种非线性特征在其他新兴国家和地区中也曾出现过，本书分别对中国台湾、马来西亚及韩国等国家和地区做了经验介绍和总结，其经验教训是：金融开放要循序渐进，不可一蹴而就，在金融开放的过程中要保持开放和开放程度的平衡。

（3）外国机构投资者投资中国股票市场具有溢出效应，可以通过溢出效应放大对股票市场定价效率的影响。外国机构投资者在中国的投资规模相对有限，在资本市场总市值中所占的比例还较低，其对资本市场的直接影响还较小，但是我们从实证检验中发现，由于外国机构投资者的溢出效应，其对中国股票市场的影响力度较大。这种溢出效应主要通过以下几条路径来实现。第一，通过影响市场参与主体的方式，实现对市场主体的优化。资本市场由若干主体组成，市场主体的优化是实现竞争性均衡的前提条件。在具体的市场主体方面，本书梳理了融资主体、投资主体及监管组织。理论和实证均验证了外国机构投资者可以通过正的外部性来实现对国内市场参与主体的优化，如通过投资激励和公司治理、通过推动政府交易规则和制度的设定、通过示范及人员流动等。第二，通过市场机制影响股票市场定价效率。这些市场机制包括市场竞争机制、市场的人员流动、产品模仿等。在市场机制的作用下，外国机构投资者通过与国内机构投资者竞争客户资源，对客户尽职服务，从而实现市场的利益最大化。外国机构投资者也可以通过市场竞争机制，让上市公司进行竞争，激励和约束上市公司的行为。人员流动效应较为显著，外国机构投资者进入中国，在中国招聘员工，促使国内的证券从业人员流动，实现了外资技术和投资理念的共享，从而实现了国内同行业的金融知识水平的提高。在产品模仿方面，对资本市场的投资在西方主要是构建投资组合，外国机构投资者构建的投资组合，会在市场交易中逐渐被国内机构投资者所观察和学习，最终使大家都构建最优的投资组合，市场参与者都持有最优投资组合，市场逐渐会形成竞争性均衡。第三，产业链关联路径。产业链分为横向产业链和纵向产业链，产业链关系逻辑会导致产业链的关联方根据产业链的传递关系实现市场的标准化生产。外国机构投资者可以通过产业链的关系逻辑，对份额持有人、上市公司以及证券市场上的服务机构提供标准化的产品或服务，这样市场会形成良性互动。本书通过对外国机构投资者投资与溢出路径变量进行交叉回归，检验了二者在相互作用下与定价效率的变化关系。为了进一步验证这种溢出路径，本书还对外国机构投资者与上市公司财务指标数据进行回归，结果也验证了外国机构投资者能够促进上市公司主体优化，外国机构投资者通过价值选择的方法影响定价效率。第四，外国机构投资者通过声誉机制来影响定价效率，这种机制体现在两方面：一是动量机制；二是反转机制。在进一步实证检验后发现，外国机构投资者主要通过动量机制影响中国股票市场定价效率。

8.2 政策建议

外国机构投资者投资中国股票市场，能够提高股票市场的定价效率，但是对定价效率的影响具有非线性特征，对股票市场定价效率的影响也具有异质性的特点，外国机构投资者影响中国股票市场定价效率具有溢出效应。基于这样的研究结论，提出如下政策建议。

（1）资本市场跨越国界是市场经济纵深发展的内在要求，中国应该积极顺应市场经济发展的大潮，建立健全资本市场的各项制度，适时引入外国机构投资者，通过资本市场的开放，与狼共舞，提高中国股票市场的定价效率，从而更好地服务于实体经济。中国已由中国制造大国向中国创造大国转变，中国经济总量跃居世界第二，实体经济领域正在实现全方位开放，资本市场跨越国界进行发展已经是不可阻挡的历史潮流。中国应该迎风而上，在资本市场的开放进程中提高资本市场的定价效率，进而更好地服务于实体经济。

（2）资本市场的开放有利有弊，要扬长避短，其他新兴国家和地区资本市场开放的经验值得借鉴，资本市场在开放的过程中对定价效率的影响并非一成不变。因此，鉴于外国机构投资者对股票市场定价效率的影响具有非线性特征，应该设法解决信息不对称下的"搭便车"行为，建立健全资本市场的制度，增加外国机构投资者对中国资本市场的信任感，对外国机构投资者的准入进行积极有效的把关，引入更多的优质外资投资中国股票市场。

（3）引入外国机构投资者，如何实现有效利用，防范金融风险，对于监管机构来说一直是一项艰巨的课题。本研究发现，在不同的经济周期下，外国机构投资者所发挥的作用具有一定的异质性。因此，在牛市行情中，监管机构可以尝试从严监管；在熊市行情中，监管机构可以积极引导外资入市，稳定中国资本市场。在本研究中还发现，外国机构投资者对中小板企业的定价效率的影响更加显著，而对主板市场上的国企影响有限，因此，可以积极推动外国机构投资者对中小板企业的投资，实现市场资源的优化配置，通过市场机制促使具有优势的中小企业上市融资。

（4）外国机构投资者对定价效率的影响，主要是通过影响政府的制度建设、促进上市公司的自身优化来实现的。研究发现，其没有通过影响国内机构投资者来提高定价效率，但国内机构投资者持股的股票，被外国机构投资者投资后反而会导致定价效率下降。因此应该积极引导国内机构投资者有序发展，避免同质化发展模式。

（5）实证发现，外国机构投资者可通过声誉机制影响股票市场定价效率，所以在中国应该积极引导外国机构投资者进行正确的价值投资，弘扬市场正能量。外国机构投资者在通过声誉机制影响股票市场定价效率的过程中，会导致市场呈现动量效应。在较低持仓比例的情况下，动量效应能够克服因为外国机构投资者投资比例过低导致的信息反应不足的问题。而在外国机构投资者持仓比例超过4%时，声誉机制就会导致动量效应变大，市场呈现过度反应，股票市场定价效率开始发生反转。因此，本研究发现，应该积极引导外国机构投资者坚持正确的价值投资理念，加强国内金融市场参与主体的金融可得性，在开放的过程中，适时将外国机构投资者的投资水平控制在一定的比例下。

较高的外国机构投资者持仓比例会导致定价效率的非线性，为了克服这一缺陷，应该从两个角度进行解决：一是加强国内金融市场参与者的金融可得性，促使国内金融市场参与者不断成熟，能够分辨信息的真伪，更加理性；二是在引入外国机构投资者时，通过市场选择的方式，让那些具有信息挖掘能力、坚持价值投资的外国机构投资者在中国不断成长，从而不断加大国内金融市场开放的力度，并在开放的过程中，根据市场的金融稳定程度，适时调控开放比例。

8.3　未来研究展望

本书基于外国机构投资者视角研究股票市场定价效率，在这样的研究基础上，后续的研究可以在如下几个领域展开。

展望 1：股票市场定价效率是资本市场的核心问题，实现资本市场的效率建设，政界、学界、商界应广泛关注。本书从开放的视角讨论了股票市场定价效率，而在定价效率指标的选择上，本书是基于 R^2 的方法来测度，许多文献对此方法已有使用，但是市场上对此方法也有一些争议，如基于 R^2 的方法测度股票市场定价效率是否可靠；通过借鉴 Hou 和 Moskowitz 的模型，讨论了较低的 R^2 是代表着较高的定价效率还是较高的市场噪音，QFII 投资是一种私有信息交易还是一种市场噪音交易。因此鉴于这样的争论，今后可以讨论，在外国机构投资者投资中国股票市场的过程中是否存在噪音交易行为，在什么样的情景下是噪音交易、在什么样的情景下是信息交易，等等。这样的研究对于更好地引入和利用外国机构投资者具有重要的意义。

展望 2：在机构投资者与股票市场定价效率的模型中，为什么是外国机构投资者，而不是国内主要的机构投资者公募基金。我们查阅文献和研究中国金融发展的实际情况发现，国内机构投资者公募基金具有不唯一的投资目标函数，所以源于其复杂的目标函数，其在投资过程中不是基于市场基本面信息进行持仓的。而外国机构投资者在中国不具备复杂的商业关系，其在中国的社会责任也相对有限，因此其在中国投资，目标较为具体和集中，就是实现投资收益的最大化，他们会积极利用技术和有效信息进行理性投资。外国机构投资者更能代表市场的有限理性逻辑，而有限理性逻辑是市场实现竞争性均衡的前提条件。因此，比较国内外机构投资者投资的不同，以此来研究国内外市场机构投资者的机构问题是后续研究的视角。

展望 3：文化的异质性特征与股票市场价格的同步性可能会存在一定的相关性。在西方文化中，人们追求个人自由主义，追求个性化的行为模式，这些行为模式在金融投资领域中也会有所体现，因为外国机构投资者来自资本主义国家。西方资本主义国家的文化特征是否会对其投资行为产生影响，是否会对股票价格同步性产生影响，是较为前沿的交叉性课题，后续的研究可能会基于投资主体文化异质性来研究股票价格同步性。

　　展望 4：在资本金融项目的开放过程中，资本项目开放先于金融项目开放。在资本项目开放过程中，出现了 FDI 与 OFDI，资本项目的双向开放，共同促进了实体经济跨越国界进行资源配置。双向开放的逻辑在资本项目开放中得到了全方位的体现。因此，在金融项目开放过程中，除了从外国机构投资者视角研究股票市场定价效率外，QDII 也是其中一个重要视角，积极鼓励中国金融资本去海外投资，也能够提高中国股票市场的定价效率。金融项目的双向开放是未来新的研究主题，伴随中国资本市场的强大，对外证券投资是新时代的呼声。因此，在资本市场的双向开放过程中提高股票市场的定价效率是未来另一个研究视角。

参考文献

[1] Aggarwal, S. , Pittenger, M. F. , "Human Mesenchymal Stem Cells Modulate Allogeneic Immune Cell Responses," *Blood*, 2005, 105.

[2] Albuquerque, R. , Bauer, G. H. , Schneider, M. , "Global Private Information in International Equity Market," *Journal of Financial Economics*, 2009, 94.

[3] Amador, M. , Weill, P. O. , "Learning from Prices: Public Communication and Welfare," *Journal of Political Economy*, 2010, 118 (5).

[4] Arrow, K. J. , "The Economic Implications of Learning by Doing," *Review of Economic Studies*, 1971, 29 (3).

[5] Badrinath, S. G. , Kale, J. , Noe, T. H. , "Of Shepherds, Sheep, and the Cross-Autocorrelations in Equity Returns," *Review of Financial Studies*, 1995, 8.

[6] Bae, K. H. , Chan, K. , Ng, A. , "Investibility and Return Volatility," *Journal of Financial Economics*, 2004, 71 (2).

[7] Bae, K. H. , Goyal, V. , "Equity Market Liberalization and Corporate Governance," *Journal of Corporate Finance*, 2010, 16.

[8] Bae, K. H. , Ozoguz, A. , Tan, H. , Wirjanto, T. S. , "Do Foreigners Facilitate Information Transmission in Emerging Markets?" *Journal of Financial Economics*, 2012, 105 (1).

[9] Bae, K. H. , Stulz, R. M. , Tan, H. , "Do Local Analysts Know More? A Across-Country Study of the Performance of Local Analysts and Foreign Analysts," *Journal of Financial Economics*, 2008, 88.

[10] Balakrishnan, K. , Billings, M. B. , Kelly, B. T. , Ljungqvist, A. , "Shaping Liquidity: On the Causal Effects of Voluntary Disclosure," *Journal*

of Finance, 2014, 69 (5).

[11] Bekaert, G., Harvey, C. R., "Foreign Speculators and Emerging Equity Markets," *Journal of Finance*, 2000, 55.

[12] Bekaert, G., Harvey, C. R., Lundblad, C., "Does Financial Liberalization Spur Growth?" *Journal of Financial Economics*, 2005, 77.

[13] Bekaert, G., Harvey, C. R., Lundblad, C., "Emerging Equity Markets and Economic Development," *Journal of Development Economics*, 2001, 66.

[14] Bekaert, G., Harvey, C. R., Lundblad, C., "Liquidity and Expected Returns: Lessons from Emerging Markets," *Review of Financial Studies*, 2007, 20.

[15] Black, F., "Noise," *Journal of Finance*, 1986, 41 (3).

[16] Boehmer, E. W., "Short Selling and the Price Discovery Process," *Review of Financial Studies*, 2013, 26.

[17] Bond, P., Edmans, A., Goldstein, I., "The Real Effects of Financial Markets," *Annual Review of Financial Economics*, 2012, 4.

[18] Chan, K., Hameed, A., "Stock Price Synchronicity and Analyst Coverage in Emerging Markets," *Journal of Financial Economics*, 2006, 80 (1).

[19] Chari, A., Henry, P. B., "Firm-Specific Information and the Efficiency of Investment," *Journal of Financial Economics*, 2008, 87.

[20] Chen, J., Dickson, B., "Allies of the State: Democratic Support and Regime Support among China's Private Entrepreneurs," *China Quarterly*, 2008, 196.

[21] Chordia, T., Roll, R., Subrahmanyam, A., "Liquidity and Market Efficiency," *Journal of Financial Economics*, 2008, 87 (2).

[22] Covrig, V. M., Lau, S. T., Ng, L., "Do Domestic and Foreign Fund Managers Have Similar Preferences for Stock Characteristics? A Crosscountry Analysis," *Journal of International Business Studies*, 2006, 37.

[23] Cutler, D. M., Poterba, J. M., Summers, L. H., "Speculative Dynamics," *Review of Economic Studies*, 1991, 58.

[24] Dahlquist, M., Robertsson, G., "DirectForeign Ownership, Institutional

Investors, and Firm Characteristics," *Journal of Financial Economics*, 2001, 59 (3).

[25] DeLong, J., Shleifer, A., Summers, L., Waldmann, R., "Noise Trader Risk in Financial Markets," *Journal of Economic Analysis & Policy*, 1990, 98.

[26] Demsetz, H., "The Cost of Transacting," *Quarterly Journal of Economics*, 1968, 82 (1).

[27] Easley, D., et al., "Price, Trade Size, and Information in Securities Markets," *Journal of Financial Economics*, 1987.

[28] Edmans, A., "Block Holder Trading, Market Efficiency, and Managerial Myopia," *Journal of Finance*, 2009, 64.

[29] Eun, C. S., Wang, L. L., Xiao, S. C., "Culture and R^2," *Journal of Financial Economics*, 2015, 115 (2).

[30] Fama, E. F., "Efficient Capital Markets: A Review of Theory and Empirical Work," *Journal of Finance*, 1970, 25 (2).

[31] Ferreira, M., Matos, P., "The Colors of Investors' Money: The Role of Institutional Investors around the World," *Journal of Financial Economics*, 2008, 88 (3).

[32] Frank, D. J., Frans, D. R., "Time-Varying Market Integration and Expected Returns in Emerging Markets," *Journal of Financial Economics*, 2005, 78.

[33] Gao, F., Song, F., Wang, J., "Rational Expectations Equilibrium with Uncertain Proportion of Informed Traders," *Journal of Financial Markets*, 2012, 16 (3).

[34] Gao, P. Y., "Keynesian Beauty Contest, Accounting Disclosure, and Market Efficiency," *Journal of Accounting Research*, 2008, 46 (4).

[35] Gao, P. Y., Liang, P. J., "Informational Feedback, Adverse Selection, and Optimal Disclosure Policy," *Journal of Accounting Research*, 2013, 51.

[36] Garman, M. B., Kohlhagen, S. W., "Foreign Currency Option Values," Journal of International Money and Finance, 1983, 23.

［37］ Giannetti, M. , Simonov, A. , "Which Investors Fear Expropriation? Evidence from Investors' Portfolio Choices," *Journal of Finance*, 2006, 61 (3).

［38］ Glosten, L. R. , Milgrom, P. R. , "Bid, Ask and Transaction Prices in a Specialist Market with Heterogeneously Informed Traders," *Journal of Financial Economics*, 1985, 14 (1).

［39］ Greenstone, M. , Oyer, P. , Vissing-Jorgensen, A. , "Mandated Disclosure, Stock Returns, and the 1964 Securities Acts Amendments," *Quarterly Journal of Economics*, 2006, 121.

［40］ Griffin, J. M. , Kelly, P. J. , Nardari, F. , "Do Market Efficiency Measures Yield Correct Inferences? A Comparison of Developed and Emerging Markets," *Review of Financial Studies*, 2010, 23.

［41］ Grinblatt, M. , Keloharju, M. , "The Investment Behavior and Performance of Various Investment Types," *Journal of Financial Economics*, 2000, 55 (1).

［42］ Grossman, S. J. , Stiglitz, J. E. , "On the Impossibility of Informationally Efficient Markets," *The American Economic Review*, 1980, 70 (3).

［43］ Harrison, J. M. , Kreps, D. M. , "Speculative Investor Behavior in a Stock Market with Heterogeneous Expectations," *Quarterly Journal of Economics*, 1978, 92 (2).

［44］ He, W. , Li, D. , Shen, J. , Zhang, B. , "Large Foreign Ownership and Stock Price Informativeness around the World," *Journal of International Money and Finance*, 2013, 36.

［45］ Hou, K. W. , Moskowitz, T. J. , "Price Delay, and the Cross-Section of Expected Returns," *Review of Financial Studies*, 2005, 18.

［46］ Hou, K. W. , Peng, L. , Xiong, W. , "Is R^2 a Measure of Market Inefficiency?" *Princeton University Working Paper*, 2013.

［47］ Huang, R. D. , Shiu, C. Y. , "Local Effects of Foreign Ownership in an Emerging Financial Market: Evidence from Qualified Foreign Institutional Investors in Taiwan," *Financial Management*, 2009, 38 (3).

[48] Jan, M., "Equilibrium in a Capital Asset Market," *Econometrica*, 1966, 34 (4).

[49] Jin, L., Myers, S. C., "R^2 around the World: New Theory and New Tests," *Journal of Financial Economics*, 2006.

[50] John, L., "The Valuation of Risk Assets and the Selection of Risky Investments in Stock Portfolios and Capital Begets," *Review of Economics and Statistics*, February 1965.

[51] Kang, J. K., Stulz, R., "Why Is There a Home Bias? An Analysis of Foreign Portfolio Equity Ownership in Japan," *Journal of Financial Economics*, 1997, 46.

[52] Kian-Ping, L., Chee-Wooi , H., Kwok-Boon, C., Robert, B., "Foreign Investors and Stock Price Efficiency: Thresholds, Underlying Channels and Investor Heterogeneity," *North American Journal of Economics and Finance* , 2016, 36 .

[53] Kim, J. B., Cheong, H. Y., "Foreign versus Domestic Institutional Investors in Emerging Markets: Who Contributes more to Firm-Specific Information Flow?" *China Journal of Accounting Research*, 2015, 8 (1).

[54] Kyle, A., "Continuous Auctions and Insider Trading," *Econometrica*, 1985, 53 (6).

[55] Leuz, C., Lins, K. V., Warnock, F. E., "Do Foreigners Invest Less in Poorly Governed Firms? " *Review of Financial Studies*, 2009, 23 (3) .

[56] Lim, K. P., Hooy, C. W., Chang, K. B., Robert, B., "Foreign Investors and Stock Price Efficiency: Thresholds, Underlying Channels and Investor Heterogeneity," *North American Journal of Economics and Finance*, 2016, 36.

[57] Lo, A. W., MacKinlay, C. A., "When Are Contrarian Profits Due to Stock Market Overreaction?" *Review of Financial Studies*, 1990, 12.

[58] Markowitz, H. M., "Portfolio Selection," *Journal of Finance*, 1952, 7 (1).

[59] McQueen, G., Pinegar, M., Thorley, S., "Delayed Reaction to Good

News and the Cross-Autocorrelation of Stock Returns," *Journal of Finance*, 1996, 51.

[60] Morck, R., Yeung, B., Yu, W., "The Information Content of Stock Markets: Why Do Emerging Markets Have Synchronous Stock Price Movements?" *Journal of Financial Economics*, 2000, 58 (1).

[61] Piotroski, J. D., Roulstone, D. T., "The Influence of Analysts, Institutional Investors, and Insiders on the Incorporation of Market, Industry, and Firm-Specific Information into Stock Prices," *The Accounting Review*, 2004, 79.

[62] Reena, A., et al., "Institutional Allocation in Initial Public Offerings: Empirical Evidence," *The Journal of Finance*, 2002, 57 (3).

[63] Roll, R., "R^2," *The Journal of Finance*, 1988, 43 (3).

[64] Ross, S. A., "Risk and Arbitrage," Rodney L. White Center for Financial Research Working Papers, 2000.

[65] Ross, S. A., "The Arbitrage Theory of Capital Asset Pricing," *Journal of Economic Theory*, 1976, (13).

[66] Saffi, P. A. C., Sigurdsson, K., "Price Efficiency and Short Selling," *Review of Financial Studies*, 2011, 24.

[67] Sanford, J. G., Joseph, E. S., "On the Impossibility of Informationally Efficient Markets," *The American Economic Review*, 1980, 70 (3).

[68] Schuppli, M., Bohl, M., "Do Foreign Institutional Investors Destabilize China's A-Share Market?" *Journal of International Financial Markets, Institutions and Money*, 2010.

[69] Sharpe, W. F., "A Simplified Model for Portfolio Analysis," *Management Science*, 1963, 9.

[70] Sharpe, W. F., "Capital Asset Prices: A Theory of Market Equilibrium under Conditions of Risk," *The Journal of Finance*, 1964, 19 (3).

[71] Shiller, R. J., *Irrational Exuberance* (Princeton University Press, 2000).

[72] Simonov, G. A., "Which Investors Fear Expropriation? Evidence from Investors Portfolio Choices," *Journal of Finance*, 2006, 61.

［73］ Steven, S., Joseph, S., "Bargains and Ripoffs: A Model of Monopolistically Competitive Price Dispersion," *The Review of Economic Studies*, 1997, 44 (3).

［74］ Steven, S., "The Noisy Monopolist: Imperfect Information, Price Dispersion and Price Discrimination," *The Review of Economic Studies*, 1977, 44 (3).

［75］ Tan, M. N. T., " Has the QFII Scheme Strengthened Corporate Governance in China?" *China: An International Journal*, 2009, 7 (2).

［76］ Warfield, T. D., Wild, J. J., Wild, K. L., "Managerial Ownership, Accounting Choices, and Informativeness of Earnings," *Journal of Accounting and Economics*, 1995, 20.

［77］ Zhang, Y. J., Cao, X., He, F., Zhang, W., "Network Topology Analysis Approach on China's QFII Stock Investment Behavior," *Physica A: Statistical Mechanics and Its Applications*, 2017, 473.

［78］ 薄仙慧、吴联生：《国有控股与机构投资者的治理效应：盈余管理视角》，《经济研究》2009 年第 2 期。

［79］ 蔡庆丰：《从美国基金投资业绩看机构投资者的代理问题及其市场影响》，《国际金融研究》2007 年第 6 期。

［80］ 蔡庆丰、杨侃：《是谁在"捕风捉影"：机构投资者 VS 证券分析师——基于 A 股信息交易者信息偏好的实证研究》，《金融研究》2013 年第 6 期。

［81］ 曹文彬、史凌云：《创业板 IPO 破发定价问题》，《江南大学学报》（自然科学版）2014 年第 5 期。

［82］ 陈兵兵：《公司治理环境、所有权结构与股价信息含量——来自中国上市公司的经验证据：1997～2008》，《区域金融研究》2013 年第 8 期。

［83］ 陈灯塔、洪永淼：《中国股市是弱式有效的吗？——基于一种新方法的实证研究》，《经济学》（季刊）2003 年第 4 期。

［84］ 陈国进、张贻军、刘淳：《机构投资者是股市暴涨暴跌的助推器吗？——来自上海 A 股市场的经验证据》，《金融研究》2010 年第 11 期。

［85］ 陈晶璞、靳洁：《基于 GARCH 模型的 QFII 投资行为稳定性分析》，《统计与决策》2011 年第 23 期。

［86］陈梦根、毛小元：《股价信息含量与市场交易活跃程度》，《金融研究》2007 年第 3 期。

［87］陈启欢、杨朝军、王欢：《QFII 背景下的订单驱动模式》，《经济问题探索》2004 年第 11 期。

［88］陈炜、屈文洲：《基于订单持续期的投资者订单提交策略研究》，《管理科学学报》2010 年第 2 期。

［89］陈霄、叶德珠：《定价效率、不确定性与借款利率——来自 P2P 网络借贷的经验证据》，《对外经济贸易大学学报》（国际商务版）2016 年第 5 期。

［90］陈新春、刘阳、罗荣华：《机构投资者信息共享会引来黑天鹅吗？——基金信息网络与极端市场风险》，《金融研究》2017 年第 7 期。

［91］陈训波、贺炎林：《中国 IPO 定价效率研究——基于 IPO 抑价率和 EFF 值的比较分析》，《经济理论与经济管理》2013 年第 8 期。

［92］陈卓思、高峰、祁斌：《机构投资者交易行为特征研究》，《金融研究》2008 年第 4 期。

［93］程书强：《机构投资者持股与上市公司会计盈余信息关系实证研究》，《管理世界》2006 年第 9 期。

［94］程天笑、刘莉亚、关益众：《QFII 与境内机构投资者羊群行为的实证研究》，《管理科学》2014 年第 274 期。

［95］程砚秋：《基于支持向量机的农户小额贷款决策评价研究》，大连理工大学博士学位论文，2011。

［96］迟国泰、杜永强、郝熙格、刘峻伯：《基于区间数 DEA 的贷款定价模型研究》，《运筹与管理》2015 年第 24 期。

［97］邓川、孙金金：《QFII 持股、产权性质与企业融资约束》，《管理世界》2014 年第 5 期。

［98］丁方飞、张宇青：《基于佣金收入动机的机构投资者盈利预测偏离与股票交易量研究》，《金融研究》2012 年第 2 期。

［99］杜永强：《基于风险补偿原理的小企业贷款定价模型研究》，大连理工大学博士学位论文，2014。

［100］方立兵、丁婧：《透明度与市场效率——基于信息不对称的适应性学

习研究》，《管理科学学报》2017 年第 7 期。

[101] 方立兵、刘烨：《融资融券大扩容：标的股票定价效率提升了吗?》，《证券市场导报》2014 年第 10 期。

[102] 方立兵、肖斌卿：《融资融券失衡对标的股票定价效率的影响》，《当代经济科学》2015 年第 2 期。

[103] 冯旭南、李心愉：《中国证券分析师能反映公司特质信息吗? ——基于股价波动同步性和分析师跟进的证据》，《经济科学》2011 年第 4 期。

[104] 冯永晟、王俊杰：《阶梯电价之后应该引入峰谷电价吗——对中国居民电价政策的价格补贴与效率成本评估》，《财贸经济》2016 年第 2 期。

[105] 冯用富、董艳、袁泽波、杨仁眉：《基于 R^2 的中国股市私有信息套利分析》，《经济研究》2009 年第 8 期。

[106] 冯照桢、宋林：《异质机构、企业性质与企业社会责任信息披露》，《山西财经大学学报》2013 年第 35 期。

[107] 高昊宇、杨晓光、叶彦艺：《机构投资者对暴涨暴跌的抑制作用——基于中国市场的实证》，《金融研究》2017 年第 2 期。

[108] 高开娟：《股票市场开放、盈余管理及资本配置效率研究》，中南财经政法大学博士学位论文，2017。

[109] 高荣婧、曾振、张俊瑞、李彬：《盈余管理与应计项目定价效率》，《山西财经大学学报》2013 年第 10 期。

[110] 高扬、王超、刘超：《境外投资者持股对中国股票市场信息不对称的影响》，《北京理工大学学报》（社会科学版）2017 年第 5 期。

[111] 韩金晓、吴卫星：《股票价格同步性、波动性差异与流动性——基于沪深股市的实证研究》，《当代财经》2015 年第 9 期。

[112] 何基报、鲁直：《什么影响着投资者选择卖出或继续持有?》，《管理科学学报》2006 年第 6 期。

[113] 何佳、何基报、王霞、翟伟丽：《机构投资者一定能够稳定股市吗? ——来自中国的经验证据》，《管理世界》2007 年第 8 期。

[114] 何树红、毛娟芳、乐晓梅：《IPO 发售机制对定价效率影响的实证研究》，《云南民族大学学报》（自然科学版）2006 年第 3 期。

[115] 何贤杰、王孝钰、孙淑伟、朱红军：《网络新媒体信息披露的经济后

果研究——基于股价同步性的视角》,《管理科学学报》2018年第6期。

[116] 侯宇、叶冬艳:《机构投资者、知情人交易和市场效率——来自中国资本市场的实证证据》,《金融研究》2008年第4期。

[117] 胡才泓:《机构投资者情绪及投资行为对股价同步性影响的实证研究》,江西财经大学博士学位论文,2014。

[118] 胡昌生、彭桢、池阳春:《反馈交易、交易诱导与资产价格行为》,《经济研究》2017年第5期。

[119] 胡军、王甄:《微博、特质性信息披露与股价同步性》,《金融研究》2015年第11期。

[120] 黄俊、郭照蕊:《新闻媒体报道与资本市场定价效率——基于股价同步性的分析》,《管理世界》2014年第5期。

[121] 黄顺武、胡贵平:《保荐制度、过度包装与IPO定价效率关系研究》,《证券市场导报》2013年第8期。

[122] 黄文青:《境外股东持股对大股东利益侵占约束——基于中国上市公司的经验证据》,《财经理论与实践》2014年第3期。

[123] 黄文青:《境外股东异质性、企业性质与公司治理效率——基于中国上市公司的实证检验》,《财经理论与实践》2017年第1期。

[124] 黄瑜琴、李莉、陶利斌:《机构投资者报价行为、承销商定价策略与IPO市场表现研究》,《金融研究》2013年第7期。

[125] 黄政:《信息透明度影响资本配置效率的传导机制研究》,东北师范大学博士学位论文,2014。

[126] 江向才;《公司治理与机构投资人持股之研究》,《南开管理评论》2004年第1期。

[127] 孔东民、孔高文、刘莎莎:《机构投资者、流动性与信息效率》,《管理科学学报》2015年第3期。

[128] 孔东民、刘莎莎、应千伟:《公司行为中的媒体角色:激浊扬清还是推波助澜?》,《管理世界》2013年第7期。

[129] 孔东民、邵园园:《盈余质量、机构投资者和资产流动性》,《国际金融研究》2011年第10期。

[130] 雷倩华、柳建华、龚武明：《机构投资者持股与流动性成本——来自中国上市公司的经验证据》，《金融研究》2012 年第 7 期。

[131] 黎文靖、路晓燕：《机构投资者关注企业的环境绩效吗？——来自我国重污染行业上市公司的经验证据》，《金融研究》2015 年第 12 期。

[132] 李波：《信息不对称与股票价格的理论与实证研究》，复旦大学博士学位论文，2004。

[133] 李刚、张海燕：《解析机构投资者的红利甄别能力》，《金融研究》2009 年第 1 期。

[134] 李广子、唐国正、刘力：《股票名称与股票价格非理性联动——中国 A 股市场的研究》，《管理世界》2011 年第 1 期。

[135] 李建标、汪敏达、王鹏程：《IPO 定价机制的信息产生能力、定价效率与市场表现——拍卖与累计投标的实验比较》，《经济管理》2013 年第 9 期。

[136] 李建标、汪敏达、王鹏程：《多物品共同价值拍卖的信息产生与效率》，《管理科学》2014 年第 1 期。

[137] 李蕾、韩立岩：《价值投资还是价值创造？——基于境内外机构投资者比较的经验研究》，《经济学》（季刊）2013 年第 1 期。

[138] 李强、周孝华、李婧：《基于 Copula - ASV - EVT 的 QFII 和 HS300 指数相关性风险度量》，《系统工程理论与实践》2017 年第 37 期。

[139] 李向前：《机构投资者、公司治理与资本市场稳定研究》，《南开经济研究》2002 年第 2 期。

[140] 李心丹、俞红海、陆蓉、徐龙炳：《中国股票市场"高送转"现象研究》，《管理世界》2014 年第 11 期。

[141] 李学峰、曹小飞：《QFII 投资组合构建的合理性研究——基于风险与收益匹配性的一般原则与最优原则》，《国际经贸探索》2008 年第 7 期。

[142] 李学峰、符琳杰、苏伟：《QFII 与国内开放式证券投资基金的"羊群行为"比较研究》，《世界经济与政治论坛》2008 年第 4 期。

[143] 李学峰、刘喆、符琳杰：《QFII 与封闭式证券投资基金羊群行为比较研究》，《学习与实践》2008 年第 11 期。

[144] 李学峰、沈宁、周泽:《来自不同国家(地区)QFII 交易策略的比较研究》,《投资研究》2012 年第 1 期。

[145] 李学峰、张舰、茅勇峰:《QFII 与国内封闭式证券投资基金交易策略比较研究》,《金融发展研究》2008 年 6 期。

[146] 李学峰、张舰、茅勇峰:《我国开放式证券投资基金与 QFII 行为比较研究——基于交易策略视角的实证研究》,《财经研究》2008 年第 3 期。

[147] 李志生、陈晨、林秉旋:《卖空机制提高了中国股票市场的定价效率吗?——基于自然实验的证据》,《经济研究》2015 年第 4 期。

[148] 李志生、李好、刘淳、张霆:《天使还是魔鬼?——分析师媒体荐股的市场效应》,《管理科学学报》2017 年第 5 期。

[149] 李志文、余佩琨、杨靖:《机构投资者与个人投资者羊群行为的差异》,《金融研究》2010 年第 11 期。

[150] 厉斌:《非对称信息条件下中国证券市场价格行为研究》,天津大学博士学位论文,2005。

[151] 梁昌红:《中美行业股指相关性及其影响因素研究》,同济大学博士学位论文,2008。

[152] 林雨晨、林洪、孔祥婷:《境内外机构投资者与会计稳健性——谁参与了公司治理?》,《江西财经大学学报》2015 年第 2 期。

[153] 林雨晨、谭劲松:《机构投资者与公司治理——文献评述与研究框架》,《会计与经济研究》2013 年 5 期。

[154] 林忠国、韩立岩、李伟:《股价波动非同步性——信息还是噪音?》,《管理科学学报》2012 年第 6 期。

[155] 刘波、马馨蕎、贺镜宾、廖静池:《投资者结构与 ETF 定价效率——基于账户级数据的实证研究》,《证券市场导报》2016 年第 5 期。

[156] 刘成彦、胡枫、王皓:《QFII 也存在羊群行为吗?》,《金融研究》2007 年第 10 期。

[157] 刘飞、吴卫锋、王开科:《我国黄金期货市场定价效率与价格发现功能测算——基于 5 分钟高频数据的实证研究》,《国际金融研究》2013 年第 4 期。

[158] 刘海飞、许金涛、柏巍、李心丹:《社交网络、投资者关注与股价同步性》,《管理科学学报》2017 年第 2 期。

[159] 刘京军、徐浩萍:《机构投资者:长期投资者还是短期机会主义者?》,《金融研究》2012 年第 9 期。

[160] 刘克崮、王瑛、李敏波:《深化改革 建设投融资并重的资本市场》,《管理世界》2013 年第 8 期。

[161] 刘岚、马超群:《中国股指期货市场期现套利及定价效率研究》,《管理科学学报》2013 年第 3 期。

[162] 刘维奇、刘新新:《个人和机构投资者情绪与股票收益——基于上证 A 股市场的研究》,《管理科学学报》2014 年第 3 期。

[163] 刘晓:《我国上市公司股价同步性研究——理论模型、实证检验与信息披露制度安排》,山东大学博士学位论文,2016。

[164] 刘星、吴先聪:《机构投资者异质性、企业产权与公司绩效——基于股权分置改革前后的比较分析》,《中国管理科学》2011 年第 5 期。

[165] 刘亚清、王骏:《关于分割股票市场间信息传递的过程研究》,《南京农业大学学报》(社会科学版)2008 年第 4 期。

[166] 刘志远、郑凯、何亚南:《询价制度第一阶段改革有效吗》,《金融研究》2011 年第 4 期。

[167] 柳建华、孙亮、卢锐:《券商声誉、制度环境与 IPO 公司盈余管理》,《管理科学学报》2017 年第 7 期。

[168] 卢锐、邢怡媛:《股权分置改革、管理层薪酬业绩敏感性与机构投资者治理效应——基于中国上市公司的经验证据》,《上海立信会计学院学报》2011 年第 5 期。

[169] 陆静、曹国华、唐小我:《基于异质信念和卖空限制的分割市场股票定价》,《管理科学学报》2011 年第 1 期。

[170] 陆蓉、韩东进:《有限理性监管、初步询价和 IPO 定价效率》,《经济管理》2010 年第 5 期。

[171] 罗进辉、谢达熙、李莉:《企业会计准则的国际趋同是否吸引了更多的 QFII 投资》,《山西财经大学学报》2015 年第 4 期。

[172] 罗琦、伍敬侗:《投资者关注与 IPO 首日超额收益——基于双边随机

前沿分析的新视角》，《管理科学学报》2017 年第 9 期。

[173] 罗永立、杨海珍：《有限度资本市场开放的国际经验与政策选择》，《制度经济学研究》2004 年第 2 期。

[174] 骆嘉：《中国股市双向开放的现实瓶颈与解决方案》，《企业经济》2017 年第 9 期。

[175] 马超群、陈芮：《QFII 持股对上市公司绩效的影响——基于中国 A 股市场的实证研究》，《金融与经济》2017 年第 6 期。

[176] 马琳、何平、殷切：《中国 A 股市场短期与长期定价效率研究》，《中国软科学》2015 年第 3 期。

[177] 孟庆斌、杨俊华、鲁冰：《管理层讨论与分析披露的信息含量与股价崩盘风险——基于文本向量化方法的研究》，《中国工业经济》2017 年第 12 期。

[178] 潘龙、曹郦胜、陈磊：《全流通下我国一级市场 IPO 定价效率研究》，《现代物业》（中旬刊）2012 年第 10 期。

[179] 潘宁宁：《机构投资者交易对股价同步性的影响分析》，西南交通大学博士学位论文，2015。

[180] 潘宁宁、朱宏泉：《基金持股与交易行为对股价联动的影响分析》，《管理科学学报》2015 年第 3 期。

[181] 潘婉彬、丁瑜、罗丽莎：《基于自正则的 K－S 方法对 QFII 羊群行为的变点检验》，《数理统计与管理》2016 年第 5 期。

[182] 攀登、施东晖、宋铮：《证券市场泡沫的生成机理分析——基于宝钢权证自然实验的实证研究》，《管理世界》2008 年第 4 期。

[183] 曲保智、任力行、吴效宇、陈凌：《H 股对 A 股的价格折让及其影响因素研究》，《金融研究》2010 年第 9 期。

[184] 权小锋、肖斌卿、吴世农：《投资者关系管理能够稳定市场吗？——基于 A 股上市公司投资者关系管理的综合调查》，《管理世界》2016 年第 1 期。

[185] 饶育蕾、许军林、梅立兴、刘敏：《QFII 持股对我国股市股价同步性的影响研究》，《管理工程学报》2013 年第 2 期。

[186] 邵新建、巫和懋：《中国 IPO 中的机构投资者配售、锁定制度研究》，

《管理世界》2009 年第 10 期。

[187] 沈艺峰：《韩国、台湾证券市场国际化的比较研究》，《国际金融研究》1993 年第 6 期。

[188] 盛军锋、邓勇、汤大杰：《中国机构投资者的市场稳定性影响研究》，《金融研究》2008 年第 9 期。

[189] 石美娟、童卫华：《机构投资者提升公司价值吗？——来自后股改时期的经验证据》，《金融研究》2009 年第 10 期。

[190] 史永东：《不同类型投资者对年报信息反应——基于深圳股票市场的实证研究》，《中国管理现代化研究会·第五届（2010）中国管理学年会——金融分会场论文集》，2010。

[191] 宋玉：《最终控制人性质、两权分离度与机构投资者持股——兼论不同类型机构投资者的差异》，《南开管理评论》2009 年第 5 期。

[192] 苏国强：《外资参股、资本结构与公司价值——基于中国上市公司经验数据的实证研究》，《华南理工大学学报》（社会科学版）2013 年第 1 期。

[193] 隋聪：《基于随机前沿分析的贷款定价效率研究》，《金融发展研究》2013 年第 2 期。

[194] 孙端：《中国股市信息传导与市场变化研究》，天津大学博士学位论文，2014。

[195] 孙刚：《金融发展、股票价格同步性与现金——现金流敏感度研究》，《河北经贸大学学报》2010 年第 6 期。

[196] 孙刚、朱凯、沈纯：《机构投资者持股、税负异质性与现金股利分配偏好》，《山西财经大学学报》2015 年第 6 期。

[197] 孙立、林丽：《QFII 投资中国内地证券市场的实证分析》，《金融研究》2006 年第 7 期。

[198] 孙显超、潘志远、李杰：《QFII 提高我国 A 股的定价效率了吗？——基于沪深交易所数据的实证分析》，《商业研究》2017 年第 7 期。

[199] 孙雪娇：《境外投资、市场流动性与准则趋同——基于中国资本市场的经验研究》，《山西财经大学学报》2011 年第 9 期。

[200] 谭江：《动态内生性视角下创业板企业机构投资者持股变动与公司绩

效研究》，《宏观经济研究》2017 年第 2 期。

[201] 唐松、胡威、孙铮：《政治关系、制度环境与股票价格的信息含量——来自我国民营上市公司股价同步性的经验证据》，《金融研究》2011 年第 7 期。

[202] 唐松、吴秋君、温德尔、杨斯琦：《卖空机制、股价信息含量与暴跌风险——基于融资融券交易的经验证据》，《财经研究》2016 年第 8 期。

[203] 唐跃军、宋渊洋：《价值选择 VS. 价值创造——来自中国市场机构投资者的证据》，《经济学》（季刊）2010 年第 2 期。

[204] 田波平、冯英浚、郝宗敏：《两类样本上市公司的股权结构与绩效评估》，《哈尔滨工业大学学报》2004 年第 4 期。

[205] 田澍、林树、俞乔：《新兴市场环境下机构投资者投资行为——基于中国大陆资本市场的研究》，《金融研究》2012 年第 8 期。

[206] 童元松、王光伟：《境外机构投资者持股、公司业绩与股市质量》，《会计与经济研究》2015 年第 6 期。

[207] 汪昌云、武佳薇、孙艳梅、甘顺利：《公司的媒体信息管理行为与 IPO 定价效率》，《管理世界》2015 年第 1 期。

[208] 王柏杰、李爱文：《夜盘交易与期货市场效率》，《证券市场导报》2016 年第 4 期。

[209] 王福胜、韩美妮：《技术创新视角的 QFII 持股偏好研究》，《商业研究》2016 年第 7 期。

[210] 王俊飚、刘明、王志诚：《机构投资者持股对新股增发折价影响的实证研究》，《管理世界》2012 年第 10 期。

[211] 王磊、孔东民：《应计信息、机构投资者反应与股票错误定价》，《管理科学学报》2017 年第 3 期。

[212] 王立章、王咏梅、王志诚：《控制权、现金流权与股价同步性》，《金融研究》2016 年第 5 期。

[213] 王敏、黄新莹、黄超：《融资融券业务研究——一个文献综述》，《山东财经大学学报》2017 年第 1 期。

[214] 王雄、方闻千、刘振彪：《QFII 持股与上市公司绩效的相关性研

究——基于 2009～2011 年 QFII 持股上市公司数据的实证分析》，《深圳大学学报》（人文社会科学版）2013 年第 3 期。

[215] 王亚平、刘慧龙、吴联生：《信息透明度、机构投资者与股价同步性》，《金融研究》2009 年第 12 期。

[216] 王艳艳、于李胜、安然：《非财务信息披露是否能够改善资本市场信息环境？——基于社会责任报告披露的研究》，《金融研究》2014 年第 8 期。

[217] 王咏梅、王亚平：《机构投资者如何影响市场的信息效率——来自中国的经验证据》，《金融研究》2011 年第 10 期。

[218] 王宇峰、左征婷、杨帆：《机构投资者与上市公司研发投入关系的实证研究》，《中南财经政法大学学报》2012 年第 5 期。

[219] 王中昭：《公司规模扩张、境外空间依赖性与空间溢出效应》，《中南财经政法大学学报》2017 年第 6 期。

[220] 卫强、赵羡、张遵强、陈国青：《基于投资者关注的股价走势预测与交易策略设计——股票间交叉模式视角》，《系统工程理论与实践》2016 年第 6 期。

[221] 魏洁、王楠：《市场效率：股指期权、股指期货与股指的关系——来自香港恒生指数市场的证据》，《金融理论与实践》2012 年第 9 期。

[222] 闻学、肖海林、史楷绩：《境外资本进入中国网络媒体市场：方式、机制、规模和分布》，《中央财经大学学报》2013 年第 9 期。

[223] 吴德军：《外资持股对股价崩盘风险的影响研究：经济后果及作用机理》，对外经济贸易大学博士学位论文，2015。

[224] 吴卫华、万迪昉：《QFII 持股与上市公司的现金股利政策——来自2008～2011 年中国 A 股上市公司的证据》，《山西财经大学学报》2012 年第 11 期。

[225] 吴卫华、万迪昉、蔡地：《合格境外机构投资者：投资者还是投机者？》，《证券市场导报》2011 年第 12 期。

[226] 肖浩、夏新平：《信息性交易概率与股价同步性》，《管理科学》2011 年第 4 期。

[227] 肖明亮、王红建：《QFII：浑水摸鱼还是价值投资》，《财会通讯》

2014 年第 12 期。

[228] 肖欣荣、刘健、赵海健：《机构投资者行为的传染——基于投资者网络视角》，《管理世界》2012 年第 12 期。

[229] 谢政谕：《QFII 在中国证券市场的效应研究》，南开大学博士学位论文，2012。

[230] 信恒占：《机构投资者异质性、持股持续期与公司业绩》，《山西财经大学学报》2017 年第 4 期。

[231] 熊家财、苏冬蔚、刘少波：《制度环境、异质机构投资者与股价信息含量》，《山西财经大学学报》2014 年第 7 期。

[232] 熊艳、李常青、魏志华：《媒体报道与 IPO 定价效率：基于信息不对称与行为金融视角》，《世界经济》2014 年第 5 期。

[233] 徐德财：《中国证券市场信息效率研究》，吉林大学博士学位论文，2015。

[234] 徐寿福：《QFII 持股与上市公司股利政策的关系研究》，《财经理论研究》2015 年第 4 期。

[235] 徐寿福：《现金股利政策影响了 QFII 的投资偏好么?》，《上海金融》2014 年第 1 期。

[236] 徐颖文：《机构投资行为及其对证券市场安全影响》，湖南大学博士学位论文，2009。

[237] 徐幼华、劳兰珺：《QFII 制度的实施对我国证券市场的影响》，《世界经济情况》2005 年第 5 期。

[238] 许红伟、陈欣：《我国推出融资融券交易促进了标的股票的定价效率吗?——基于双重差分模型的实证研究》，《管理世界》2012 年第 5 期。

[239] 许年行、洪涛、吴世农、徐信忠：《信息传递模式、投资者心理偏差与股价"同涨同跌"现象》，《经济研究》2011 年第 4 期。

[240] 许年行、于上尧、伊志宏：《机构投资者羊群行为与股价崩盘风险》，《管理世界》2013 年第 7 期。

[241] 杨宝臣、张涵：《技术分析、主体异质性与资产定价》，《管理科学学报》2017 年第 6 期。

［242］ 杨大楷、蔡锦涛：《基于 DEA 方法的开放式证券基金业绩评价》，《安徽大学学报》（哲学社会科学版）2008 年第 2 期。

［243］ 杨德明、林斌：《信息泄漏、处置效应与盈余惯性》，《管理科学学报》2009 年第 5 期。

［244］ 杨墨竹：《证券市场机构投资者投资行为分析》，《金融研究》2008 年第 8 期。

［245］ 姚颐、刘志远：《机构投资者具有监督作用吗?》，《金融研究》2009 年第 6 期。

［246］ 姚颐、刘志远、王健：《股权分置改革、机构投资者与投资者保护》，《金融研究》2007 年第 11 期。

［247］ 姚颐、刘志远：《震荡市场、机构投资者与市场稳定》，《管理世界》2008 年第 8 期。

［248］ 伊志宏、李颖、江轩宇：《女性分析师关注与股价同步性》，《金融研究》2015 年第 11 期。

［249］ 易玄、谢志明、樊雅琦：《审计信任、合格境外机构投资者及其审计师选择——来自中国资本市场的检验》，《审计研究》2016 年第4 期。

［250］ 殷红、蓝发钦：《行业视角下 QFII 影响中国股市的实证研究》，《国际金融研究》2007 年第 10 期。

［251］ 应千伟、呙昊婧、邓可斌：《媒体关注的市场压力效应及其传导机制》，《管理科学学报》2017 年第 4 期。

［252］ 游家兴：《R^2 的复活——股价同步性研究评述与展望》，《管理科学学报》2017 年第 3 期。

［253］ 游家兴、江伟、李斌：《中国上市公司透明度与股价波动同步性的实证分析》，《中大管理研究》2007 年第 1 期。

［254］ 游家兴、汪立琴：《机构投资者公司特质信息与股价波动同步性——基于 R^2 的研究视角》，《南方经济》2012 年第 11 期。

［255］ 游家兴、张俊生、江伟：《制度建设公司特质信息与股价波动的同步性》，《经济学》（季刊）2006 年第 1 期。

［256］ 游家兴：《中国证券市场股价波动同步性研究》，厦门大学博士学位论文，2007。

[257] 于忠泊、田高良、齐保垒、张皓：《媒体关注的公司治理机制——基于盈余管理视角的考察》，《管理世界》2011年第9期。

[258] 余佩琨、李志文、王玉涛：《机构投资者能跑赢个人投资者吗?》，《金融研究》2009年第8期。

[259] 俞红海、刘烨、李心丹：《询价制度改革与中国股市IPO"三高"问题——基于网下机构投资者报价视角的研究》，《金融研究》2013年第10期。

[260] 袁知柱：《上市公司股价信息含量测度、决定因素及经济后果研究》，哈尔滨工业大学博士学位论文，2009。

[261] 曾燕、康俊卿、陈树敏：《基于异质性投资者的动态情绪资产定价》，《管理科学学报》2016年第19期。

[262] 翟林瑜：《信息、投资者行为与资本市场效率》，《经济研究》2004年第3期。

[263] 张博：《中国证券市场股价信息含量研究》，暨南大学博士学位论文，2010。

[264] 张纯、吕伟：《机构投资者、终极产权与融资约束》，《管理世界》2007年第11期。

[265] 张涤新、李忠海：《机构投资者对其持股公司绩效的影响研究——基于机构投资者自我保护的视角》，《管理科学学报》2017年第20期。

[266] 张高擎、廉鹏：《可转债融资与机构投资者侵占行为——基于华菱管线可转债案例研究》，《管理世界》2009年第S1期。

[267] 张琳琳、蒋盼：《我国国债期货市场的定价效率研究——基于不同风险机制下的经验证据》，《产业经济研究》2016年第6期。

[268] 张永任、李晓渝：《R^2与股价中的信息含量度量》，《管理科学学报》2010年第5期。

[269] 张佑辉、李延喜、高锐：《QFII与我国上市公司股价波动率关系研究》，《大连理工大学学报》（社会科学版）2008年第2期。

[270] 张峥、尚琼、程炜：《股票停牌、涨跌停与ETF定价效率——基于上证50ETF日度数据的实证研究》，《金融研究》2012年第1期。

[271] 张宗成、王郧：《中国期货市场定价机制与定价效率研究综述与展

望》,《中国证券期货》2009 年第 12 期。

[272] 张宗新、杨通旻:《盲目炒作还是慧眼识珠?——基于中国证券投资基金信息挖掘行为的实证分析》,《经济研究》2014 年第 49 期。

[273] 张宗新、杨万成:《声誉模式抑或信息模式:中国证券分析师如何影响市场?》,《经济研究》2016 年第 9 期。

[274] 赵海龙、何贤杰、王孝钰、严媛芝:《海外并购能够改善中国企业公司治理吗》,《南开管理评论》2016 年第 3 期。

[275] 赵静梅、何欣、吴风云:《中国股市谣言研究:传谣、辟谣及其对股价的冲击》,《管理世界》2010 年第 11 期。

[276] 赵良玉、李增泉、刘军霞:《管理层偏好、投资评级乐观性与私有信息获取》,《管理世界》2013 年第 4 期。

[277] 赵旭、林澍、彭渝:《QFII 是 A 股市场的稳定器吗?》,《金融理论与实践》2017 年第 6 期。

[278] 郑凯、花贵如、刘志远:《询价对象信息显示、内在价值与 IPO 定价效率》,《上海金融》2014 年第 7 期。

[279] 郑凯、阮永平、何雨晴:《询价对象间关系网络的 IPO 定价后果研究》,《管理科学学报》2017 年第 7 期。

[280] 郑敏:《异质信念、生存条件及市场影响力》,《管理科学学报》2015 年第 8 期。

[281] 郑晓亚、刘飞:《信息不对称条件下我国中小板上市公司 IPO 定价效率测度》,《投资研究》2014 年第 6 期。

[282] 钟覃琳、陆正飞:《资本市场开放能提高股价信息含量吗?——基于"沪港通"效应的实证检验》,《管理世界》2018 年第 34 期。

[283] 仲黎明、刘海龙、吴冲锋:《机构投资者的最优变现策略》,《管理科学学报》2002 年第 5 期。

[284] 周芳:《会计准则变革对 QFII 投资的影响研究——基于会计准则可比性的视角》,《山西财经大学学报》2015 年第 12 期。

[285] 周林洁:《公司治理、机构持股与股价同步性》,《金融研究》2014 年第 8 期。

[286] 周铭山、林靖、许年行:《分析师跟踪与股价同步性——基于过度反

应视角的证据》，《管理科学学报》2016 年第 6 期。

[287] 周孝华、赵炜科、刘星：《我国股票发行审批制与核准制下 IPO 定价效率的比较研究》，《管理世界》2006 年第 11 期。

[288] 周泽将、余中华：《股权结构、董事会特征与 QFII 持股的实证分析》，《云南财经大学学报》2007 年第 4 期。

[289] 朱红军、何贤杰、陶林：《中国的证券分析师能够提高资本市场的效率吗——基于股价同步性和股价信息含量的经验证据》，《金融研究》2007 年第 2 期。

[290] 朱红军、钱友文：《中国 IPO 高抑价之谜——"定价效率观"还是"租金分配观"?》，《管理世界》2010 年第 6 期。

[291] 朱彤、叶静雅：《投资评级发布日的机构投资者行为与证券的异常收益——来自上海证券市场的证据》，《金融研究》2009 年第 3 期。

[292] 邹斌、夏新平：《中国 IPO 股价的信息含量及其上市首日收益研究》，《管理科学》2010 年第 3 期。

致　谢

合格的外国机构投资者（QFII）这一概念，在 2006 年我攻读硕士学位时就开始接触，硕士毕业后，在证券行业摸爬滚打数年后，感觉市场对QFII 这支神秘之师非常关注，市场投资人士对以沃伦·巴菲特为代表的QFII 非常崇拜。在我攻读博士学位阶段，正逢中国资本市场大发展，资本市场市值已经跃居世界前列，投融资规模得到空前发展，但是在 2008 年和2015 年的股灾之年，受外部冲击的影响，也受内部市场不完善因素的影响，中国资本市场的脆弱性表现得淋漓尽致。在经过几年的经济学、金融学的学习后，我深感中国经济就是一部对内改革、对外开放的历史。在改革开放中国人实现伟大复兴的梦想，资本市场亦是如此，唯有在开放中锻炼和发展，才能够实现每一次的蜕变，因此我立下志向，选择将开放条件下的资本市场定价效率作为我的研究对象。

研究初期，细读投资学领域中的定价理论，从马科维茨、夏普、林特纳、尤金·法玛到 Roll 及 Hou，从古典到当代，逐一细读定价领域的研究文献，试图从中找到研究的突破点。在阅读文献时，一开始不知道从何读起，后来就通过阅读国内与该领域相关的期刊，通过阅读国内论文，找到这个领域的国外的经典文献，从而实现从阅读国内顶级文献到阅读国际经典文献的有效过渡。

研究历时两年，对计量工具的使用也是边学边用，在这个过程中，我得到了老师和同学们的帮助。在研究方法方面，我做了很多新的尝试，每一步都是大胆假设，小心求证，并对微观机理认真思考和推导后形成此书。由于本人学术能力有限，深感本书不足之处甚多，还请阅读本书的老师、同学及读者不吝赐教。

经过本次的学术训练，我对学术研究充满了热情和向往，立志在以后的工作中，要坚持用这种创新思维来研究工作中遇到的系列问题，这次学术训练，毫无疑问为我后期的研究打下了坚实的基础。

学术研究之路漫漫。在这具有纪念意义的时刻，以此铭文，由衷地感谢国家、学校、老师、家人、同学和朋友们一路走来的支持。

感谢国家对我学业的支持，从硕士到博士，我都受到国家公费培养与支持，国家耗费人力和财力支持我的学业，我永远铭记，也会在未来的工作中，充满正能量地多给国家做贡献，为祖国的繁荣与发展奋斗终生。

对于本书的写作，最要感谢的人是我的老师曹廷贵教授，曹老师思想深刻，每一次与其讨论，我的思想都会有所升华，让我在思考问题时，逻辑链条不断拉长。本书的写作中还得到了中国金融中心刘锡良教授、王擎教授、李建勇教授、倪克勤教授、董青马教授、王鹏教授、洪正教授、胡颖毅教授、张琳教授、刘晓辉教授、万晓莉教授、付一书教授、李雪教授、温晓倩教授、尚玉皇教授、程均丽教授、许坤教授、朱光伟教授等的帮助和指点，我对此铭记，永远感恩。

在写作过程中，我要感谢我的良师益友潘志远，潘志远老师在学业上一直引领我向前探索，在技术上给予我各种支持和帮助，其执着的学术追求、坚韧的意志力是照亮我一生的学术明灯。在写作过程中，我总和杨海波博士讨论，细节之处经常得到杨海波博士的指点和启发；还得到了好友董建明的支持和帮助，董建明博士熟悉金融市场实务，擅长各种统计数据的处理，在本书的数据处理和思路启发方面给予我指点；好友范传棋博士、毛运意博士在研究思路和逻辑链条方面也给予了我很大的启迪。我还要感谢我的同学张硕楠、文书洋、咬亮、冯传奇、冯晓菲、周彬蕊、李元、杜金泉、徐冬阳、李俊峰、袁齐等的鼓励与支持。

本书的出版也非常感谢社会科学文献出版社的支持和帮助，感谢高雁、贾立平两位老师的编辑和指导。本书的出版也得到了四川师范大学的基金支持，在此一并表示感谢。

最后要感谢我的家人，父母年龄已近八十，二老一生勤劳俭朴，希望我学业有成，能够成为对社会有用的人，他们的寄托是我不断向前奋斗的动力；我的妻子张莉，在我而立之年后，仍支持我去完成学业，兢兢业业，辛勤工作，在物质和精神上给予了我巨大支持；我的女儿孙思涵，从我考博到完成博士学位论文这段时间，她一直陪伴在我身边，看到女儿天真可爱的样子，我总是能找到写作的灵感和奋斗的动力；我的第二个宝贝的出生让我对未来生活产生了更大憧憬，今后的岁月我会更加努力奋斗，为我的一对子女树立好榜样。

千言万语汇成一句话，我的祖国、我的老师、我的亲人以及在我身边给予我启迪和灵感的朋友们，谢谢你们！

图书在版编目（CIP）数据

QFII 投资中国资本市场信息效率研究／孙显超，蒋志平著．－－北京：社会科学文献出版社，2022.7

ISBN 978 - 7 - 5228 - 0031 - 8

Ⅰ．①Q… Ⅱ．①孙… ②蒋… Ⅲ.①外国投资 – 影响 – 股票市场 – 研究 – 中国 Ⅳ.①F832.51

中国版本图书馆 CIP 数据核字（2022）第 066982 号

QFII 投资中国资本市场信息效率研究

著　　者／孙显超　蒋志平

出 版 人／王利民
组稿编辑／高　雁
责任编辑／贾立平
责任印制／王京美

出　　版／社会科学文献出版社·经济与管理分社（010）59367226
　　　　　　地址：北京市北三环中路甲 29 号院华龙大厦　邮编：100029
　　　　　　网址：www. ssap. com. cn
发　　行／社会科学文献出版社（010）59367028
印　　装／三河市尚艺印装有限公司

规　　格／开　本：787mm × 1092mm　1/16
　　　　　　印　张：14.5　字　数：227 千字
版　　次／2022 年 7 月第 1 版　2022 年 7 月第 1 次印刷
书　　号／ISBN 978 - 7 - 5228 - 0031 - 8
定　　价／138.00 元

读者服务电话：4008918866